歴史語用論の方法

歴史
語用論
の方法

高田博行
小野寺典子
青木博史

編

Methods in
Historical
Pragmatics

Edited by

Hiroyuki Takada
Noriko Onodera
Hirofumi Aoki

ひつじ書房

1	第1章	序論	高田博行・小野寺典子・青木博史

第1部
語用論的フィロロジー

28	第2章	辞書のなかの語用論 ——18世紀ドイツにおける日常語への眼差し	高田博行
55	第3章	キリシタン版対訳辞書にみる 話しことばと書きことば	岸本恵実
73	第4章	『枕草子』の対話的な文章構造	藤原浩史
95	第5章	従属節の配置に見る読者との対話 ——『カンタベリ物語』の最終話「牧師の話」をめぐって	家入葉子

第2部
通時的語用論1《形式―機能の対応づけ》

116	第6章	構文化アプローチによる談話標識の発達 ——これまでの文法化・(間)主観化に替わるアプローチ	小野寺典子
141	第7章	準体助詞「の」の発達と定着 ——文法化の観点から	青木博史
166	第8章	ネワール語の名詞化辞＝guの意味拡張 ——16世紀から現代における文法化と 　(間)主観的意味への変化	桐生和幸
189	第9章	ドイツ語の前置詞wegenの歴史的変遷 ——文法化と規範化	佐藤恵
218	第10章	副詞「ちょっと」の感動詞化 ——行為指示文脈における用法を契機として	深津周太

第3部
通時的語用論2《機能―形式の対応づけ》

242 　　第11章　前置き表現から見た行為指示における配慮の歴史　　　　川瀬卓

263 　　第12章　中世後期における依頼談話の構造
　　　　　　　──大蔵虎明本狂言における依頼　　　　　　　　　　　　森勇太

285 　　第13章　古代語の係り結び・現代語のノダ構文・
　　　　　　　沖縄語の係り結びの比較　　　　　　　　　　　　　　新里瑠美子

310 　　第14章　18世紀の英語ポライトネス
　　　　　　　──立場依存的な多義性と誠実さ　　　スーザン・フィッツモーリス
　　　　　　　　　　　　　　　　　　　　　　　　　　　　（中安美奈子 訳）

時代区分の前提条件

―

本書では以下の3言語につき、それぞれ次のような時代区分で論じている。

日本語史の時代区分

上代	奈良時代およびそれ以前	−794	古代語
中古	平安時代	794−1192	
中世前期	鎌倉時代	1192−1333	
中世後期	室町時代	1333−1603	
近世	江戸時代	1603−1868	近代語
近代	明治・大正・昭和前期	1868−1945	
現代	昭和後期・平成	1945−	現代語

日本語史では、「奈良時代」「平安時代」といった政治史の区分と対応する形で時代区分を設けている。表の左端の「上代」「中古」といった名称を用いることも多い。右端の「古代―近代―現代」といった区分は、日本語史の特徴に沿って見たとき、いくつかの事象において当てはまる区分である。本書では、説明の便宜に応じてこれらの区分が使い分けられている。

ドイツ語史の時代区分

古高ドイツ語（Althochdeutsch）	750−1050
中高ドイツ語（Mittelhochdeutsch）	1050−1350
初期新高ドイツ語（Frühneuhochdeutsch）	1350−1650
新高ドイツ語（Neuhochdeutsch）	1650−1950
現代ドイツ語（Gegenwartsdeutsch）	1950−

ドイツ語史においては、（北部の）低地ドイツ語（Niederdeutsch）は17世紀には最終的に文章語としての地位を失うので、（中部・南

部の）高地ドイツ語（Hochdeutsch）という名称を用いて時代区分するのが一般的である。

英語史の時代区分

古英語（Old English）	700–1100
中英語（Middle English）	1100–1500
近代英語（Modern English）	1500–1900
現代英語（Present-day English）	1900–

　アングロ・サクソン人がブリテン島に渡来したといわれる449年あたりを英語の始まりとすることもあるが、本書では英語による文献が現われる700年頃からを古英語と見なしておく。また1900年以降の英語を、現代英語（Present-day English）として特に区別することも多い。

第 1 章

序論

高田博行
小野寺典子
青木博史

1 「歴史語用論」の誕生とその後

1.1 「歴史語用論」の歩み

　「歴史語用論」(Historical Pragmatics) が「誕生」したのは、1995年である。Andreas H. Juckerの手になる論文集 *Historical Pragmatics: Pragmatic Developments in the History of English* の刊行により、言語学の一分野として「歴史語用論」という名称が明示的に打ち出された。1998年には、国際語用論会議（IPrA、フランス・ランス市）において歴史語用論に関する初めてのパネルが開かれた。このパネルの登壇者を中心にして、*Journal of Historical Pragmatics* (Benjamins) が年2回刊行されることとなり、2000年1月に創刊号が刊行され、以来、現在に至るまで歴史語用論研究の論文を発表する国際的ジャーナルとしての役割を担っている。

　歴史語用論の扱うトピックは、共時的語用論とほぼ同様であり、発話行為論・グライスの理論に基づく含意やポライトネス、また直示、話しことば研究などであるが、歴史性・通時性という時間軸が

加わっている点で共時的な語用論と異なっている。文法化・(間)主観化といった通時的プロセスも頻繁に議論されている。これらのトピックを中心としながらも、歴史語用論研究は対象とする言語を新たに広げて対照言語学的アプローチを加えたり、また新しい理論的枠組み（例えば構文化）を導入したりすることでテーマの上で広がりを見せるようになってきている。Journal of Historical Pragmatics の2007年8.2号で特集「日本語における歴史的変化：主観性と間主観性」(Onodera and Suzuki (eds.) 2007) が、また2016年17.2号で特集「周辺部——通時的・通言語的アプローチ」(Higashiizumi, Onodera and Sohn (eds.) 2016) が組まれたのは、その流れの上にある。

　日本において歴史語用論に関するパネルが初めて開かれたのは、2005年の日本語用論学会第8回大会においてである。「歴史語用論：その可能性と課題」というタイトルで、金水敏、小野寺典子、福元広二、森山由紀子の各氏がパネラーとして登壇した（2006年に、学会誌『語用論研究』第8号に成果が発表された）。また、2008年度から2010年度にかけて、学習院大学人文科学研究所において、14名の日本人研究者を擁する「歴史語用論に関する総合的研究」（研究代表者：高田博行）が行われた。このプロジェクトでは、Elizabeth Closs Traugott、Andreas H. Jucker、Irma Taavitsainenの各氏が研究協力者として招聘され、研究上の国際的交流も実現した。この学習院大学での総合的研究の成果を基礎にして、2011年に日本で初めて「歴史語用論」の名が付いた『歴史語用論入門』（高田博行・椎名美智・小野寺典子 編）が刊行された。書籍形態の日本語による出版物としては、この後2014年の『歴史語用論の世界』（金水敏・高田博行・椎名美智 編）、そして2018年の本書『歴史語用論の方法』へと続く。

1.2　言語学の視座の「転回」と歴史語用論

　現在、歴史語用論は創設期から発展期に入ったと言える。過去半世紀の言語学の歴史を踏まえると、「歴史語用論」という言語学の一分野が広く認知されるに至った背景には、言語学の視座が1970

年代以降に幾重にも「転回」してきたことが挙げられる。これは、Taavitsainen and Jucker（2015）に従うと、次の7点に集約することができる。

① 通時論への転回
② 語用論への転回
③ 経験主義への転回
④ デジタル性への転回
⑤ 談話性（discursive）への転回
⑥ 分散性（dispersive）への転回
⑦ 社会・文化面への転回

　通時論（①）と語用論（②）の2つは、そもそも「歴史」・「語用論」という呼称にとって大前提である。その際の分析は、言語的内省ではなく経験的な（③）データに基づく。この経験主義的転回は、近年とりわけデータのデジタル性（④）と密接に結びついて、大規模なデータを処理する量的分析が力を発揮している。1970年代には研究する価値がないと考えられていた談話標識や間投詞などが注目されたのは、中核ではなく周辺的現象に光を当てる分散性（⑥）への転回であると同時に、言語カテゴリーを固定的なものとして捉えずに、談話性（⑤）に着目して言語カテゴリーを話し手と聞き手の相互的な交渉によって決まる動的なものとして捉える考え方にもよっている。そしてさらには、Jucker（1995）の「語用論的フィロロジー」（本章第2節を参照）という概念でとくに明確に打ち出されているように、歴史語用論には社会・文化面（⑦）への強い関心がある。

1.3　言語使用と社会

　この社会・文化面への関心は、「言語使用（使用される言語）」（language in use）（Jucker 1995：ix）というキーワードに集約される。従来の理論言語学が、「言語」（language）の真理追究をめざすものとすれば、語用論と社会言語学は「言語使用」について研究す

る分野と簡潔に定義できる。

　「言語使用」は、社会言語学の歴史的成立過程を振り返るとその輪郭が明確になる。社会言語学という分野は、1950–1960年頃になされていた構造言語学を基盤として胎動期を迎えていた「生成文法」の言わばアンチテーゼのような形で旗揚げされた。当時Chomskyによる生成文法のただならぬ隆盛のなか、言語能力（competence）vs. 言語運用（performance）という二分法のうち言語能力のみに光を当てた言語学の将来を危惧した言語研究者たちが、1964年にアメリカ言語学会研修（LSA Institute, Linguistic Society of America）において言語運用に光を当てる研究の方向性に明示的に「社会言語学」というラベル貼りを行ったのである。彼らは、William Labov（変異理論）、Dell Hymes（ことばの民族誌）、Joshua Fishman、Charles Ferguson（ダイグロシア等）、John Gumperz（相互作用の社会言語学）、William Bright、Roger Shuy（方言学）などであり、のちに社会言語学の創始者達と呼ばれた（阿部・小野寺・井出 1997）。

　Chomskyの言語研究からは切り取られてしまった「言語運用」の中身は、「言語文化差」「男女差」「地域差」「年代差」「社会階級差」「親疎」といった社会的要因である。そうした、言語使用の中で密接に言語と関わりながら働いている要因を拾い上げ、観察しようとしたのが社会言語学である。言語研究の大前提として、「言語はコミュニケーションのために用いられている」（Language is used for communication）と考えるからである。そうした研究の1つ、Labov（1966、1972等）による「言語と社会階級」についての研究は、言語外（non-linguistic）の要因である社会階級差が言語の変異を起こすことを初めて科学的に示したものとして、今も言語学全体のなかに名をとどめる。1960年代の社会言語学分野の成立背景からわかるように、「使用される言語」または「言語運用」の中身である社会的要因と言語の関係の解明は、社会言語学や語用論の研究において、いわば使命として課されている中心的課題である。

1.4 話しことば分析の重要性

既に高田・椎名・小野寺編（2011）の第1章でも述べたように、話しことば性（orality）vs. 書きことば性（literacy）という概念は歴史語用論にとってきわめて重要である。話しことばの分析は、例えば文法化や主観化・間主観化の研究においても必須である。例えば主観化について論じるにしても、話者（人）が（話しことば）コミュニケーションの中で、どんな主観的態度・立場・アングルを示したか（例えば「詠嘆（感動）」など）という説明がないままに「主観的になってきた」と報告されるケースを目にすることがあるが、それでは何をもって主観性と言っているのか全くわからない。

発話の動機づけや談話全体のモデルについては、Deborah Schiffrinがすでに1987年の著書 *Discourse Markers* において、談話モデル（Schiffrin 1987: 21-29）を提示している。このモデルは、性質の異なる側面（レベル）が多層的に談話を構成していると考え、自然発話の分析にとって重要である。

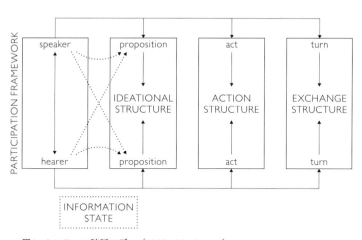

図1 Schiffrinの談話モデル（1987: 25、Fig. 1.1）

この談話モデルは、「談話の意味のつながりモデル」（a model of discourse coherence）（Schiffrin 1987: 21-29）と呼ばれる。談話が性質の異なる上記の図1のなかの5つのレベルから成り、日常会話などにおいて会話参加者がいかに意味のつながり（coherence）

を構築また解釈を実践するかを説明している。研究者が作った例文（made-up sentences）とちがい、自然発話（naturally-occurring language）の談話は相互作用の中で産出されるため、上のような5つのレベルがすべて織り合うことで意味のつながりが構築される。

　図1のモデルにおいて、話し手（speaker）と聞き手（hearer）を単位とする「参加者の枠組み」(participation framework) があり、命題（proposition）レベルの「観念構造」(ideational structure)、行為（act）レベルの「行為構造」(action structure)、順番取り（turn）レベルの「やりとり構造」(exchange structure) が設定されている。認知レベルの「情報状況」(information state) は常に言語化されるとは限らないので、他の4つのレベルの下の点線内に示されている（小野寺 編（2017：19-21）、Onodera and Traugott（2016：167）も参照のこと）。

　参加者の枠組みは、会話参加者がどういう人で、その関係はどのようなものなのかという構成を捉えており、観念構造ではメッセージの核となる命題や含意が単位となっている。やりとり構造とは、会話分析（CA（ethnomethodology））が言う順番交替（turn-taking）のことである。行為構造とやりとり構造は、特に自然発話の談話につきもので、発話頭／末によく出現するだろう。行為は、発話行為、会話運営上の行為（例：話し出し、話題転換）、また社会的行為（Thompson and Couper-Kuhlen 2005）といったものである。

　以上のように談話を複数の側面が働いた構成体として捉えるSchiffrinのモデルは、現代語の談話にかぎらず、歴史的段階の談話（過去の時代の小説のセリフ部分や脚本等）を分析するに際しても有効であろう。

2 語用論的フィロロジー

2.1 2つのアプローチ

　Jucker（1995）は、歴史語用論という領域にふたつの相補的なアプローチを区別した。過去の特定の時代にその時代の社会的状況下で営まれた言語的相互行為の型を解明しようとする「語用論的フィロロジー」（pragmaphilology）と、言語使用の中でどのように新しい意味が誕生するのか、また新しい意味へと変化するのかを追究する「通時的語用論」（diachronic pragmatics）である。後者には、「形式―機能の対応づけ」（言語形式から出発して、それに対応する機能を見る）と「機能―形式の対応づけ」（言語機能から出発して、それに対応する言語形式を見る）という分類がなされた（Jacobs and Jucker 1995）。「形式―機能の対応づけ」は意義論的（semasiological）問題として「1つの形式の意味変遷の道のりを問う」ものであり、一方「機能―形式の対応づけ」は名称論的（onomasiological）問題として「ある範疇（機能）にどんな形式が入ってきたのか。それはなぜなのか」を問う（Traugott 1985：298、高田・椎名・小野寺 編 2011：26）。

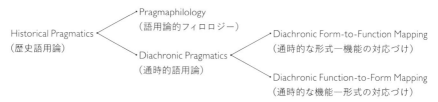

図2　歴史語用論のアプローチ分類
（Jacobs and Jucker 1995；図式は高田・椎名・小野寺（2011：21）より）

　そもそも語用論には、社会的コンテクストに基盤を置くマクロ的なヨーロッパ的語用論と、含意や場面における意味を中心に置くミクロ的なアングロアメリカ的な語用論が存在する（高田・椎名・小野寺（2011：19-20）を参照）。「語用論的フィロロジー」と「通時的語用論」の2区分は、この違いに対応していて、語用論的フィ

ロロジーの見方は語用論についてのヨーロッパ的なマクロな見方に由来する。この見方では、語用論は「言語現象を行動という形式の習慣と関連づけて一般認知的、社会的、そして文化的に見る」(Verschueren 1999：7) ものであるので、この意味で語用論と言えば必然的に社会的観点が入ってくることになる。Arnovick 1999 の用語法では、「マクロアプローチ」と「ミクロアプローチ」(Arnovick 1999) である所以である。Traugott (2004：560) は、このように社会・文化面に関わる語用論を「外的」な視点と呼びその重要性を認識して、次のように明言している。

> 歴史語用論は、意味変化をコンテクストからはずして見ることから先へ進んで、変化が生じる談話のコンテクストを考慮する必要がある。全景を得るには、文化的変化のような外的な要因を考慮に入れるマクロアプローチももちろん必要である。
> (Traugott 2004：560)

　本書は、この「語用論的フィロロジー」と「通時的語用論」の区分に依拠した 2 部構成を採っている。以下、この 2 部門に分け、解説を行う。

2.2 「語用論的フィロロジー」をめぐる用語法

2.2.1 「語用論的フィロロジー」

　社会と文化を見据えた歴史的な語用論のことを、Jucker (1995) は「語用(論)」に「フィロロジー(文献学)」という語を合わせて Pragmaphilology と名づけた。「フィロロジー」という語のなかに歴史性が含まれているので、わざわざ「歴史(的)」という冠をかけなくても済む点でスマートである。語用論的フィロロジーは、フィロロジーと言う限り、当該の時代の歴史的コンテクストと取り組むわけであり、このアプローチによって歴史語用論は、歴史、教育、イデオロギーなどと関わる学際性を得る。Jucker (1995) にとって、歴史語用論は単に通時的な語用論であるのではなく、社会・文化という大きなコンテクストを視座に据えて話し手と聞き手による

言語的相互行為をフィロロジカルに読み解いていくものである。言語使用から、現代のわれわれが直接にはアクセスできないネイティブスピーカーたちの言語世界・言語文化を復元する。

2.2.2 歴史的な「社会語用論」

社会的観点の語用論に明示的な名前を付けるとすれば、「社会語用論」（Sociopragmatics）といった用語法が必要になる。Sociopragmaticsという用語は実際に、Leech (1983) のSociopragmatics vs. Pragmalinguisticsで知られる。Leechの言うSociopragmaticsについては、「言語共同体によって社会状況が異なるので、語用論的な記述が変わってくる。言い換えれば、社会語用論は、語用論の社会学的インターフェイスである。」（Leech 1983: 10) Leechの後継者であるCulpeper (2010) はこれに依拠しながら、「社会語用論」を取り上げている。彼の用語法では、「歴史的な社会語用論」がJuckerの語用論的フィロロジーに対応する。

ドイツ語圏におけるドイツ語史研究においては、Polenzが（本書の編者の確認した限りでは）1984年以降に用いた「社会語用論」的言語史という呼称が一般に用いられている（高田 (2017) を参照）。この用語法は、Leech (1983) に依拠したものであると思われる。

2.2.3 「歴史社会言語学」

語用論的フィロロジーは、「過去のコンテクストにおける言語使用に焦点を置いて」（Taavitsainen and Fitzmaurice 2007: 13）、社会文化コンテクストにおける言語使用を（主として）共時的に再構成しようとする。この点で歴史語用論は、歴史的段階の言語を社会言語学的な視点で捉える「歴史社会言語学」（Historical Sociolinguistics）とも大きく重なることになる。

この歴史社会言語学の前史は、次のように整理することができる。19世紀の歴史比較言語学は、言語変化に大きな関心を寄せた。そのなかで青年文法学派は、音変化が機械的に進行する側面（「音変化に例外なし」）と、言語変化が「類推」により心理的に生じる側面とを説明した。Paul (1880) は、個人が他者から影響を受けることで言語変化が起こることを心得ていたが（§18）、個人と社会的環

境との関係を考察することはなかった。そしてSaussureは、通時的言語学ではなく共時的言語学を標榜することで、言語変化の問題を言語研究の視野の外へ置いた。PaulもSaussureも、言語が構造的（体系的）であることと異質的（可変的）(heterogeneous/variable) であることとは相互に排除し合うと考えた。それに対して、Weinreich et al. (1968) は変異理論（variation theory）に基づいて、構造性と異質性が両立可能であるような言語変化理論の綱領を示してみせた。それによれば、変異がいくつも見られても、それらの変異に関して話者とスタイルに応じた規則性が存在するおかげで、無秩序な異質状態は生じない。言語変化のプロセスは、言語社会のなかの下位集団で生じた変異が言語構造の中へ組み入れられて、「整然とした」異質状態を呈するに至るプロセスと言える（Weinreich et al. 1968: 187-188）。このようにして、歴史言語学と社会言語学との統合が構想された。この構想が実現されるには、1980年代を待たねばならなかった。Romaine (1982) が、「変異理論を共時的な音韻の変異の領域から、歴史的な統語論における問題の研究へと適用し広げること」(Romaine 1982: 1) を試みた。Romaineは、1530年から1550年までの20年間の中期スコットランド英語における関係節の標識を研究対象として、競合する変異形からの選択が言語的環境、時間、スタイル、ジャンルなどの変数によってどのように決定されるかを記述した。例えば性という変数について見ると、書き手が女性の場合に関係節の標識がしばしば欠如していたのは、当時の女性が書きことばの規範から遠い位置に置かれていたためだと考えられる。今世紀に入ってからは、Nevalainen and Raumolin-Brunberg (2003) が、テューダー朝とステュアート朝の時代の英国における言語変化を研究する際に、言語的変更が多く予想されるジャンルである私的書簡を資料にして、書き手の年齢、性、社会的地位、受取人との関係などの外的要因と言語変化との関わりを分析している。

2.2.4　　　　　　　　歴史語用論と歴史社会言語学の連携

　《歴史語用論》と《歴史社会言語学》とが、あたかも2つの別個のもののように呼ばれながらも実際は重なり合っているのだという認識が、『歴史語用論入門』（高田・椎名・小野寺 編 2011）と『歴

史社会言語学入門』(高田・渋谷・家入 編 2015) の刊行につながっている。また関西言語学会第41回大会 (2016年6月、龍谷大学) では、シンポジウム「歴史言語学の新しい潮流——歴史語用論と歴史社会言語学」が行われ、このふたつの研究分野の連携が議論された。登壇者は、金水敏、椎名美智、高田博行、家入葉子、渋谷勝己の各氏である。

2017年にHiSoPra* 研究会 (歴史社会言語学・歴史語用論研究会、HIstorical SOciolinguistics and PRAgmatics) が立ち上げられたのも、その文脈にある。第1回HiSoPra* 研究会 (2017年3月、学習院大学) では、本書執筆者である森勇太、佐藤恵両氏の研究発表につづいて、小野寺典子、青木博史、堀田隆一、家入葉子、堀江薫の各氏をパネラーとして、「社会と場面のコンテクストから言語[変化]の歴史を見るということ——歴史社会言語学・歴史語用論の現在そして未来」という題の討論会が行われた (司会は高田博行、椎名美智の両氏)。

この討論会で堀田隆一氏は、近代の言語学史における歴史語用論の位置づけを次のように明快に示した (堀田 2017)。「歴史的視点vs非歴史的視点」と「中心領域vs周辺領域」の2つの対立軸で見ると、次の図のように、19世紀から20世紀後半にかけて言語学の主たる関心はI→II→IIIの順序で変化してきた。最後に残ったのはIVである。

	中心領域 (音声、音韻、形態、統語、意味)	周辺領域 (社会、語用)
非歴史的視点	II. 共時的言語理論 (構造主義、生成文法) (20世紀)	III. 社会言語学、語用論など (20世紀後半)
歴史的視点	I. 比較言語学、文献学 (19世紀)	IV. 歴史社会言語学、歴史語用論など (21世紀)

(堀田 2017より)

この第IVステージは未知のものではなかったが、20世紀末になって「歴史社会言語学」と「歴史語用論」という明示的な名称を得たことで、その領域の存在が明確に見えてきたのである。

2.3 「語用論的フィロロジー」論文の紹介

　以下、本書に所収した「語用論的フィロロジー」関連の論文を紹介する。

　高田博行「辞書のなかの語用論――18世紀ドイツにおける日常語への眼差し」（第2章）は、アーデルング（J. Ch. Adelung）が編纂した『ドイツ語辞典』（1774-1786）に収められた（主として同時代のドラマの台詞から取られた）例文をもとにして、18世紀後半のドイツにおける口頭コミュニケーションの状況を探る語用論的フィロロジーの研究であると同時に、語用論に関する言語学史的考察でもある。アーデルングの辞典は、「親密な話し方」と「礼儀にかなった話し方」という標識を用いて、話し手が談話において聞き手との心的および社会的距離を意識してどのような話し方をするのかを記述しており、その言語使用の記述には身分制社会から市民社会への社会的変動の進行のプロセスが反映していると、高田は見る。会話文を分析する際にアーデルングが見せる語用論的枠組みには、今日の談話分析の概念の先駆けと言えるものがいくつも見出され、高田によれば、同時代のイギリスのサミュエル・ジョンソンの英語辞典をこの点で凌いでいる。

　岸本恵実「キリシタン版対訳辞書にみる話しことばと書きことば」（第3章）は、1600年前後に日本イエズス会が作成した日本語対訳付きの辞書を資料として、当時の話しことばと書きことばを再構成しようとする論考である。岸本は、これらのキリシタン版対訳辞書から、当時の社会状況を反映する言語生活を読み取ろうとする。当時の説教師たちには、キリスト教の真髄を伝え切るだけの的確な日本語力、つまり書きことばの能力がたしかに要請された。しかし、キリシタン版対訳辞書が書きことばにとどまらず話しことばもきちんと記述する姿勢を示しているのは、日本でキリスト教を布教するには、説教師たちが日本語の方言や野卑語まで理解し日常の話しことばでキリスト教の教義を伝え説教する必要性があったからであるという。同じ17世紀のヨーロッパでも、ドイツでは話しことばに対する不信感が教養人にあったこと（第2章 高田論文を参照）を思うと、日本にやって来たポルトガル宣教師たちが口頭の言語実践の必要性から話しことばを重要視したことは興味深い。

藤原浩史「『枕草子』の対話的な文章構造」(第4章)は、書き手と読み手との応酬によって文脈が完結する文章構造を『枕草子』の文章から取り出す。これらの文章は表層的には事物の羅列であり、西洋的な意味での論理の展開は見られない。しかし藤原は、このような表現に実は「対話」性が、また論理の構造が読み取れるとする。平安時代特有ではあるものの、このような平安貴族の語り方を「言語ゲーム」と見るならば、『枕草子』におけるこの文章構造は抽象的な思索結果をコミュニケーション上不足なく伝える表現となっているという本論文の指摘は、きわめて興味深い。藤原論文は、『枕草子』のなかに対話文を見て取って、その言語使用の実践から当時の教養層の言語生活の一端をあぶり出そうとする。抽象性を表現する手段として語彙の面でも文法の面でも未発達であった平安時代に、清少納言が抽象的思考をなんとか言語化しようと模索した様子が描き出されている。

家入葉子「従属節の配置に見る読者との対話──『カンタベリ物語』の最終話「牧師の話」をめぐって」(第5章)は、従来伝統的な言語学の手法で行われてきた文学作品の言語に関して明示的に語用論という観点で捉え直そうとする論考である。中英語時代の『カンタベリ物語』(14世紀後半)における散文テクストを分析対象として、従属節(if、though、when、because (by cause)、tillに導かれた節)が文中のどの位置に置かれるのか、言い換えれば、コミュニケーションにおける情報の流れのどの位置に現れるのかを分析し、家入は最終的に、話し手と聞き手の人間の認知やコミュニケーションのあり方の普遍性を見て取ろうとする。語用論的フィロロジーの研究がたいていの場合、特定の時代の言語使用にその時代固有のあり方を見て取ろうとするのに対して、時代や言語の違いを超えた共通部分を探る発想はユニークである。書きことばと話しことばの連続性を探ろうとしている点も、興味深い。従属節という言語形式から出発している点で本論文は、形式─機能の対応づけの通時語用論の領域とも重なっている。

3 通時的語用論

3.1 研究の広がり

　先にも述べたように、歴史語用論は新たな展開を迎えていて、それは「通時的語用論」の部門に顕著に現れている。「通時的語用論」では、文法化に関する現象が多くの関心を集めてきたが、その文法化研究における変化・推移として、3点ほど指摘しておこう。

　第一に、研究対象となる言語がより広範になった。Jucker ed. (1995)『歴史語用論：英語の歴史に見られる語用論的発達』においては、そのサブタイトルにあるように基本的に英語が対象であり、英語以外で研究対象となったのはドイツ語（Fritz 1995）と日本語（Onodera 1995）のみであった。Jucker（1995）は、英語以外の言語にも歴史語用論のアプローチを適用することに「新分野の持つ潜在性」（Jucker 1995、Preface：ix–x）を見ていたが、この後、印欧語ではフランス語・イタリア語・スペイン語など、アジア言語では韓国語・中国語・アラビア語など、次第に広範にわたるようになってきた。今回、本書でもネワール語（→ 第8章　桐生論文）研究を収録しており、対象言語の広がりが反映されている。

　第二には、1980年頃から始まった文法化研究において、文法化が起きると「作用域が縮小する」（scope reduction）と伝統的に考えられてきたが、談話標識の発達や従属節の主節化（insubordination）など、観察される現象の広がりとともに、「作用域が拡大する」（scope expansion）文法化もあると考えられるようになった（トラウゴット（2011：59–60、68–69）、小野寺（2014：11–16）、Brinton（2001）など）。このように、文法化に包括される現象自体も、広がりを見せるようになったと言える。

　第三に、「形式―機能の対応づけ」研究の枠組みとして広く用いられてきた「文法化」「（間）主観化」アプローチに続いて、「構文化」（Traugott and Trousdale 2013）アプローチが紹介され、用いられるようになってきた。「構文化」を用いた分析はまだ多くないが、今後その概念の有効性の検討も含めた研究が期待される（ナロック（2016）、第6章 小野寺論文、第7章 青木論文参照）。

3.2 「形式―機能の対応づけ」論文の紹介

　本書所収の「通時的語用論」関連の論文について、「形式―機能の対応づけ」「機能―形式の対応づけ」の2つに分けて以下で紹介していくこととする。

　小野寺典子「構文化アプローチによる談話標識の発達──これまでの文法化・(間)主観化に替わるアプローチ」（第6章）は、「形式―機能の対応づけ」の定番的テーマである「談話標識の発達」を、上に紹介したような「構文化」(constructionalization) の枠組みで捉える試みである。これまでの文法化アプローチでは、談話標識が発話頭に現れるという性質が「作用域の縮小」(scope reduction) という文法化の伝統的性質に反するため、作用域の拡大を起こすプロセスも文法化とみなすなど、議論が複雑であった。日本語の談話標識における発話頭のd接続表現（コピュラdで始まる「だから」「でも」等）について、個々の構文（個々の接続表現）・サブスキーマ・スキーマという階層構造を設定することにより、「形式―意味」をペアとして同時に扱うことで、文法化アプローチよりもスムースな説明が可能となることが示されている。言語形式の通時的発達を見る場合に、従来の文法化アプローチで提案されている「予測可能性」に代わる予見の可能性があることも示唆されている。文法化研究の研究史を紹介しつつ、今後の新しい展開について具体的に示された意欲作である。

　青木博史「準体助詞「の」の発達と定着──「文法化」の観点から」（第7章）では、日本語における準体助詞「の」の発達・展開の様相について、「文法化」「構文化」の観点から記述されている。古典語では「準体句」と呼ばれる、主名詞が「φ」である「述語連体形＋φ」（沈むを見る）の形が用いられるが、現代語では「述語連体形＋の」（沈むのを見る）の形が用いられるようになる。この「の」は、述語の項として格助詞を伴って、あるいは述語として繋辞を伴って用いられるが、これらは名詞句の脱範疇化とともに「述語句＋接続助詞」「述語句＋助動詞」へと再分析される。「のに」「ので」、あるいは「のだ」といった形式の文法化であるが、このような構造変化によって、それぞれの形式に文法的機能が備わっていく過程について記述されている。従来、名詞句内部の問題として扱

われていた事象を、接続部や述部も含めたパラディグマティックな関係に注目し、語用論的観点も含めながら記述した点で画期的な論文である。

桐生和幸「ネワール語の名詞化辞=guの意味拡張──16世紀から現代における文法化と（間）主観的意味への変化」（第8章）では、上の青木論文とよく似た事象が扱われている。チベット＝ビルマ系言語のネワール語における、名詞化辞の文法化と機能拡張である。もともと名詞であったと考えられるgudiが、類別詞へ文法化し、連体的標識、連体修飾節標識などに順次機能拡張し、=gu kha:という「名詞化辞＋コピュラ」構文を形成するようになることが述べられている。20世紀以前のデータは、コーパスはもとよりスクリプトとして整備されたものも少なく、研究・事例観察の苦労も偲ばれるが、名詞化辞=guの獲得した機能は、日本語の形式名詞「の」「もの」が担っている機能に相似しており、したがって=gu kha:文は、「のだ」「ものだ」文ときわめて類似した機能を有するという興味深い指摘がなされている。

通時的「形式─機能の対応づけ」研究において、各言語の名詞化辞（nominalizers）は頻繁に取り上げられるテーマであり、今回、日本語の事例に加え、希少言語であるネワール語の名詞化辞の文法化の報告が寄稿されたことは、様々な意味で貴重である。この意味拡張がトラウゴット（2011）などで示されている文法化・(間)主観化の考え方に沿うことからも、今後、多くの通言語的研究、アジア言語の対照比較研究などへの貢献も期待されるところである。青木（2016）、およびそこで挙げられる文献も参照されたい。

佐藤恵「ドイツ語の前置詞wegenの歴史的変遷──文法化と規範化」（第9章）は、本来は名詞であったwegenが前置詞へと文法化していくプロセスにおいて、当時のドイツ語の規範化の影響も受けたことを指摘している。「文法化」現象を扱いながらも、「規範化」を視野に収めて言語変化を記述している点で非常に興味深い。筆者が自ら作成した「書きことばコーパス 1520-1870」（ドイツ語書籍140冊）を用いて、標準形と非標準形の出現頻度の割合について時代を追って計量的分析を行うなど、その方法論も参勘すべきである。属格支配（「wegen＋属格」）と拮抗していた与格支配（「wegen＋与格」）が1800年を境に激減し、属格支配が圧倒していったのは、

当時の文法家アーデルングによる「属格が正しく、与格は誤り」という規範が学校教育を通じて普及したことと関連していると筆者は考える。つまり、ここでは支配的な社会階層に端を発する「上からの変化」が起こっていて、「wegen＋属格」が当時の人々に威信形と捉えられ広まったというわけである。筆者は、分析データをベートーヴェンの筆談帳にも広げて人間関係という点で検討した結果、「wegen＋属格」が「敬意あるいは疎の人に対する態度」を表していたという結論を説得的に引き出している。

　深津周太「副詞「ちょっと」の感動詞化――行為指示文脈における用法を契機として」（第10章）では、「量・程度の小ささ」を表す副詞「ちょっと」が、呼びかけ感動詞へと変化する現象について考察されている。この機能変化が起こる"場"として、依頼や命令などの「行為指示」が想定されている。行為指示表現においては、相手への配慮を表すために「少しでいいから」といった、負担の軽減を図る形式として「ちょっと（お願いします）」がよく用いられる。ここから次第に、「ちょっと」に「頼み」の意味が読み込まれ、「ちょっと」だけでの使用が可能になる、すなわち「感動詞化」が起こるというわけである。語用論的推論（pragmatic inferencing）による機能変化として、大変興味深い事例であると言える。「行為指示」に注目した分析は、次の川瀬論文、森論文へとつながっていく。

3.3　「機能―形式の対応づけ」論文の紹介

　具体的な言語形式を特定し、その意味機能の変遷を考察する「形式―機能の対応づけ」研究に対し、「機能―形式の対応づけ」研究は、抽象度の高い言語「機能」を研究対象として特定すること自体が困難であるため、研究数も前者のタイプの研究より多くない。

　そうした背景の中、日本語・英語を対象とした4本の興味深い論文が寄稿された。

　川瀬卓「前置き表現から見た行為指示における配慮の歴史」（第11章）は、「行為指示における前置き」といった、これまであまり注目されることのなかった文中の要素に着目した点で、まず刮目される。ここでの"機能"は、「前置きの要素を示すことで聞き手の

事情への配慮を示す」ものということになる。そしてこの機能が、「よかったら」のような、条件表現に由来する形式に、どのように備わっていくのかについて丁寧に記述されている。ここには近代以降の配慮表現の変化、すなわち、聞き手利益の事態においても押し付けを避けるようになったという背景が想定されている。配慮表現の歴史の観点からも、きわめて興味深いと言えよう。

　森勇太「中世後期における依頼談話の構造——大蔵虎明本狂言における依頼」(第12章)では、「依頼」という"機能"を、どのような形式が果たすのかについて、中世室町期の言語を反映した狂言台本を資料として考察されている。現代語の談話構造をモデルとし、中世とはどこが同じでどこが違うか、さらには現代に至るまでどのような変化があったのかについて示されている。すなわち、中世では聞き手の選択性を高く見積もる表現は見られず、こうした聞き手への「配慮」が次第に発達していったことが示された。狂言資料が当時の言語行動をどれだけ反映しているのかという、語用論的フィロロジーもふまえながら考察されている点も重要である。

　深津論文・川瀬論文・森論文は、以上のようにいずれも「行為指示」に注目されているが、このことは、「行為指示」という"場"が、言語変化が起こる"場"として重要であることを示している。また、いずれも「配慮」がキーワードになっている点は注目され、話し手と聞き手のコミュニケーションの"場"に注目した分析が行われていることの証左といえる。そしてまた、深津論文は、「ちょっと」という形式から出発しているために「形式―機能」のカテゴリーに入れたが、「依頼の前置き」という"機能"から迫ることも可能である。逆に、川瀬論文は、条件表現由来の「よかったら」のような"形式"が、どのようにして配慮表現に組み込まれていくか、という視点から捉えることも可能で、結局のところ、これらのアプローチの2種は截然と分かれるものではなく、それらを組み合わせながら分析するものであることが分かる。さらにまた、これらの日本語を対象とした研究は、文献学(フィロロジー)の前提をふまえて成り立っており、こうした文脈において、3つの論文をあらためて並べて読んでいただきたい。

　新里瑠美子「古代語の係り結び・現代語のノダ構文・沖縄語の係り結びの比較」(第13章)では、まず最近注目を集める現象である

「焦点化」を"機能"と特定し、それに対応付けられる形式を、古代日本語の係り結び構文、現代日本語のノダ構文、古代・現代沖縄語の係り結び構文に見出している。上記データには言語間・構文間の差異はあるものの、それぞれ狭・広スコープの焦点化機能に関与しているというわけである。まず、沖縄語と現代日本語を比較し、ノダ構文と係り結び構文の相補性が指摘されている。「ノダ構文の発達していない沖縄語では、係り結び構文は維持され、焦点化は係り結びによってなされている」とし、「反対に、現代日本語においては、部分・全体の焦点化は、ノダが担っている」という。そしてこの事実は、「ノダ文を、係り結び機能の延長線上に捉える説の傍証」であると結論している。さらには、係り結び構文とノダ構文の相補性が日本語・沖縄語に見られたことから、日本語・沖縄語の「機能的類似性」を裏付けるものとなることも提案されている。時空間を超えたスケールの大きな論文で、示唆に富むものである。

　青木論文・桐生論文は、「名詞化辞（nominalizer）＋繋辞（copula）」という"形式"に、「説明」などの"機能"が文法化に伴ってどのように備わっていくかを考察するものであった。これに対し、新里論文は同じ形式を扱いながらも、"機能"から迫るという手法をとっている。こうした点に留意しながら、あらためてこれらの論文を読み比べてみても面白いだろう。

　スーザン・フィッツモーリス（中安美奈子 訳）「18世紀の英語ポライトネス──立場依存的な多義性と誠実さ」（第14章）は、18世紀イングランドにおける人々のポライトネスと誠実さを"機能"と捉え、当時の社会における丁寧さや配慮の様相を描き出そうとするものである。当時、ポライトネスの様式（つまり形式）が複数存在していたとして、誠実さのある言語的振る舞いは、状況にふさわしいポリティックなものとして肯定的に評価され、対照的に、誠実さのない言語的振る舞いは、相互作用と状況に注意を払わない形式的なポライトネスとして否定的に評価されたと述べられている。具体的には、第3代シャフツベリー伯爵による「社会的に際立った貴族的な振る舞い」としてのポライトネスの概念、定期刊行物『スペクテイター』によって伝えられた「同等な人々の間で行われる思いやりある適切な会話の相互作用」、そして第4代チェスターフィールド伯爵による『わが息子への手紙』で示された「自分をできるだけ積

極的に打ち出すために行う儀式化されたマナーの集まり」が比較考察されている。18世紀の第4四半期には、ポライトネス・ポライトというものについて、読み手の立場・視点によって多様な解釈があり、多義的であったことが報告されている。相互作用における配慮を軸に、当時の社会の様相まで描き出しており、語用論的フィロロジー（2.3）にも分類が可能な、大きなスケールの論考となっている。

　本書では、日本語においても、3論文（深津・川瀬・森による）が同じく「配慮」に言及していることも注目に値する。今後こうした研究が、個別言語の枠を超えて読み比べられることも、本書のねらいの1つである、各言語研究の交流・相互発展に寄与するだろう。

4　「歴史語用論」の未来——日本の視点から

　言語学の研究手法の1つとして、複数の言語を比較対照することがある。言語Aについて真理を究めたい時、Aだけを見るのではなく、言語Bと比べてみる。この際、Bは類型論的に性質の近い言語の場合もあるし（例：韓日比較）、遠い言語の場合もある（例：英日比較）。例えばある言語における文法化の現象は、別の言語における文法化現象の観察や発見に大きく寄与する場合がある。ある言語の統語・意味・音韻・形態的などの変化と同様の変化が、別の言語においても起きているのか、起きそうなのか。このような点に大いに示唆を与え、研究を促進する場合がある。歴史語用論の将来を考えた時、各言語からの研究報告はとみに貴重であり、当該の個別言語の分野内にとどまるのではなく、「外へ向けて」発信され、各個別言語の研究の相互発展に寄与することが望まれる。

　これまでの研究の歩みを振り返ると分かるように、「歴史語用論」は英語研究中心の体制で進められてきた。1998年の国際語用論会議における初めてのパネルでは、歴史的言語には話しことばデータが存在しない点をいかに乗り越えるかが、大きな問題になったという。しかし、こうした問題は、日本語史研究では、いわば常識と言

ってよい事柄である。亀井ほか（1966）には、「言語史の窮極の目的は、口語の発展の追求にある」が、「過去の言語にせまる場合の第一の材料は、大部分、やはり文字による記録でしめられる」ため、「言語史の研究者は、まず文献学に通じ、その精神を──のぞむらくは深く──理解しえた者であるべきである」と明示的に述べられている。すなわち、文献学的研究によって、資料に現れた言語が何者であるかをまず追究し、資料に顔を出す「口語」を掬い取りながら言語の歴史を編むことが目指されたのであり、これが日本語史（国語史）の王道であった。

　一方で、こうした「文献」による歴史は所詮「書きことば」の歴史にすぎず、本来の意味での「言語史」、つまり「話しことば」の歴史を構築するにあたっては、話しことばである「方言」を用いたアプローチこそふさわしい、といった主張がなされることもあった。柴田（1969）、奥村（1969）による「方言国語史」という考え方である。現在も、日本語史研究に方言を用いることは重要な方法論として認知されており、こうした流れを受けた小林（2004）では、「方言学的方法と文献学的方法との有機的な統合」といった新たな提案もなされている。いずれにしても、このように歴史的言語を、どのような資料を用いてどのようにして明らめるかを追求することは、日本語史研究の大前提とも言うべき事柄である。

　したがって、「今では直接観察することができなくなった過去の言語共同体において、言語使用の慣習がどのようなものであったかを記述し理解する」（Jacobs and Jucker 1995：6）という目的に基づいた研究は、日本語史研究の伝統にすでに存在する。「歴史語用論」に少しく触れた日本語史研究者の多くが、日本語研究の分野ではすでに分かっていることを、他言語でやっているだけの学問であるとして関心を示さなかったのは、必ずしも故なしとはしない。

　しかし、ここで述べたいのは日本語史研究の「優位性」を主張することではない。実際、上に述べた「方言国語史」は、文献に基づいた"王道"の研究を「文献国語史」と呼び区別することで、自身の方法論の優位性を主張しようとした。その結果、方言研究と日本語史研究がいささか別の方向を向くことになったのであるが、本来「その理想を同じくするという意味では」、両者は「うるわしくむすばれるべきである」（亀井ほか 1966：304）。「歴史語用論」研究の

歩みにおいても、その目的を同じくするのであれば、こうした日本語史研究の成果の蓄積をふまえ、それらを取り込みながら互いに発展を目指していくべきであろう。

　ことさら"新しい"分野であることを謳った「歴史語用論」に対し、多くの日本語史研究者が感じたある種の"気恥ずかしさ"は、こうして「分野」の壁を乗り越えることで解消される。それでは、歴史語用論が日本語史研究に何の"新しい"実りをもたらさなかったかといえば、決してそのようなことはない。「形式 → 機能」「機能 → 形式」という2つのアプローチが自覚的に捉えられるようになったというだけでなく、やはりこれまで手薄であった「機能 → 形式」というアプローチを明確にすることによって、新しい成果が生み出されてきている。

　聞き手への「配慮」という、やや大ざっぱな括りではあるが、"機能"からアプローチする研究が現代語を対象に活発化してきたことを受けて、これを歴史研究に応用する研究が現れだした。まとまった成果としては、野田ほか編（2014）が挙げられよう。実際の談話を対象にすることができる現代語とは異なり、どのような資料を選定するかに苦心しながらも、「依頼・禁止」「受諾・拒否」「感謝・謝罪」などの"機能"をどのような形式によって運用していたのか、おぼろげながらその歴史の輪郭が描かれている。

　また、森（2016）では、「授受表現」という形式を中心としながらも、「発話行為」の機能から迫るアプローチも随所に交えながら、敬語体系の変遷を背景に見据えた、言語運用の歴史を描くことに成功している。もちろん、こうした成果を従来の日本語史研究の延長上に位置づけることは、十分可能である。敬語史・待遇表現史の研究は相当の蓄積があるし、命令表現や禁止表現、謝罪表現や授受表現についての歴史的研究もそれぞれ記述が進んでいる。しかし、ここに「歴史語用論」における「機能─形式の対応づけ」という枠組みを持ち込んで眺めてみたことで、新しい風景が見えていることは事実として認めてよいだろう。日本語以外の現象も視野に入れることで、歴史解釈は相対化される。

　本書所収の「語用論的フィロロジー」の各論文にしても同様である。当該の文献資料のテクストの構造を見て取ること、あるいは資料に示された記述から当時の話しことば・書きことばを読み取るこ

とは、王道の国語史の方法でもあるが、そこにドイツ社会における「日常語への眼差し」(第2章　高田論文)を意識することは決してなかっただろう。日本以外の状況にも目を向けることによってはじめて、閉じられた「国語史」は、開かれた「日本語史」へと発展するわけである（金水（2002）など参照）。

　逆に、こうした日本語における「文献学」をふまえると、その他の言語における研究も、さらなる広がりが期待される。今まで扱われてきた裁判記録や歴史的人物の書簡などの他にも、イデオロギー、思想、政治史に関わるような資料を用いて、言語学と歴史学とが出会うインターフェイスとなるような研究も生みだされてよいだろう（たとえば、ヒトラー演説に関する著述（高田2014）を参照）。

　そして、「歴史語用論」のアプローチにおいて何より重要であると感じるのは、コミュニケーションの"場"に即して、使用する"人間"に即して、言語変化の「なぜ」に迫る姿勢である。言語変化が、いつ、どのようにして、なぜ起こったのかは日本語史における究極のテーマであるが（柳田（2010-2016）など）、これまでの説明が果たして必要十分なものであったか、理論的にすぎ人間から離れたものになっていはしなかったか、ということをあらためて問いかけてみるとき、やはりその目的を同じくする両者は、「うるわしくむすばれるべきである」と言ってよいだろう。

　『歴史語用論入門』（2011）と『歴史語用論の世界』（2014）では、「若い」研究分野であることがことさらに謳われた「歴史語用論」であったが、"若さ"をもって、その"新しさ"を主張する必要はもはやないように思う。従来の日本語史研究の方法に則って進めてきた研究が、"新しい"「歴史語用論」という研究分野の俎上に載せられることを実感しながら進めていくのもよし、「歴史語用論」の方法を自覚的に実践することで、従来見過ごされてきた現象に光を当てることができた、あるいは説明が不十分であった現象に適切な説明を与えることができたと感じられれば、それもまたよいであろう。本書に収められた諸論文が、そうした"新しさ"を実感できるものとなっていれば幸いに思う。「歴史語用論」研究の未来は、ここから広がってゆく。

参考文献

- 青木博史（2016）『日本語歴史統語論序説』ひつじ書房
- 阿部圭子・小野寺典子・井出祥子（1997）「海外（欧米）の社会言語学分野での研究動向」荻野綱男 編『言語とコミュニケーションに関する研究概観』pp. 9–47、平成8年度文部省科学研究費補助金基盤研究（B）(1)（企画調査）研究成果報告書
- 奥村三雄（1969）「国語史と方言研究」『国文学解釈と鑑賞』34 (8)、pp. 24–45、至文堂
- 小野寺典子（2014）「談話標識の文法化をめぐる議論と「周辺部」という考え方」金水敏・高田博行・椎名美智 編『歴史語用論の世界』pp. 3–27、ひつじ書房
- 小野寺典子 編（2017）『発話のはじめと終わり——語用論的調節のなされる場所』青山学院大学総合研究所叢書、ひつじ書房
- 亀井孝・大藤時雄・山田俊雄（1966）「言語史研究入門」『日本語の歴史』平凡社
- 金水敏（2002）「日本語文法の歴史的研究における理論と記述」『日本語文法』2 (2)、pp. 81–94、日本語文法学会
- 金水敏・高田博行・椎名美智 編（2014）『歴史語用論の世界』ひつじ書房
- 小林隆（2004）『方言学的日本語史の方法』ひつじ書房
- 柴田武（1969）「言語地理学資料と国語史資料の接点」『国語学』76: pp. 98–109、国語学会
- 高田博行（2014）『ヒトラー演説——熱狂の真実』中央公論新社
- 高田博行（2017）「『社会語用論』的言語史記述の拓く過去の言語生活——ドイツ語史研究の事例に則して」『KLS Proceedings』37: pp. 279–291、関西言語学会
- 高田博行・椎名美智・小野寺典子 編（2011）『歴史語用論入門——過去のコミュニケーションを復元する』大修館書店
- 高田博行・渋谷勝己・家入葉子 編（2015）『歴史社会言語学入門——社会から読み解くことばの移り変わり』大修館書店
- トラウゴット、エリザベス C.（2011）「文法化と（間）主観化」高田・椎名・小野寺 編『歴史語用論入門——過去のコミュニケーションを復元する』pp. 59–70、大修館書店
- ナロック、ハイコ（2016）「テーマ解説 文法化」『日本語文法史研究3』ひつじ書房
- 野田尚史・高山善行・小林隆 編（2014）『日本語の配慮表現の多様性』くろしお出版
- パウル、ヘルマン、福本喜之助 訳（1976）『言語史原理』講談社
- 堀田隆一（2017）「HiSoPra*に参加して（2）」『hellog〜英語史ブログ』#2884（2017年3月20日）http://user.keio.ac.jp/~rhotta/hellog/2017-03.html
- 森勇太（2016）『発話行為から見た日本語授受表現の歴史的研究』ひつじ書房
- 柳田征司（2010–2016）『日本語の歴史 1–6』武蔵野書院
- ARNOVICK, LESLIE K. (1999) *Diachronic Pragmatics: Seven case studies in English illocutionary development*. Amsterdam & Philadelphia: John Benjamins.
- BRINTON, LAUREL. (2001) From Matrix Clause to Pragmatic Marker: The history of look-forms. *Journal of Historical Pragmatics* 2 (2): pp. 177–199.
- CHERUBIM, DIETER. (1980) Zum Programm einer historischen Sprachpragmatik. In Sitta (ed.) (1980), pp. 3–22.

- CULPEPER, JONATHAN. (2010) Historical sociopragmatics. In Andreas H. Jucker and Irma Taavitsainen (eds.) *Historical Pragmatics*, pp. 69–94. Berlin & New York: de Gruyter.
- FRITZ, GERD. (1995) Topics in the History of Dialogue Forms. In Jucker. (ed.) *Historical Pragmatics: Pragmatic developments in the history of English*, pp. 469–498. Amsterdam: Benjamins.
- HENNE, HELMUT. (1980) Probleme einer historischen Gesprächsanalyse: Zur Rekonstruktion gesprochener Sprache im 18. Jahrhundert. In Sitta (ed.) (1980), pp. 89–102.
- HIGASHIIZUMI, YUKO, NORIKO O. ONODERA and SUNG-OCK SOHN. (eds.) (2017) *Periphery: Diachronic and cross-linguistic approaches. Special Issue of Journal of Historical Pragmatics* 17. 2.
- JACOBS, ANDREAS and ANDREAS H. JUCKER. (1995) The Historical Perspective in Pragmatics. In Jucker. (ed.) *Historical Pragmatics: Pragmatic developments in the history of English*, pp. 3–33. Amsterdam: Benjamins.
- JUCKER, ANDREAS H. (ed.) (1995) *Historical Pragmatics: Pragmatic developments in the history of English*. Amsterdam: Benjamins.
- JUCKER, ANDREAS H. (1995) Preface. In Jucker. (ed.) *Historical Pragmatics: Pragmatic developments in the history of English*, pp. ix–xi. Amsterdam: Benjamins.
- LABOV, WILLIAM. (1966) *The Social Stratification of English in New York City*. Washington D.C.: Center for Applied Linguistics.
- LABOV, WILLIAM. (1972) *Sociolinguistic Patterns*. Philadelphia: University of Pennsylvania Press.
- LEECH, GEOFFREY. (1983) *Principles of Pragmatics*. London & New York: Longman.
- NEVALAINEN, TERTTU & HELENA RAUMOLIN-BRUNBERG. (2003) *Historical Sociolinguistics. Language Change in Tudor and Stuart England*. London: Routledge.
- ONODERA, NORIKO OKADA. (1995) Diachronic Analysis of Japanese Discourse Markers. In Jucker. (ed.) *Historical Pragmatics: Pragmatic developments in the history of English*, pp. 393–437. Amsterdam: Benjamins.
- ONODERA, NORIKO O. and RYOKO SUZUKI. (eds.) (2007) *Historical Changes in Japanese: Subjectivity and Intersubjectivity. Special Issue of Journal of Historical Pragmatics* 8. 2.
- ONODERA, NORIKO and ELIZABETH CLOSS TRAUGOTT. (2016) Introduction. Periphery: Diachronic and cross-linguistic approaches. In Higashiizumi, Onodera and Sohn (eds.) *Periphery: Diachronic and cross-linguistic approaches. Special Issue of Journal of Historical Pragmatics* 17. 2.
- PAUL, HERMANN. (1880) *Principien der Sprachgeschichte*. Halle an der Saale: Niemeyer.
- POLENZ, PETER VON. (1984) Deutsche Sprachgeschichte im Rahmen der Kulturgeschichte. In Werner Besch, Oskar Reichmann & Stefan Sonderegger (eds.) *Sprachgeschichte: Ein Handbuch zur Geschichte der deutschen Sprache und ihrer Erforschung*. 1. Halbband, pp. 1–8. Berlin & New York: de Gruyter.

- ROMAINE, SUZANNE. (1982) *Socio-historical Linguistics; Its status and Methodology*. Cambridge: Cambridge University Press.
- SCHIFFRIN, DEBORAH. 1987. *Discourse Markers*. Cambridge: Cambridge University Press.
- SITTA, HORST. (ed.) (1980) *Ansätze zu einer pragmatischen Sprachgeschichte. Zürcher Kolloquium 1978*. Tübingen. Niemeyer.
- TAAVITSAINEN, IRMA and SUZAN FITZMAURICE. (2007) Historical Pragmatics: What it is and how to do it. In Suzan Fitzmaurice and Irma Taavitsainen (eds.) *Methods in Historical Pragmatics*, pp. 4–36. Berlin & New York: Mouton de Gruyter.
- TAAVITSAINEN, IRMA and ANDREAS H. JUCKER. (2015) Twenty Years of Historical Pragmatics: Origins, developments and changing though styles. In *Journal of Historical Pragmatics* 16.1.: pp. 1–24.
- THOMPSON, SANDRA A., and ELIZABETH COUPER-KUHLEN. (2005) The Clause as a Locus of Grammar and Interaction. *Discourse Studies* 7: pp. 481–505.
- TRAUGOTT, ELIZABETH C. (1985) Conditional Markers. In J. Haiman (ed.) *Iconicity in Syntax*, pp. 289–307. Amsterdam: John Benjamins.
- TRAUGOTT, ELIZABETH C. (2010a) Grammaticalization. In Andreas H. Jucker and Irma Taavitsainen (eds.) *Handbook of Historical Pragmatics*, pp. 97–126. Berlin: De Gruyter Mouton.
- TRAUGOTT, ELIZABETH C. (2010b) Grammaticalization. In Silvia Luraghi and Vit Bubenik (eds.) *A Continuum Companion to Historical Linguistics*, pp. 269–283. London: Continuum Press.
- TRAUGOTT, ELIZABETH C. and GRAEME TROUSDALE. (2013) *Constructionalization and Constructional Changes*. Oxford: Oxford University Press.
- TRAUGOTT, ELIZABETH C. (2004) Historical Pragmatics. In Laurence R. Horn and Gregory Ward (eds.) *The Handbook of Pragmatics*, pp. 538–561. Oxford: Blackwell.
- VERSCHUEREN, JEF. (1999) *Understanding Pragmatics*. London: Arnold.
- WEINREICH, URIEL, LABOV, WILLIAM, HERZOG, MARVIN I. (1968) Empirical Foundations for a Theory of Language Change. In Lehmann, Winfred P. and Malkiel, Yakov (eds.) *Directions in Historical Linguistics*: A Symposium, pp. 97–195.

第1部

語用論的フィロロジー

第 2 章

辞書のなかの語用論

18世紀ドイツにおける日常語への眼差し

高田博行

キーワード	アーデルング、言語意識、メタ言語的発言、言語学史、談話分析、高地ドイツ語
本章の概要と方法論について	身分制社会から市民社会への移行過程にあった18世紀後半のドイツで、アーデルング（J.Ch. Adelung）は日常の言語使用に関する観察を『ドイツ語辞典』（1774-1786）のなかに書き留めた。本章は、このメタ言語的発言をデータとして、この時代の日常生活において営まれた相互行為のあり方を解明することを試みる。 　17世紀には従属文が多く入り組んだ文章が好まれ、言語は身分社会の垂直性のなかで教養人と庶民とを区別する機能をもった。しかし18世紀に入ると、言語は市民社会の水平性のなかで個人を特徴づける機能をもった。それぞれの場面にふさわしい言語スタイルを使い分け、手紙では「会話においてふつうであるような語り方」で書くことが推奨された。アーデルングは、話し手と聞き手との相互行為に関して「親密な話し方」と「礼儀にかなった話し方」という標識を用いて言語表現の機微に迫った。今日のわれわれは、このようなアーデルングの辞書記述から、18世紀後半の話しことばの語用論的実態を再構成することができる。アーデルングの辞書記述には今日の語用論、談話分析の先駆けが少なからず観察され、今から200年前の先人が談話の構造というものをどのように概念化し、どのようなフレームを考えていたのかを窺い知ることができる。

1 話しことばに対する不信

1.1 低地ドイツにおけるダイグロシア

　ドイツ語は、言語地理学的観点から南部の「高地ドイツ語」と北部の「低地ドイツ語」とに大きく区分される。そして、前者の高地ドイツ語は、さらに「中部ドイツ語」と「上部ドイツ語」に下位区分される。「高地ドイツ語子音推移（第2次子音推移）」と呼ばれる音韻変化が紀元後6世紀頃にドイツ語圏の南西部から始まり、北へ向かって進行した。この音韻変化を経たのが高地ドイツ語、被らなかったのが低地ドイツ語である。machenとmake、apfelとappel、wasserとwaterといった具合に、高地ドイツ語と低地ドイツ語とで子音が異なる。英語は低地ドイツ語に近いザクセン語（サクソン語）がその基礎となっているので、英語の語形は子音推移を経なかった低地ドイツ語のほうに近い。

　さて、低地ドイツ（北ドイツ）の諸都市は13世紀になって商業同盟を結び、北海とバルト海を交通路とする大きな商業圏を成立させた。ハンザ同盟の盟主であったリューベックの低地ドイツ語文章語は、「北海とバルト海地域の超地域的なコミュニケーション手段となった」（Peters 2000：1501）。しかし14世紀後半にハンザ同盟が最盛期を迎えたあと徐々に衰退していくのにともない、低地ドイツ語文章語も衰退していった。一方、高地ドイツ語の文章語、とくにライプツィヒ、ドレスデン、マイセンなどの都市に代表される東中部のドイツ語文章語は、ルターが聖書等の著述のなかで用いたことにより使用範囲が広がった。ルターの没した頃（16世紀中葉）には、この東中部のドイツ語文章語、つまり東中部の高地ドイツ語文章語は、中部ドイツ全域において受け入れが完了した（図1を参照）。高地ドイツ語は低地ドイツ人にとっては「類縁とはいえネイティブではない」（Polenz 2000：259）ものであったにもかかわらず、低地ドイツの公官庁や社会的上層は、この（東中部の）高地ドイツ語文章語を公的な書記のための言語として採用し始め（図2を参照）、低地ドイツにおいては17世紀半ばまでに書記言語として高地ドイツ語が低地ドイツ語にとって代わった（図2を参照）。

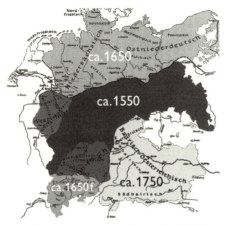

図1　高地ドイツ語文章語の受け入れ完了時期（Besch 2012：36）

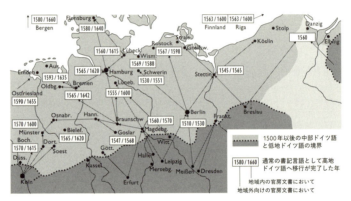

図2　低地ドイツ語地域における高地ドイツ語への移行
（König（1994：102）；高田・新田（2013：23）参照）

　低地ドイツにおけるこの「ドイツ語史上画期的な」（Polenz 2000：259）プロセスは、2つの言語変種が混ざり合う均一化ではなく、高地ドイツ語が上層として低地ドイツ語に覆い被さる変化である（Besch 2003：2275）。この切り替えは、「侯爵から市民を経て庶民まで」（Besch 2003：2283）広がり、文字で書く場合に限らず、口頭で話す場合にも広がって行った。低地ドイツでは、ダイグロシア（二言語併用）状況のなか、高地ドイツ語文章語がさまざまなコミュニケーション領域において威信言語として機能した。低地ドイツ

人は、ネイティブではない言語変種を意識的に習得する状況に置かれた結果、言語規範に対する感覚が磨かれ、17世紀には低地ドイツ出身の文法家が多く輩出した。

1.2　庶民のことば

　低地ドイツにおけるダイグロシア状況の社会言語学的な帰結として、「母語の低地ドイツ語に対する宿命的な軽蔑心」（Sanders 1983：999）が生じた。リスト（Johann Rist、1607-1667）が書いた学校劇『平和に歓喜するドイツ』（*Das Friedejauchtzende Teutschland*、1653）は、この言語状況をよく表している。この劇中リストは、高貴な登場人物には高地ドイツ語を話させる一方で、農民には低地ドイツ語を語らせている。このように、「低い階層の人物を特徴づける目的で」（Goossens 1983：75）、低地ドイツ語が用いられた。かつてはハンザ同盟の中心地であったリューネブルクでこの学校劇が初めて上演されたとき、高地ドイツ語はリューネブルクの学校における威信言語となっていたのである（Gabrielsson 1932／1933：43）。

　低地ドイツに限らないことであるが、標準文章語が普及すればするほど、日常の口頭言語は文章語が崩れたものであるという言語意識が強まっていった。例えば、17世紀の文法家ショッテル（Justus Georg Schottel、1612-1676）は、話しことばに対して次のように不信感を表明している（ショッテルの文法論については、Takada（1998）を参照）。

　　　日常のふつうの話し方は、各地方の方言によって変えられ歪められている。言語の末端でしかないこの話し方に、洗練されたことばが見られることはない。　　　　　（Schottel 1651：285）

「庶民のあらゆる気ままによって変化する」（Schottel 1651：306）話しことばに、言語の「正しさ」を求めるすべはなく、高尚な書きことばを書くことができる学識者や官僚たちと、書くことができない「庶民」の間に線引きが行われ、書かれるドイツ語と話されるド

イツ語とが大きく乖離していった。言語は、垂直的なベクトルの身分社会において教養人と庶民とを区別する機能をもった。

1.3 「書くとおりに話すべき」教養人：モーリッツ（1781）

このショッテルの発言から100年が経過した18世紀中頃には、高地ドイツ語文章語が上部ドイツ（南部ドイツ）においても受け入れが完了していた（図1を参照）。教養層においては標準文章語が十二分に普及し、この階層では公的場面ではできる限り標準文章語に近い話し方をすることが好ましいという言語意識さえ生まれた。とりわけ低地ドイツでは、書籍に書いてあるとおり発音することが公的場面において実践され続け、その結果、「文字に近い、低地ドイツ語の発音」（Faulstich 2008：53）が模範的な発音としての地位を広く得ていた。現在のドイツにおいて、低地ドイツにおける発音が規範に最も忠実であるのは、ネイティブでない高地ドイツ語を何世代にもわたって習得してきた結果である。

18世紀後半には、方言と標準文章語との対立を意識した都市市民の中層および上層において、方言と標準文章語とを「仲介する中間的な形態として日常（交際）語（Umgangssprache）」（Wiesinger 2000：1933）が形成された（Umgangsspracheは「日常語」と訳されることが多いが、Umgangという語は「日常」という意味ではなく、「人との付き合い、交際」という意味である。この点を十分に顧慮して、本論文では「日常（交際）語」という表記で訳すこととする。Umgangsspracheの概念史についてはTakada（2012）を参照）。低地ドイツのベルリンでギムナジウム教師をしていた作家のモーリッツ（Karl Philipp Moritz、1756-1793）は、1781年にこの地の教養人たちのことばについての観察を書き留めている。モーリッツは、ベルリンにおける言語使用状況のなかに標準文章語と方言との混交的性質を明確に聞き取った。

> ここベルリンでは、当地の方言が洗練されたことば［標準ドイツ語のこと。なお［　］内には、筆者高田による補足が書かれている。以下同様］と類似点を多く持つために、常に両者が混じり合っ

てしまっているという実情がある。[……]ふつうの民衆が中途半端な標準ドイツ語を雑多に使用するかと思うと、洗練された人たちのほうは日常（交際）語において中途半端な低地ドイツ語を用いている。例えばohch［auch「〜もまた」のこと］、lohffen［laufen「走る」のこと］などがそうであり、これらは低地ドイツ語のohkとlohpenが形を変えて当地の方言に入ったものである。　　　　　　　　　　　　　　　（Moritz 1781：17）

　同じ低地ドイツ語圏ではあるがハノーファーからベルリンへ移ってきたモーリッツは、この大都市の教養人たちが日常（交際）語に方言的要素を多く交えることに驚き、「話す段になると好き勝手が放置されている」（Moritz 1781：4）のを困った状況だと認識した。「少なくとも国民のうちの洗練された人たちは、口で話すことばをできる限り自分たちが書くときのことばに近づける必要がある」（Moritz 1781：5）と、モーリッツは考えた。

2　日常（交際）語に対する評価

2.1　劇中の自然な台詞：レッシング（1755）

　しかしながら、教養人は書くとおりに話すべきであるとするモーリッツのような規範的な視線ばかりが、日常（交際）語に向けられたわけではけっしてない。17世紀には身分社会の垂直性のなかで言語は教養人と庶民とを区別する働きをしたが、啓蒙主義の18世紀には市民社会の水平性のなかで、「言語的行動の標準がインフォーマル化」（Linke 2006：49）し、自然な日常（交際）語が評価されるようになった。どのような言語使用を行うかが各人の個性を決める要因の一つとなり、また場面に応じて言語スタイルを使い分ける能力に価値が見出された（Linke（2006：63）を参照）。こうしてこの啓蒙時代には、「修辞学的装飾やわざとらしさ」（Eggers 1977：

65）のない「簡潔で明確な文」(Eggers 1977：65)による理解しやすい文体が、ものを書く際の理念とされることになったのである（17・18世紀における流れに関しては、Takada（2007）を参照）。

　18世紀の作家レッシング（Gotthold Ephraim Lessing、1729-1781）は、17世紀以来伝統的であった柔軟性を欠く韻文（アレクサンドリア詩格）ではなく、自然な散文で戯曲を書いた最初の作家であるとされる（Betten（1987：150-152）を参照）。レッシングの最初期の喜劇作品『若い学者』(*Der junge Gelehrte*、1747)の会話部分を見てみると、Da haben wir's!（esが's に）「それ、わかったぞ。」、Haben Sie meinen Vetter nicht *gesehn*?（gesehenがgesehnに）「いとこをお見かけになった?」のような音縮約、Sie haben eine vergessen; *die deutsche*—「あなたはお忘れになったんです。ドイツ語を……」のような言いさし、*Sachte*「おいおい」、*Hui*「わあ」のような間投詞、*Ich? ich?*「私が? 私が?」のような繰り返し、*wissen Sie was?*「よく聞いて下さい」のような談話標識、Tun Sie *doch*「して下さいよ」のような心態詞（話し手のさまざまな心的態度を反映することば）などが頻繁に見られ、話しことばの自然さが再現されている（それぞれイタリック体が該当箇所）。

2.2　「話すように書くべき」手紙文：ゲラート（1751）

　これと同じ18世紀中頃には、個人がやり取りをする手紙を書く場面においてどのようなことばで書くべきかということが論じられた。ゲラート（Christian Fürchtegott Gellert、1715-1769）は、『書簡論』(1751)のなかで、それまで一般的であった手紙の形式性と冗長さを疑問視し（Vellusig 2000：83を参照）、手紙は「入念で洗練された書き方よりも、会話において優勢であるような発想の仕方と語り方に近づかねばならない」（Gellert 1751：111）とした。手紙はモノローグであるが、書き手と受け手の相互行為が「対話的に存在しているかのように」（Vellusig 2000：88）感じさせることが理想とされた。「友人としての親密なことば」（Gellert 1751：131）で、「日常（交際）のことばで話すように」（Gellert 1751：131）書くよう求められた。

ただし、手紙は「本当の会話ではないので、日常の交際において許されることすべてが手紙にも許されるわけではない」(Gellert 1751：111) という留保が付けられている。

> われわれが、見境なしに日常（交際）のことばを真似ようとするならば、われわれは手紙を書く際に多くの過ちを犯してしまう。市民生活や経理に関わる事柄について手紙に書くとしよう。このような場合に、低い身分の人物であれ高貴な人物であれ、人がふつうの生活においてふつうに話すような調子ですべて書いてしまうと、書かれた内容はしばしば意味が不明瞭で、ぶざまで、月並みで、回りくどく、みじめなものになるであろう。このような点で、手紙は会話とは一線を画す。
> （Gellert 1751：112）

この引用文で注目すべきは、話しことばの意味不明瞭さや月並みさなどが「低い身分の人物」に限らず、「高貴な人物」にも前提とされていることである。つまり、話しことばの不正確さの原因が、17世紀のショッテルの場合のように「庶民」であることに帰せられるのではなく、話しことばの不正確さはどの身分の話者にも前提とされている。

18世紀の書簡文化によって、社会的身分を超越して親密な人間関係を前面に出して交際することが可能になった。書簡文化は「「新しい市民層」により担われ、身分的な社会秩序を解体する社会的な個人化と主体化のプロセスの帰結」(Vellusig 2000：153) であった。Gellert (1751) の『書簡論』は、わかりやすい実用散文の発展にとって「画期的な意味」(Merkel 1961：411) をもつものとなった。

3 「日常（交際）語」の記述：アーデルング

3.1 記述主義

　本章の分析対象であるアーデルング（Johann Christoph Adelung、1732-1806）の辞書は、このように日常（交際）語の価値が切り上げられ、言語のスタイルに対する強い関心が呼び起こされた時代の流れのなかにある。アーデルングは、1774年から1786年にかけてライプツィヒで『高地ドイツ語方言の完全なる文法的・批判的辞典の試み』（*Versuch eines vollständigen grammatisch-kritischen Wörterbuches Der Hochdeutschen Mundart*）を出版した。これは、およそ55,000の見出し語をもつ約3,800頁からなる5巻本の大きな辞典である。（1793年から1801年に出された『高地ドイツ語方言の文法的・批判的辞典』は、この辞書の改定第2版に相当する）。タイトルにある「高地ドイツ語方言」というのは、当時確立していた標準ドイツ語と言って差し支えない（Henne（2001: 113-114）を参照）。「文法的」というのは、品詞表示・文法的情報が記載されていることを指し、「批判的」というのは、単語の意味を詳細に検討する姿勢を指す。

　意味を詳細に捉える際のスタンスは「規範的」ではありえず、「記述的」な立場が前提とされる。文法学史において、アーデルングは規範的文法から記述的文法への「移行期」にあるとされる（Naumann（1986: 350）を参照。17・18世紀ドイツの文典史におけるアーデルングの位置づけに関してはTakada（2007）を参照）。この記述的な方法論について、アーデルングは『高地ドイツ語辞典の試み』の「序言」で次のように明言している。

> 私がとりわけ尽力したのは［人びとの］声を集めることである。私は、疑わしい場合に恣意的もしくは自分勝手な裁定を下すことを避けた。今までドイツ語について、そのような裁定が下されることがあまりにも多すぎた。そろそろ、［実際に］調査し点検してみることをいちど始めてみてよい時期である。
> 　　　　　　　　　　　　　　　　　　　（Adelung 1774: XIII）

このように、アーデルングは人びとの「声」を聞き、「事例に則して言語を把握する」（Adelung 1774：XII）という記述主義的方法論を明確に採る。記述的な立場を採るアーデルングは、書かれたものからだけでなく、日常生活における言語使用の例から収集するよう努める。

> これらの人たち［先人たち］は、ただそれぞれの時代の書籍語のみを対象にした［……］。そのため私には、さまざまな種類のあまたの著述物から、さまざまな生活様式と日常的交際自体のなかから語を探すという厄介でたじろいでしまいそうな仕事をせねばならなかった。　　　　　（Adelung 1774：V–VI）

このような日常生活における言語使用の例を、アーデルングは自らの言語的体験と直感からだけでなく、文学作品（ドラマの台詞）から収集している。上に述べたレッシングとゲラートの書いた文学作品は、アーデルングが辞書において話しことばを記述する際に重要な出典源となっている。

3.2　　場面に応じたスタイル：文体標識

文法書や辞書におけるメタ言語的発言は、「言語の多様性がどのように認識されていたのかに関する直接的な情報」（Nevalainen & Raumolin-Brunberg 2003：6）とみなすことができる。この考えに依拠して、言語スタイルに注目しながらアーデルングの辞書記述を見ていこう。

アーデルングの眼差しは、究極的には微妙なニュアンス、つまりさまざまな場面における言語スタイルの色合いに向けられている。アーデルングはこれを、「陰影」（Schattierung）、「副次的意味」（Nebenbedeutung）ないし「副次概念」（Nebenbegriff）と呼んでいる。意味の陰影は、「漠然と感じられるだけで、ことばで明確に説明することが容易でない」（Adelung 1786：272）。この「非常に繊細な副次的意味」（Adelung 1786：272）にまで至る言語スタイルの奥行きを、アーデルングはどのようにして把握するのだろうか。

アーデルングは、社会的位相や発話場面に関して、「語の品格」（Adelung 1774：XIV）による5種類の社会的・文体的標識づけを行っている。

    1）　高尚なまたは崇高（höher oder erhaben）な書き方、
    2）　上品（edel）な書き方、
    3）　ふつうの生活および親密な交際の話し方、
    4）　低い話し方、
    5）　まったく卑しい（pöbelhaft）話し方。
                                   （Adelung 1774：XIV）

　このなかの「ふつうの生活および親密な交際の話し方」（die Sprechart des gemeinen Lebens und vertraulichen Umgangs）というカテゴリーが、口頭の日常（交際）語に関わっている。
　ただし、実際の辞書記述においては、この5つのほかに、例えば、次の例のように、「詩的な」（dichterisch）、「品位のある」（anständig）、「社交的な」（gesellschaftlich）、「儀礼にかなった」（höflich）という文体標識も用いられている。いくつか記述例を見てみよう。

　　Kerl［奴、野郎］［……］これらすべての事例において、<u>品位のある</u>話し方においてこの語は廃れている。それは、おそらく長期間にわたる使用を通じて軽蔑的な副次概念がこの語についてしまい、それゆえに今では<u>低い</u>話し方、せいぜいのところ低く<u>親密</u>な話し方においてしか、しかも多くの場合身分の低い人物に関してしか使用されなくなったからである。
                                   （Adelung 1775：1554）
              ［以下、引用文中の下線は高田によるものである］

　　Dieser、diese、dieses［＝this］［……］この縮約［diesesがdisのように縮められること］は、<u>社交的</u>な話し方および<u>親密</u>な話し方においてしか起こらない。<u>高尚</u>な書き方においては、避けられるのがふつうである。   （Adelung 1774：1358）

　　was?［＝what?］［……］<u>ふつうの生活および親密</u>な話し方に

おいてよく用いられる。ある人のことばが理解できないときに、「あなたは何を言いましたか」を略して「何?」と言うのは、作法にかなっていない。その場合wie?［＝how?］と言ったほうが少しは<u>儀礼にかなっている</u>。

(Adelung 1786：76)

3.3　　　　　　儀礼にかなった表現

18世紀後半には、さまざまな場面でどう振る舞うべきかという問題がクローズアップされた。クニッゲ（Adolf Freiherr von Knigge）の書いた作法書『人間交際術』（1788）は、ベストセラーとなった。日常において相手の顔（面子）に配慮しないといけない時代であった。「身分上の偏見が人間をたがいに引き離し」（ベーン 2001：450）ていた状態にあって、18世紀後半には、社会的身分に応じて相手を呼び分ける代名詞が5種類もあったほどである（高田（2011）を参照）。クニッゲの『人間交際術』には、言語に関する記述は多くはないが、例えば次のようなことが書かれている。

> 身分の高い人の中には、ある種の偏見に捕らわれている人がいる。彼らは、自分より身分の低い人間に、仲間同士のようなしゃべり方（例えば「昨日いっしょに私たちが散歩した時……」とか「昨日のゲームでは、私たちのチームが勝ちましたね……」などというしゃべり方）をされることをいやがるものだ。彼らは他人から、この世の中で名を挙げるに値する人物は、自分だけであるかのように扱ってもらいたいと期待しているのだ。彼らは「閣下。殿下が勝利を収められたのです。」という言い方をしてもらいたがるものだ（せいぜい「私とともに」という言葉をつけ加えるのがせきの山である。）
>
> （クニッゲ 1993：129；Knigge 1790, 1. Teil, 1. Kap., §42）

アーデルングの辞書に身分の高低による語法上の特徴づけが多く見られるのは、そのような社会的状況によるものである。社会的身分に応じて相手の顔を立てるために儀礼が必要とされる。儀礼にか

なった表現とされるのは、例えば次のようなものである。

> Nehmen sie Platz〔席におつき下さい〕という表現は、setzen sie sich nieder.「お座り下さい」に代わる儀礼にかなった話し方である。　　　　　　　　　　　　　（Adelung 1777：1100）

> Mit Erlaubniß〔許可を得て（言いづらいことですが）〕。これは、社交的な礼儀において、反駁、反論もしくは上品ではない語を用いるときにふつうに用いられる言い回しである。
> 　　　　　　　　　　　　　　　　　　（Adelung 1774：1767）

> Ihr Wort in Ehren〔おことばではありますが〕。これは庶民たちの儀礼において、反論するときに添えられる。「私があなたのことばに尊敬心を当然示すべきにもかかわらず」という意味である。
> 　　　　　　　　　　　　　　　　　　（Adelung 1774：1514）

「儀礼」（Höflichkeit）を、アーデルング自身は辞書のなかで次のように定義している。

> 儀礼［……］1）尊敬していることを行いによって相手に示すこと。そして狭義では、そのように行いによって敬意を示すなかで、必要な相違を遵守すること。　（Adelung 1775：1244）

この定義から、相手と自分とが「相違」（Unterschied）していることを示すのが儀礼であると考えられていることがわかる。しかしさらによく見てみると、アーデルングは儀礼を「距離（隔たり）」（Abstand）という概念でも捉えていることがわかる。

> Knecht（雇い人、しもべ）［……］この語が廃れてしまって、Dienerという語に取って代わられてからは、極めて高貴な人物を前にして、自らとその人物との間にある大きな隔たりが目にとまるようにときおり儀礼的に用いられるだけになっている。
> 　　　　　　　　　　　　　　　　　　（Adelung 1775：1659）

3.4 「親密な話し方」

　格式張って人間関係を隔てているだけでは、17世紀の身分社会と変わらない。既述のように、18世紀においては、言語行動の仕方がインフォーマルになっていった。このプロセスをアーデルングは同時代人として言語使用に読み取っており、「親密な話し方」について多く記述している。

　アーデルングは辞書のなかで「親密さ」(Vertraulichkeit) を、「相手の愛情と好意を信頼していることを憚らず行いで表すこと」(Adelung 1780：1551) と定義している。親密な話し方とは、例えば次のようなものである。

> Leute [＝people] [……] 縮小形のLeutchen (みんな) と Leutlein (みんな) は、親密な語り方においてのみ一般的であり、他人について愛情と好意をもって、とくに身分のより低い人について語るときに用いる。　　　　　　　　(Adelung 1777：190)

> toll [＝wild、mad] [……] 親密な話し方においては、「珍しい、風変わりな」という意味で用いられる。Ein tolles Kleid.〔変な服装〕、Ein tolles Betragen.〔変わった振る舞い〕Das wäre doch toll.〔それは変でしょうよ。〕　　　　　　(Adelung 1780：1002)

> mein [＝mine] [……] 3. 親密な話し方においてのみふつうである間投詞。感嘆に由来する質問に伴う。Mein! wie gehet das Ding zu?〔いやはや、その件はどうなっているの?〕
> 　　　　　　　　　　　　　　　　　　　(Adelung 1777：451)

> Ja [＝yes、actually] [……] 親密で切実なお願いおよび禁止において用いて。Sage es ja niemanden〔誰にも言わないようにな。〕Verliere es ja nicht〔失わないようにな。〕
> 　　　　　　　　　　　　　　　　　　　(Adelung 1775：1407)

　またアーデルングは、話し手と聞き手との間に「親密さ」がない場合に特定の表現は用いてはいけないことを書き留めている。

Folgen sie mir doch. Wo ist er denn? O, zeiget mir ihn doch,〔つ
いて来て下さいよ。彼はいったいどこにいるのですか。ああ、彼を私に
見せて下さいよ。〕（ゲラート）この最後の形でも、doch「よ」に
は親密さが前提とされる。したがって、畏敬の念をいだくべき
人物に対してdoch「よ」をこの意味で用いてはならない。

(Adelung 1774：1372)

しばしばこの動詞［müssen］は、切迫した懇願において用いら
れるが、ここでは特定の親密さが前提とされる。Eines müssen
sie mir noch versprechen.〔あることをあなたは私にまだ約束しないと
いけません。〕Sie müssen mir aber meine Bitte auch nicht abschla-
gen.〔しかしあなたは、私の願いをじっさい断ってはいけません。〕

(Adelung 1777：629)

3.5　「ポライトネス」の方略

今述べたアーデルングの記述した「儀礼」と「親密さ」を、Brown
& Levinson（1987）のポライトネス理論に関連づけて考えてみよ
う。アーデルングの言う「親密さ」は友好さを示して話し相手に
接近する「ポジティブなポライトネス」の方略に、アーデルングの
「儀礼」は尊重する話し相手から距離をとる「ネガティブなポライ
トネス」の方略に対応すると言えるであろう。その文脈において、
次のクニッゲの観察は大変興味深い。

尊敬の念というものは、親近感のある信頼関係の中から生まれ
るものなのである。見上げることさえ許されない相手のことを、
人は愛することは出来ないものだ。

(クニッゲ 1993：248；Knigge 1790, 2. Tl., 2. Kap., §2)

アーデルングの生きた18世紀後半のドイツは、ちょうど「身分
秩序から市民社会へ」（デュルメン 1995：291）移行する時代であ
った。つまり、「身分上の偏見が人間をたがいに引き離し［……］、
格子の鉄棒に妨げられて相手のところへ行くこと」（ベーン 2001：

450）ができない状態が、「一八〇〇年頃には［……］その偏見も［……］いまや疑問視され、反駁を受けるに至った」（ベーン 2001：450）のである。時代が「身分社会」を脱して「市民社会」へ向かう意識は、「儀礼的な交際の社交的なことばにおいて濫用される」（Adelung 1775：725）、「宮廷の過剰な礼儀」（Adelung 1774：507）に対するアーデルングの批判的コメントに明確に現れている。アーデルング自身がまさにこの宮廷社会から市民社会への移行過程にいたからこそ、ネガティブなポライトネスのスタイルとしての「儀礼」と、ポジティブなポライトネスへのスタイルとしての「親密さ」とに、アーデルングは強い眼差しを向けたのである。

4　アーデルングによる現代の談話分析の先取り

4.1　「発話の滑らかさ」と発話行為

　このような視線は、談話という単位に対する語用論的洞察をアーデルングに可能にしている。談話において特定の小辞（不変化詞）がコミュニケーション上重要な役割を演じることをアーデルングは認識し、「漠然と感じられるだけで明確にことばにはできない」（Adelung 1786：272）コミュニケーション的機能のことを、「発話（談話）の滑らかさ」（Rünðe der Rede）と呼ぶ。

> so ［＝so］［……］この語は、親密な話し方においてはとくに、さまざまに細やかな副次概念をしばしば得て、ひとえに<u>発話の滑らかさ</u>を促す。Wie heißen die kleinen Dingerchen, die so in den Sonnenstrahlen herum fliegen?〔日の光の周りを<u>どこともなく</u>飛び回る小さな虫は、なんという名前なのか。〕（レッシング）。［……］Sie that als käme sie nur so von ungefähr〔彼女は、<u>どこともなく</u>偶然に来たかのような振る舞い方であった。〕（ゲラート）
> 　　　　　　　　　　　　　　　　（Adelung 1780：496）

> noch［＝still］ドイツ語において使用範囲の広い小辞で、しかるべき用い方で力点を置いて、発話の滑らかさを促す。［……］1. 否定を表す接続詞または副詞として。2. 時の副詞として、もしくは、現在の行為の継続を表す接続詞として、bis jetzt「今まで」の意味。ただし、感じることは容易であるが、ことばで表すことは難しい副次概念を伴う。　　（Adelung 1777：819）

　アーデルングは、さまざまな場面における「発話の滑らかさを促す」語用論的機能を想定し、励まし、警告、依頼、異議、情緒、切迫等の発話行為を行う話し手の心に分け入る。

> immer［＝ever］［……］2. 強度に関わる。ふつうの生活および親密な話し方においてしばしば虚辞になり、発話の滑らかさを促すこともあれば、単にまったく余計なこともある。1）確言する小辞として。［……］2）一種の強調として。［……］3）感嘆と結びついた質問に伴う。［……］4）励まし、警告、依願に伴う。とくに親密な話し方において。Lassen sie sich es immer gefallen〔とにかく我慢しておきなさい〕［……］。
> 　　　　　　　　　　　　　　　　　　（Adelung 1775：1363）

> ja［＝yes］［……］2. 肯定に副次概念がさまざまに付随するが、副次概念がまったくないことが多い。1）しばしば異議、疑念、感情の理由を含む文において動詞に伴う。Es ist ja nicht schwer.〔それは難しくはないよね。〕［……］2）とくに親密な話し方においては、感嘆に伴うことがある。Ich habe sie ja so lange nicht gesehen.〔お久しぶりですよね。〕［……］3）同様に、親密で切実な依頼また禁止に伴う。Sage es ja niemanden.〔どうか誰にもいわないでね。〕［……］4）しばしば、漸層に伴う。Ich habe es bey ihm gesehen, ja was noch mehr ist, er hat es mir selbst gesagt.〔私はそれを彼のところで見ました。さらにそれどころか、彼自身が私にそう言ったのです。〕　　（Adelung 1775：1407）

　さらに次の引用文では、アーデルングは、「威嚇」という発話行為が「隠されている」という言い方で、特定の語の使用によって間

接的に発話行為がなされるという認識を示している。

> gut〔……〕2) 間投詞として、同意を言い表す。Gut, wie du denkst.〔よし、あんたが考えるとおりに。〕Willst du deiner Schwester etwas geben, wohl gut!〔あんたは姉さんになにかあげたいのか？よしそうしよう。〕(ゲラート)。ときとして、威嚇が隠されている。Gut, wir brauchen einander weiter.〔ならいい、これからもわれわれは離れられないんだよ。〕　　　　　(Adelung 1775：853)

さらには、重要であるかの印象を醸し出すために使用される表現があるという興味深い観察をアーデルングは行っている。

> *müssen*〔……〕(d) Ich muß ihnen sagen〔私はあなたに言わねばなりません〕、ich muß sie fragen〔私はあなたに尋ねねばなりません〕などは、親密な話し方においてよく用いられる、切迫した事柄に伴う決まり文句であるが、しばしば、事柄が重要であるような外観を与えるだけの目的で用いられる。〔……〕Ich muß ihnen sagen, daß uns vielleicht ein kleines Glück bevor stehet.〔私たちの将来にはちょっとした幸せが待っているかもしれないと、私はあなたに言わないといけません。〕　　(Adelung 1777：629)

4.2　話し手と聞き手の相互行為

話しことばの一般的特徴として、計画せずにとっさに (spontaneously) ことばが出るということがある。アーデルングはこの点を踏まえた記述を、話し手について行っている。

> Ja〔……〕5) しばしば、一種の接続詞となって、他に〔ふさわしい〕小辞がない場合、話し手が不意に思いついた事柄に伴う。Ja, was wollte ich doch sagen?〔そうそう、私は何を言いたかったんだっけ。〕　　　　　　　　　　(Adelung 1775：1407)

アーデルングは、さらに話し手と聞き手の相互行為に目を向け、

聞き手が相手のことばを取り上げて繰り返す事例を観察している。

  also［＝so、therefore］［……］3. しばしばこの小辞は、特に社交的な交際において、前に［話し相手によって］中断された発話を単に繰り返したものに添えられる。この場合、この小辞は発話の初めよりは、いくつかの語の後に置かれる。Die damit verbundenen vielen Geschäfte nöthigen mich also, u.s.f.〔つまり、それと関連する多くの用件ゆえに私が必要とされる云々。〕

             （Adelung 1774：204）

 この記述は、語用論的なコメントが詳細な現在のドイツ語辞典であるPaul（2002）の言う、「話者は、すでに前で言われたことを再び取り上げる」（Paul 2002：59）と一致している。
 アーデルングはさらにまた、話し手が聞き手に新情報を提示して、談話を進行していく構造にも言及する。

  sagen［＝say］［……］Wie ich ihnen sage〔あなたに言っておきますが〕またはWas ich ihnen sage〔あなたに言っておきますが〕は、ふつうの生活においてよく用いられる確言する表現である。Was ich ihnen sage, er ist wirklich da.〔言っておきますが、彼は本当に来ているんです。〕Was ich ihnen sage, sie können die Frau Muhme jetzt nicht sprechen〔言っておきますが、Muhmeさんとは面会できません。〕（ゲラート）［……］ （Adelung 1777：1569）

 これは、後続の発言内容に注意を喚起する文形式の談話標識である。同様に、Weißt du was?［＝You know what?］という談話標識によっても、話し手は聞き手に対して新情報を切り出すことができることが記述されている。

  wissen［＝know］［……］6. Weißt du was? またはwissen Sie was?は、新しいこともしくは予期していなかったことを告知するのによく用いられるふつうの決まり文句である。

             （Adelung 1786：260）

次の表現では、話し手が「他者」という表現で言われている。

> hören ［＝hear］ 1）［……］Je nu, hören sie nur, die Sache ist wahr（ヴァイセ）．〔うーん、よく聞いて下さいね、それは真実なのです。〕親密な話し方においてはしばしば、このように他者の注意を呼び起こす単なる決まり文句になっている。
>
> （Adelung 1775：1282）

4.3　　　　　　　　　nunに関する記述例

アーデルングは、アルファベット順の見出し語の配列法や、文学作品からの用例の提示などについて、イギリスのサミュエル・ジョンソン（Samuel Johnson）の『英語辞典』（*A Dictionary of the English Language*、1755）から学んでいる（Considine 2014）。しかし、語用論的な記述に関しては、アーデルングは内容的にも分量的にもジョンソンをはるかに凌駕している。このことを、ここで指摘しておきたい。

例えば、ドイツ語のnunに相当する英語のnowに関するジョンソンの記述は、用例を除くと以下がすべてである。

> 1. この時間に、現在の時間に［という意味］。2. すこしばかり前に、ついさきほどの時間に［という意味］。3. あるときは、またあるときは［という意味］。4. フランス語のor、ラテン語のautemと同様に、接続の小辞であることがある。5. 打ち解けた話し方（familiar speech）において、このあとで、そのような事情から［という意味］。6. now and thenという形で、なんらかのときに［という意味］。場所に関してhere and thereが意味することを、時間に関して言い表す。7. now and thenは、注意すべきものが後続すると考えられる箇所に置かれる。
>
> （Johnson 1755, vol. 2）

これに対して、アーデルングはドイツ語のnunについて、「1) 帰結、2) 原因、3) 単なる接続の小辞として、4) 認容、5) あり得る

事例、6）確言する、7）不機嫌、8）親密な質問を始める、9）感嘆、10）親密な同意、11）励まし、強い決心、12）和らげ」（Adelung 1777: 843–845）という項目を立て、詳細に記述している。

例えば3番目の用法「単なる接続の小辞」としては、「物語るような話し方において、物語における一部分と一部分を接続するただの小辞として非常に頻繁に用いられる」（Adelung 1777: 843）と説明し、Nun war aber damahls ein Gebrauch...〔さてしかし、当時の習慣では……〕という例文を挙げている。これは語りの展開もしくは新たなテーマの導入のことを指している。

小辞nunに関する6番目の用法「確言する」に関する説明は、次のようにある。

> さらに、親密な語り方においては、確言、肯定を表す。Nun, wie ich dir gesagt habe.〔そう、私が言ったとおり〕。Nun ja!〔まあそうなんだけど〕は、しばしば不機嫌さを露呈させる肯定である。まさにこの、不機嫌な心持ちで意を決するさまは、次のような固定的な言い回しにも見て取れる。Ich kann ihn nun nicht leiden.〔私は彼のことがどうしても我慢できないんだ。〕
> 　　　　　　　　　　　　　　　　　　　（Adelung 1777: 844）

8番目の記述「親密な質問を始める」をさらに見てみよう。アーデルングは、小辞nunによって聞き手が発話の順番取り（ターン）を制御していることを観察している。

> 親密な質問を始める。この場合、常に前に立つ。Nun, was fehlet ihnen?〔で、どうなさいました?〕［……］Nun, Friedrich, was willst du?〔で、フリードリッヒ、なにが欲しいんだ?〕またときおり、単独で用いられて、他者による談話の継続を誘導する。Aber, liebste Themire!〔しかし、最愛のテミーレ!〕――テミーレ：Nun? Nerine ging vorhin in den Garten.〔で? ネリーネはさっき庭に行ったのですよ。〕―― Nun?〔で?〕―― und da verlohr sie es.〔そして彼女は庭でそれをなくしたんです。〕　　　（Adelung 1777: 844）

引用文中の「他者」とは「聞き手」のことであり、最後の箇所に

挙げられた例文は、2人の対話文になっている。今日のドイツ語辞書であるPaul（2002）においては、「その先はどうなるのかと、聞き返す」（Paul 2002：715）機能として記述されている。このようにアーデルングは、話し手と聞き手とが談話を構造化していく過程をみごとに記述している。

5 「語用論的転回」と都市化

アーデルングの辞書の第1巻が出版された80年後に当たる1854年に、ヤーコプ・グリムは『ドイツ語辞典』の序文でアーデルングの辞書を次のように評価している。

> この仕事［アーデルングの辞書］の強みは、まず第一に抑制はしているものの、大規模な枠組みで豊かに採録された、すべての先行辞書を凌駕する語彙量であり、ついで広範囲にわたるにもかかわらず平静さと思慮深さを備え、見事な用例を整えた語義展開である。　（グリム 2017：30-31；Grimm 1854, XIII）

グリムが長所として挙げたこの「語義展開」は、本章で今まで見てきた意味の色合い、言語のスタイルに対するアーデルングの熱い眼差しのことを指している。用例を示しながら語義を展開して見せることが、最終的には談話分析的な記述につながっている。言語学が「語用論的転回」を見たのは1970年代であった。その200年前に語用論の先駆けとして、アーデルングは日常の言語コミュニケーションに関する記述を行った。アーデルングの業績は「まだ十分かつふさわしい形で見いだせてはいない」（Dengler 2003：265）とすれば、そのアーデルングの未知の姿の一部分を本論文が（再）発見していればと思う。

アーデルングが日常（交際）語の記述に注力した理由のひとつは、人工的で公的な標準文章語と素朴で私的な方言との間でことばに微妙な濃淡を与えるものとして日常（交際）語が機能したことにある

と言ってよかろう。多様な半公的・半私的状況においてその都度口語性・文語性の程度をうまく調整していくには、標準語と方言という両極の間でさまざまな色合いをもった日常（交際）語が格好の手段であった。大都市ベルリンにおいて日常（交際）語が際立ったのは、まさに都市化にともなう日常生活の多様化のなかで、公私のことばに微妙な濃淡を与える必要があったからではないだろうか。

使用テキスト	• グリム、ヤーコプ・ヴィルヘルム・グリム（2017）『グリム兄弟言語論集——言葉の泉』千石喬・高田博行 編、ひつじ書房
	• クニッゲ、アドルフ・F・v（1993）『人間交際術』笠原賢介・中直一 訳、講談社
	• Adelung, Johann Christoph. (1774 / 1775 / 1777 / 1780 / 1786) *Versuch eines vollständigen grammatisch-kritischen Wörterbuches Der Hochdeutschen Mundart, mit beständiger Vergleichung der übrigen Mundarten, besonders der Oberdeutschen*. 5 Teile. Leipzig: Breitkopf.
	• Gellert, Christian Fürchtegott. (1751) *Briefe nebst einer praktischen Abhandlung von dem guten Geschmack in Briefen*. Leipzig. Nachdruck In Bernd Witte et al. (Hrsg.): *Christian Fürchtegott Gellert. Roman, Briefsteller*, pp. 105–221. Berlin & New York: de Gruyter 1989.
	• Grimm, Jacob & Wilhelm Grimm. (1854) *Deutsches Wörterbuch*. 1. Bd. Leipzig: Hirzel.
	• Johnson, Samuel. (1755) *A Dictionary of the English Language: In which the Words are deduced from their Originals, and illustrated in their different Significations by Examples from the best Writers*. 2 vols, London: Strahan etc.
	• Knigge, Adolph Freiherr von. (1790) *Ueber den Umgang mit Menschen*. 3 Tle. 3. verbesserte und vermehrte Auflage, Frankfurt und Leipzig: o. V.
	• Moritz, Karl Philipp. (1781) *Ueber den märkischen Dialekt*. Berlin: Wever.
	• Schottel, Justus Georg. (1651) *Teutsche Sprachkunst*. Braunschweig: Zilliger.
参考文献	• 高田博行（2011）「敬称の笛に踊る熊たち——18世紀におけるドイツ語呼称代名詞」高田博行・椎名美智・小野寺典子 編『歴史語用論入門——過去のコミュニケーションを復元する』pp. 143–162、大修館書店
	• 高田博行・新田春夫 編（2013）『ドイツ語の歴史論』ひつじ書房
	• デュルメン、リヒャルト・ファン（1995）『近世の文化と日常生活2——村と都市』佐藤正樹 訳、鳥影社
	• ベーン、マックス・フォン、飯塚信雄ほか 訳（2001）『ドイツ十八世紀の社会と文化』三修社
	• Besch, Werner. (2003) Die Entstehung und Ausformung der neuhochdeutschen Schriftsprache / Standardsprache. In Werner Besch, Anne Betten, Oskar Reichmann, & Stefan Sonderegger (Hrsg.) *Sprachgeschichte. Ein Handbuch zur Geschichte der deutschen Sprache und ihrer Erforschung*. 2., vollständig neu bearbeitete und erweiterte Auflage. 3. Teilband, pp. 2252–2296. Berlin & New York: de Gruyter.
	• Besch, Werner. (2012) Grimmelshausens '*Simplicissimus*': *Das zweite Leben eines Klassikers*. Paderborn, München, Wien, & Zürich: Schöningh.
	• Betten, Anne. (1987) *Grundzüge der Prosasyntax: Stilprägende Entwicklungen vom Althochdeutschen zum Neuhochdeutschen*. Tübingen: Niemeyer.
	• Brown, Penelope & Stephen C. Levinson. (1987) *Politeness: Some universals in language usage*. Cambridge: Cambridge University Press.
	• Considine, John. (2014) *Academy Dictionaries 1600–1800*. Cambridge: Cambridge

University Press.
- DENGLER, WALTER. (2003) *Johann Christoph Adelungs Sprachkonzeption*. Frankfurt am Main etc.: Lang.
- EGGERS, HANS. (1977) *Deutsche Sprachgeschichte IV. Das Neuhochdeutsche*. Reinbek bei Hamburg: Rowohlt Taschenbuch Verlag.
- FAULSTICH, KATJA. (2008) *Konzepte des Hochdeutschen: Der Sprachnormierungsdiskurs im 18. Jahrhundert*. Berlin & New York: de Gruyter.
- GABRIELSSON, ARTUR. (1932 / 1933) Das Eindringen der hochdeutschen Sprache in die Schulen Niederdeutschlands im 16. und 17. Jahrhundert. *Niederdeutsches Jahrbuch* 58 / 59: pp. 1–79.
- GOOSSENS, JAN. (1983) Sprache. In Wilhelm Kohl (Hrsg.) *Westfälische Geschichte in drei Textbänden und einem Bild- und Dokumentarband. Band 1: Von den Anfängen bis zum Ende des alten Reiches*, pp. 55–80. Düsseldorf: Schwan.
- HENNE, HELMUT. (Hrsg.) (2001) *Deutsche Wörterbücher des 17. und 18. Jahrhunderts. Einführung und Bibliographie*. 2. erweiterte Auflage. Hildesheim & New York: Olms.
- KÖNIG, WERNER. (1994) *dtv-Atlas zur deutschen Sprache. Tafeln und Texte*. 10. Aufl. München: dtv Verlagsgesellschaft
- LINKE, ANGELIKA. (2006) „Ich": Zur kommunikativen Konstruktion von Individualität. Auch ein Beitrag zur kulturellen Selbsterfindung des >neuen< Bürgertums im 18. Jahrhundert. In Hans-Edwin Friedrich, Fotis Jannidis, & Marianne Willems (Hrsg.) *Bürgerlichkeit im 18. Jahrhundert*, pp. 45–67. Tübingen: Niemeyer.
- MERKEL, GOTTFRIED. (1961) Gellerts Stellung in der deutschen Sprachgeschichte. *Beiträge zur Geschichte der deutschen Sprache und Literatur*, 82 (Sonderband): pp. 395–412.
- NAUMANN, BERND. (1986) *Grammatik der deutschen Sprache zwischen 1781 und 1856: Die Kategorien der deutschen Grammatik in der Tradition von Johann Werner Meiner und Johann Christoph Adelung*. Berlin: Schmidt.
- NEVALAINEN, TERTTU & HELENA RAUMOLIN-BRUNBERG. (2003) *Historical Sociolinguistics: Language change in Tudor and Stuart England*. London: Routledge.
- PAUL, HERMANN. (2002) *Deutsches Wörterbuch: Bedeutungsgeschichte und Aufbau unseres Wortschatzes*. 10., überarbeitete und erweiterte Auflage von Helmut Henne, Heidrun Kämper und Georg Objartel. Tübingen: Niemeyer.
- PETERS, ROBERT. (2000) Die Rolle der Hanse und Lübecks in der mittelniederdeutschen Sprachgeschichte. In Werner Besch, Anne Betten, Oskar Reichmann, & Stefan Sonderegger (Hrsg.) *Sprachgeschichte: Ein Handbuch zur Geschichte der deutschen Sprache und ihrer Erforschung*. 2., vollständig neu bearbeitete und erweiterte Auflage. 2. Teilband, pp. 1496–1505. Berlin & New York: de Gruyter.
- POLENZ, PETER VON. (2000) *Deutsche Sprachgeschichte vom Spätmittelalter bis zur Gegenwart. Band 1. Einführung, Grundbegriffe, 14. bis 16. Jahrhundert*. 2. überarbeitete und ergänzte Auflage. Berlin &New York: de Gruyter.
- SANDERS, WILLY. (1983) Die Sprache der Hanse. In Werner Besch, Ulrich Knoop,

Wolfgang Putschke, & Herbert E. Wiegand, (Hrsg.) *Dialektologie: Ein Handbuch zur deutschen und allgemeinen Dialektforschung.* 2. Halbband, pp. 991–1002. Berlin / New York: de Gruyter.
- TAKADA, HIROYUKI. (1998) *Grammatik und Sprachwirklichkeit von 1640–1700: Zur Rolle deutscher Grammatiker im schriftsprachlichen Ausgleichsprozeß.* Tübingen: Niemeyer. (Reprint, Berlin & New York: de Gruyter 2011)
- TAKADA, HIROYUKI. (2007) Er spricht gut, so wohl richtig, als rein. Was war gutes Deutsch im Barock und in der Aufklärung? In Armin Burkhardt (Hrsg.) *Was ist gutes Deutsch? Studien und Meinungen zum gepflegten Sprachgebrauch*, pp. 19–33. Mannheim et. al.: Dudenverlag.
- TAKADA, HIROYUKI. (2012) ‚Umgangssprache' in der zweiten Hälfte des 18. Jahrhunderts. Eine sprachbewusstseins geschichtliche Annäherung an einen Schlüsselbegriff zwischen historischer Nähe- und Distanzsprache. In Péter Maitz. (Hrsg.) *Historische Sprachwissenschaft: Erkenntnisinteressen, Grundlagenprobleme, Desiderate*, pp. 169–199. Berlin & New York: de Gruyter.
- VELLUSIG, ROBERT. (2000) *Schriftliche Gespräche: Briefkultur im 18. Jahrhundert.* Wien, Köln, & Weimar: Böhlau.
- WIESINGER, PETER (2000) Die Diagliederung des Neuhochdeutschen bis zur Mitte des 20. Jahrhunderts. In Werner Besch, Anne Betten, & Oskar Reichmann (Hrsg.) *Sprachgeschichte: Ein Handbuch zur Geschichte der deutschen Sprache und ihrer Forschung.* 2. vollständig neu bearbeitete und erweiterte Auflage, 2. Halbbd., pp. 1932–1951. Berlin & New York: de Gruyter.

文献解題

- POLENZ, PETER VON (2013) *Deutsche Sprachgeschichte vom Spätmittelalter bis zur Gegenwart. Band II: 17. und 18. Jahrhundert.* 2. Auflage. Berlin & Boston: de Gruyter.

　社会語用論的なドイツ語史記述を明確に標榜しているポーレンツによる全3巻のドイツ語史の第2巻（第2版）である。17世紀と18世紀を扱う。中世後期から16世紀までを扱った第1巻（第2版、2000）、19世紀と20世紀を扱う第3巻（1999）を合わせて全1,700ページを超える規模もさりながら、重要な原典、重要な2次文献を極めて的確かつ手際よくまとめ上げて、ドイツ語史を社会・文化の面から浮かび上がらせている。

- 須澤通・井出万秀（2009）『ドイツ語史――社会・文化・メディアを背景として』郁文堂

　本書は、音韻、形態、文法等の言語体系の変化について不足なく書かれている。しかし特徴的なのは、言語変化を機械的に見るのではなく、言語変化を社会・文化の変化における人間の行動の変化と関連づけて記述しようとする「社会語用論」的な視点である（上のPolenzのドイツ語史に多く依拠している）。とくに、「話しことば」と、「マスメディアの発展」に関わる箇所は興味深い。

- イェルク・キリアン、細川裕史 訳（2017）『歴史会話研究入門』ひつじ書房

　JÖRG KILIAN (2005) *Historische Dialogforschung. Eine Einführung.* Tübingen: Niemeyer. の日本語訳である。本書は、音声言語もしくは話しことばが文字として綴られた歴史的資料を用いて、歴史的段階におけるドイツ語の会話の構造を再構成する方法を教える入門書である。9世紀の英雄詩『ヒルデブラントの歌』にどのような会話の構造が見て取れるか、19世紀の小学校で教員がどのようなことばで授業を行っていたかなどを分析する試みは、歴史語用論的関心にとってきわめて興味深い。

第3章

キリシタン版対訳辞書にみる話しことばと書きことば

岸本恵実

キーワード	キリシタン語学書、ロドリゲス、羅葡日辞書、日葡辞書
本章の概要と方法論について	戦国時代から江戸時代初めにかけて、カトリック宣教師たちが日本宣教のために作成した資料を、日本語史（国語学）ではキリシタン資料と呼んでいる。本章ではこのうち、ラテン語ポルトガル語日本語対訳の『羅葡日辞書』（1595年刊、以下『羅葡日』）と日本語ポルトガル語対訳の『日葡辞書』（1603年本編・1604年補遺刊、以下『日葡』）をとり上げ、『羅葡日』は書きことば、『日葡』は話しことばを基調としていたことを指摘する。 　当時話しことばと書きことばの隔たりは大きく、キリシタン資料のうち話しことばの要素を多く含むものは、狂言台本や抄物（漢籍・仏典の講義録）などとともに稀な資料として重視されてきた。『天草版平家物語（*Feiqe no monogatari*）』（1592年刊）、『エソポのハブラス（*Esopo no fabulas*）』（1593年刊）や『日葡』、『日本大文典』（1604-1608年刊、以下『大文典』）が、その代表的文献である。しかし書きことばによるものはやや研究が遅れ、『羅葡日』についても、話しことば・書きことばという視点の分析はほとんどなかった。 　そこで本章では、初めにキリシタン語学書の概要を述べ、その後、『大文典』と『羅葡日』『日葡』とを対照させることによって、話しことばと書きことばを使い分けていた当時の日本の言語生活の一面を浮き彫りにする。

1　キリシタン語学書

1.1　キリシタン語学書の概要

　イエズス会士フランシスコ・ザビエル（Francisco de Xavier）が1547年マラッカで鹿児島出身の日本人ヤジローと出会い、日本に強い関心を持ったことから、日本開教の歴史が始まったといってよい。それは、日本人に対する宣教の始動であったが、カトリック宣教師による日本文化および日本語の研究の開始でもあった。イエズス会士にはポルトガル出身者が多く、ポルトガル語を公用語にしていたが、教会の典礼や公式文書ではラテン語が使われていた。したがって日本イエズス会では、宣教師たちが用いるポルトガル語・ラテン語と比較するかたちで、現地語である日本語が研究された。

　ザビエル以降、イエズス会の日本語研究にとっての一大事は、アレクサンドロ・ヴァリニャーノ（Alexandro Valignano）の命による活字印刷の導入、すなわち1590年以降のキリシタン版刊行であった。キリシタン版の定義は研究者によって若干異なるが、本章では、イエズス会による日本における印刷物の総称とする。現存する約30点のキリシタン版を内容によって分類すると、カトリック信仰を説く宗教書（『ドチリナキリシタン（Doctrina Christan）』（1592年刊）・『ぎやどぺかどる』（1599年刊）など）のほかに、信仰以外をテーマとした文学書（『エソポのハブラス（Esopo no fabulas）』（1593年刊）・『朗詠雑筆』（1600年刊）など）と、『羅葡日』『日葡』を含む語学書がある。

　キリシタン版の語学書は、刊行年順に並べると以下の通りである[1]。

- 1594　*De institutione grammatica libri tres*（『ラテン文典』）
マヌエル・アルバレス（Manuel Alvarez）の原著をもとに、ポルトガル語・日本語の訳を部分的に付したラテン語教科書。
- 1595　*Dictionarium Latino Lusitanicum, ac Iaponicum*（『羅葡日辞書』）
アンブロージョ・カレピーノ（Ambrogio Calepino）原著の辞書『カレピヌス』をもとに、ラテン語見出しにポルトガル語・日本語の訳を付した三言語対訳辞書。

- 1598 *Racuyoxu*（『落葉集』）
  漢字および漢字語にひらがなでよみを付した辞書。音よみで引く本篇・訓よみで引く色葉字集・部首で引く小玉篇の三部からなる。
- 1603–1604 *Vocabulario da lingoa de Iapam*（『日葡辞書』）
  日本語見出しにポルトガル語で語釈を付けた辞書。慣用表現や例文を多く含む。1603年の本編に続き、1604年補遺が刊行された。
- 1604–1608 *Arte da lingoa de Iapam*（『日本大文典』）
  ジョアン・ロドリゲス・ツヅ（João Rodríguez Tçuzu ツヅは「通事ず」で、通訳の意味）が同僚の外国人宣教師の日本語学習のため、ポルトガル語で文法・発音・文体など日本語に関する膨大な情報をとりまとめた書。
- 1620 *Arte Breve da lingoa Iapoa*（『日本小文典』）
  ロドリゲスが『大文典』ののち、より日本語の特徴に沿うよう記述をあらため、初学者向けに要約した書。

　ロドリゲスの『大文典』『小文典』のほかはいずれも編者名が明らかではなく、語学書間の関係は不明な点が多い。本章で扱う『羅葡日』『日葡』『大文典』について言えば、いずれも先行書を参照した形跡はあるものの、それぞれ独自の性格が強い。『日葡』と『大文典』では日本語の綴り方や用語の使い方など相違点の多いことが土井（1971：67–112）により論証され、ロドリゲスが『日葡』の主要編者ではないことはほぼ定説となっている。また『羅葡日』と『日葡』についても、後述するように編纂上近い関係にあったとは認め難く、『羅葡日』から『日葡』への直接的な強い影響を考慮する必要はなさそうである。

1.2　『羅葡日辞書』『日葡辞書』の基本情報

　次に、二辞書の成立事情や構成、本文の形式などを記す。以下の引用では、『羅葡日』『日葡』は原文のあとに、〈　〉に漢字・カナ交じりの翻字、〔　〕に現代日本語訳を、（　）に丁数を示した。その他の文献の引用では、［　］は筆者による注を示し、その他様式は『羅葡日』『日葡』に準ずる。下線は、すべて筆者による。また、

二辞書の用例の調査には、オンラインデータベース Latin Glossaries with Vernacular Sources および『ラホ日辞典の日本語』『邦訳日葡辞書索引』を用いた。

『羅葡日』は、日本人聖職者養成を目指して設立された学校でのラテン語教育の開始に伴い編纂・印刷されたもので、標題や序文によると、日本人のラテン語学習と宣教師の日本語学習のため、日本人・ヨーロッパ人を含む複数のイエズス会士により編纂された。ラテン語辞書『カレピヌス』の1580年または1581年リヨン版が原典に近いと考えられ（原田 2011）、ラテン語見出しおよび語釈をポルトガル語・日本語に抄訳したものである（Kishimoto 2006）。

一方『日葡』は、標題や序文によると、宣教開始以来蓄積された日本語語彙の情報を複数のイエズス会士が最終的にとりまとめ、印刷した辞書である。各見出しには語義だけでなく、慣用表現、例文、注記など、日本語学習者に有用な情報を豊富に載せている。

本文冒頭の丁から動詞の例として、『羅葡日』は Abdo, is, didi, itum. の項、『日葡』は Abaqi, u, aita. の項を引用する。

　　　Abdo, is, didi, itum.〔（ラテン語）隠す、没頭する〕Lus. Esconder.〔（ポルトガル語）隠す〕Iap. Cacusu.〈（日本語）隠ス〉¶ Abdere se literis, l, in literas.〔文学に没頭する〕Lus. Empregar se todo nas letras.〔文学に没頭する〕Iap. Gacumonni tonzuru.〈学文ニ貪ズル〉
　　　　　　　　　　　　　　　　　　　　　　（羅葡日：2-3）

『羅葡日』では、見出しのラテン語が変化形とともに示され、Lus. のあとにポルトガル語、Iap. のあとに日本語が続く。¶で小見出しが立てられ、複数の語義や用法が示されることも多い。次に『日葡』を見てみよう。

　　　Abaqi, u, aita.〈アバキ、（アバ）ク、（アバ）イタ〉Comummente se vsa no negatiuo por não caber.［一般に否定形で、入りきれないという意味で用いられる］¶ Vt, Cono ninjuga cono zaxiqini abacanu.〈例、コノ人数ガコノ座敷ニアバカヌ〉Esta genten não cabe neste Zaxiqi.〔この人々は、このザシキに入りきれない〕No presente affirmatiuo se vsa às vezes por sobejar, ou redundar.

　　　　［時々、肯定形の現在で、余る、または、溢れるの意味でも用
　　　　いられる］　　　　　　　　　　　　　　　　　（日葡：1表）

　『日葡』では、用言の見出しでは活用形（動詞では連用・終止・過去）が示され、そのあと語義や用法の説明、例文が示される。『羅葡日』と同様、小見出しが立てられることも多い。このように二辞書の形式は似ているが、『羅葡日』はラテン語、『日葡』は日本語の習得を第一としており、説明や注記が加えられるのは見出し言語に対してのみである。『羅葡日』では『カレピヌス』から引用したラテン語に対する古語・詩歌語の注記やラテン語文献の著者名など、『日葡』では日本語に対する方言・卑語・仏法語・文書語・詩歌語などの注記がある。

　『羅葡日』と『日葡』の日本語語彙を比較した時、岸本（2012）、Kishimoto（2014）により、用法に一部差異があることが明らかになっている。例えば、『日葡』では九州方言と注記されている語が、『羅葡日』では同義の共通語と混用されていたり、『羅葡日』と『日葡』とでポルトガル語・日本語で対応する訳語が明らかに異なっていたりしている。全体として、『日葡』の方が日本語学習辞書としての性格が強く、宣教師の職務上必要なさまざまな日本語語彙を収載しながらも、より厳格な態度で編纂されている。

　冒頭でふれたように、『羅葡日』『日葡』の文体に関する研究はほとんどない。辞書は基本的に語彙集であるから当然ともいえるが、大塚（2006：65）が以下のように簡潔にまとめている程度である。

　　　　日葡辞書が「聴罪」を意識した辞書であるのに対し、『羅葡日
　　　　辞書』は「説教」のための辞書ということができよう。（中略）
　　　　説明文も、日葡辞書が口語であるのに対し、文語なのも説教用
　　　　を意識してのことと思われる。

　大塚（2006）は例はあげていないので、本稿では『大文典』の文体に関する記述をあげ、具体的に照らし合わせるかたちで、二辞書の文体レベルの相違をみていく。

2 話しことばと書きことば

2.1 ロドリゲス『日本大文典』の記述

ロドリゲスは『大文典』冒頭の例言に日本語の特徴をまとめており、その第一として、話しことばと書きことばの違いをあげている。

> 日本人もまた話す時の通俗な文体を用ゐて物を書くといふ事は決してしない。話しことばや日常の会話に於ける文体と文書や書物や書状の文体とは全く別であって、言ひ廻しなり、動詞の語尾なり、その中に用ゐられる助辞なりがたがひにはなはだしく相違してゐる。さういふわけだから、本文典の論述に於いても、話しことばではかくかく用ゐ、書きことばではかくかく用ゐると説いた。随って又、この国語は、その中に話しことばと書きことばとのほぼ二種類のものが含まれてゐる事になる。この書では主として話しことばおよび普通の会話に参考となる事を取扱ったのであるが、語法なり品詞の構成なりに関することは、書きことばにも役立つのである。それは大体同一だからである。　　　　　　　　　　　　　　　　　（土井訳1955：5）

このようにロドリゲスは、日本語の大きな特徴として、話しことばと書きことばの文体に大きな隔たりがあり、言い回しや動詞の語尾、助辞（おおよそ現代でいう助詞や助動詞を指す）が異なっていることを指摘している。類似の記述は後年の『小文典』冒頭部にもあり、以下のように、会話体で書いたり文章体で話したりすれば、「滑稽なこと（原文cousa ridiculosa）」になるだろうとも述べている。

> 日常の会話体で文書を認（したた）めたり書物や物語（イストリア）を書いたりすれば滑稽なことになろうし、日常の会話で文章体を用いるようなことがあれば、その大部分はどのような人にも理解可能ではあるが、やはり滑稽なものとなろう。　　　　　（池上訳1993：上27）

しかし『大文典』にもあった通り、話しことばと書きことばで共

通するところは多く、文体についても混用されなかったわけではない。『大文典』では第一巻で活用と品詞分類など、第二巻で統辞論と各品詞などについて述べた後、第三巻の冒頭で文体を扱っている。ここでは、文体をNaiden〈内典〉とGueden〈外典〉、すなわち仏典とそれ以外の俗書に二分し、内典の文体について次のように説明している。

> この文体は宗門のあらゆる解説書に用ゐられる。民衆へ説教する時の文体も、救世に関係した事を書いたものの文体もすべて甚だ荘重であって、取扱はれた内容の如何によって程度の差はあるが、わかりにくいところがある。'坊主'（Bonzos）はこの文体を日常の話し言葉に適応させながら説教に使ふのである。日本語に翻訳した我々の書物もこの文体を用ゐたものが普通に行はれて居り、説教に於いても、この文体の単語や言い表し方が適するので、われわれはこの文体に頼ってゐるのである。
> （土井訳 1955：661）

　これによるとキリシタンの説教・翻訳では、仏教徒の説教のように、仏典の文体を話しことばに応用して用いていたという。ロドリゲスは冒頭の例言で話しことばと書きことばの相違を強調していたが、ここでは、説教などでは、書きことばを日常の話しことばに適応させながら使うこともあると述べている[2]。

　キリシタン資料における実際の用例として、川口（2002）は宣教師マヌエル・バレト（Manuel Barreto）がローマ字で書写した「バレト写本」（1591年写）など、宗教書と呼ばれる資料であっても、「ござある」や「ござる」という尊敬および丁寧を表す話しことばの使用が見られることを指摘している。

　このように宣教師たちは、日本の言語生活を観察した結果、話しことばを中心に学びながら、説教や翻訳で使うための書きことばも学ぶ方針を採った。しかし話しことばと書きことばの違いは大きかったから、細かな使い分けの慣用も併せて学ばねばならなかったのである。土井（1971：1-2）はこのことを、宣教師の職務と関連づけて以下のようにまとめている。

一五九二年（文禄元年）十一月現在日本イエズス会士名簿を見ると、各外国人宣教師の日本語学の程度を報告して、大体三段に分け、日本語での懺悔を聴き得るもの、日本語で説教し得るもの、日本文を書き得るものとしてある。懺悔は聴罪師たるパードレ［神父］の聴くべきものであるが、日本人でパードレとなり、かかる重責を課せられたものは殆ど無かつたはずだから、外人のパードレは、日本人が日本語で懺悔するのを聴いて、理解し得る程度に日本語を方言卑語までも理解する必要があった。更に説教師として、異教徒たる日本人に向つて説教するのには、仏教などとの混同を避けて、キリスト教の真髄を徹底させるに足る的確な日本語に精通し、何人をも傾聴せしめるやうな雅醇な日本語に上達する必要があつた。更に又迫害が厳しくなり、宣教師の自由な活動が妨げられるに及んでは、文書に依つて信仰を勧め、信徒たるの道を教へる必要が増したので、日本文を綴ることもできなければならなかつた。

　残念ながらイエズス会資料のうち、成立事情の明らかな、日本語で書かれた説教や聴罪の生の原稿は見つかっていないが[3]、キリシタン語学書と複数のキリシタン資料から、それがどのような日本語であったかある程度再現することは可能である。
　そこで次節では、『大文典』において言及されている話しことばと書きことばの区別のうち、一人称代名詞と文末の断定表現を中心にとりあげる。この2つはロドリゲスによると、話しことば、あるいは書きことばにほぼ限定される表現があったという。さらにこれらは、宣教師たちがよく知るポルトガル語やラテン語では文体上区別がなく、日本語を実際に観察して習得するほかなかったものである。

2.2 　　　　『羅葡日辞書』と『日葡辞書』のことば

2.2.1 　　　　　　　　一人称代名詞

　ロドリゲスは『大文典』第一巻において、代名詞全体の説明の末尾で以下のように述べている。

［代名詞には］話しことばにのみ用ゐるもの、書きことばにのみ用ゐるもの、話しことばと共に書きことばに用ゐるものがある。　　　　　　　　　　　　　　　　　　（土井訳 1955：265）

　続いて、さまざまな一人称代名詞とその使い方が一覧で示される。以下は冒頭部の抜粋であるが、これによるとVare〈我〉、Vatacuxi〈私〉、Soregaxi〈某〉はいずれも普通男性が使う丁寧な一人称であるが、Vareは話しことばと書きことばに、VatacuxiとSoregaxiは話しことばにだけ使うという。

　　Vare〈我〉。Varera〈我等〉、又は、Vareraga〈我等ガ〉。Vatacuxi〈私〉。Soregaxi〈某〉。
　　これらは丁寧な形であって、尊敬し又謙遜して話すのに用ゐる。普通は男に用ゐられる。初の二つは話しことばと書きことばに、次の二つは話しことばにだけ使ふ。
　　　　　　　　　　　　　　　　　　（土井訳 1955：265）

　このあともMi〈身〉、Conata〈コナタ〉等の一人称代名詞が列挙されるが、話しことばだけあるいは書きことばだけと限定された語はないので、以下では単数形のVare、Vatacuxi、Soregaxiに絞って考察する。
　『羅葡日』では、ラテン語の一人称代名詞Egoの日本語訳にVare〈我〉一語が示されており、他の見出しでもラテン語のego、ポルトガル語のeuにあたる一人称単数には、基本的にvareが当てられている。一方、ロドリゲスが話しことばにだけ使うとしたvatacuxiおよびsoregaxiは使用されていない。

　　Ego,〔私〕Lus. Eu.〔私〕Iap. Vare.〈我〉　　　（羅葡日：235）

　　Meus, a, um.〔私の〕Lus. Cousa minha.〔私のこと〕Iap. Vaga coto.〈我ガ事〉……¶ Meum est.〔私のものだ〕Lus. Eu sou o autor disto.〔私はこれの作者だ〕Iap. Vare cono sacuxa nari.〈我コノ作者ナリ〉　　　　　　　　　　　　　　　　（羅葡日：459）

> Autem, 〔しかし〕Lus. Mas. 〔しかし〕Iap. Va, sarinagara, ni voiteua, vt fitoua yuqu, vareua cayeru, l, fitoua yuqutomo, vareni voiteua cayerŏ. 〈ワ、サリナガラ、ニヲイテワ、例、人ワ行ク、我ワ帰ル、または、人ワ行クトモ、我ニヲイテワ帰ロウ〉
> (羅葡日：78)

　一方、書きことばで書かれているキリシタン版の一つ、ルイス・デ・グラナダの修養書の翻訳『ぎやどぺかどる』でも、一人称の「私」「某」の用例はなく、一貫して「我（表記は「われ」「我」「吾」)」が用いられている。

> 難儀に逢べき時はわれを呼べ、遁すべし、又それわれを敬ふなるべしと宣ふ也〔神は、「困難に遭った時は私を呼びなさい、そうすれば救いましょう。またそうすることは私を敬うことになる」とおっしゃった〕　　　　　　　　　　　　（『ぎやどぺかどる』：上98ウ）

　一方『日葡』では、Vare、Vatacuxi、Soregaxiそれぞれの見出しがあり、いずれもポルトガル語のEuが当てられている。Soregaxiの見出しには使用者を高貴な人に限定する注記があるけれども、三語の見出しに、話しことばか書きことばかという注記は見られず、例文もほとんどないため、どのように使い分けるか知ることはできない。

> Vare. Eu. 〔私〕……　　　　　　　　　　　　（日葡：268表）

> Vatacuxi. Eu. ¶ Vye, vatacuxi. 〈上、私〉Senhor, & criados, ou senhor, & eu. 〔主君と臣下たちと、または、主君と自分と〕……
> (日葡：269表)

> Soregaxi. Eu: palaura de que vsa ordinariamente gēte graue, & de respeito. 〔私。一般に重々しくて尊敬されている人々が使うことば〕
> (日葡：226裏)

　しかし上の三語は、他の見出しにある例文から、ロドリゲスの言う通り話しことばの語であると確認できる。例えば以下の例文では、

文末に gia〈〜ヂャ〉、ta〈〜タ〉、ŏzuru〈〜ヲウズル〉、de gozaru〈〜デゴザル〉が用いられている。当時書きことばの文末で使われていたのは nari〈〜ナリ〉、tari〈〜タリ〉などであったから、これらが話しことばの例文であることは明らかである。文末表現については次節であらためて述べる。

 Tomonai, ŏ, ŏta.〈伴イ、ヲウ、ヲウタ〉Acompanhar a alguem.〔誰かに着いて行く〕Vt, Fitoua tada vareni fitoxij fitouo tomonauŏ cotogia. Fab.〈例、人ワタダ我ニ等シイ人ヲ伴ウコトヂャ。エソポのハブラス〉Os homens ande andar, ou tratar com os de sua laya.〔人は自分と同等の人々と一緒に居たり接したりすべきだ〕
（日葡：260裏）

 Mexiague, uru, eta.〈召シ上ゲ、グル、ゲタ〉Aleuantar, ou fazer subir a algum grao, dignidade, ou lugar mais alto, &c.〔より高い階級、官位、場所などに上げる、または昇らせる〕¶ Vatacuxino sacazzuqiuo mexi aguerareta.〈私ノ盃ヲ召シ上ゲラレタ〉Aleuantoume, ou tomoume o Sacazzuqui que eu bebi.〔(あの人は) 私が飲んだサカヅキを私から取り上げた、または取った〕……
（日葡：157表）

 GA.〈ガ〉He particula de Nominatiuo falando humilmente.〔謙遜して言う時の主格の助辞〕……¶ Soregaxiga mairŏzuru.〈某ガ参ウズル〉Eu irei.〔私が行く〕¶ Item, He particula de genitiuo.〔同じ語で、属格の助辞〕Vt, Soregaxiga monode gozaru.〈某ガ物デゴザル〉He cousa minha.〔(それは) 私の物だ〕……
（日葡：113裏）

 Tomonai, ŏ, ŏta.〈伴イ、ヲウ、ヲウタ〉の見出しでは、例文を『エソポのハブラス』の寓話「獅子と、犬と、狼と、豹の事」末尾の教訓部分から採っている。イソップ寓話集を話しことばで邦訳した『エソポのハブラス』では、「我」だけでなく「私」「某」の例も少なくない（原文はローマ字）。

［エソポ → リヂヤの国王］「私は惣じて人に仇を仕らず、ただ道理の推すところを人に教ゆるばかりでござる」

(『エソポのハブラス』: 430)

［狼 → 狐］「我にその魚を食はせい」。狐答へて云ふは、「某の食ひ残いたをば何としてまいらせうぞ？ 籠を一つ下されば、お望みのままに魚を捕る調儀を教へ申さうずる」

(『エソポのハブラス』: 467)

2.2.2　　　　　　　　　　文末の断定表現

次に、文末表現を扱う。ここでは文末表現のなかでも、名詞文の現在肯定形（現代語の「名詞＋だ（です）」）を中心に述べたい。これにあたる表現は『大文典』（土井訳 1955：15）では、一般の話しことばに用いる存在動詞として、Nitearu〈ニテアル〉、De aru〈デアル〉、De vogiaru〈デ ヲヂャル〉、Nite gozaru〈ニテ ゴザル〉、De voriaru〈デ ヲリャル〉、Nite maximasu〈ニテ マシマス〉、Nite vouaximasu〈ニテ ヲワシマス〉、De sŏrŏ, l, soro〈デ ソウロウ、又は、ソロ〉、De sô〈デソウ〉があり、続く活用一覧では、De gozaruで代表させて例示している。Nari〈ナリ〉も、「～がある」の意味を表す単純動詞の1つとしてあげられてはいる。このほかロドリゲスは、日本語の発音を説明する中でgia、giaruの発音に触れ、これらも存在動詞と呼んでいる（土井訳 1955：638）。

一方、書きことばの文末表現については、内典の文体について述べた中に次のようにある。

この文体では、一般に文末に次の助辞を用ゐる。即ち、Ari〈有リ〉、Nari〈ナリ〉、Mono nari〈者也〉、Cotonari〈事也〉、など。　　　　　　　　　　　　　　　　（土井訳 1955：662）

『羅葡日』では名詞文の場合、以下引用する凡例にもあるようにnariの使用が基本である（もっとも、文末で圧倒的に多いのは……no na.〈～ノ名〉のような体言止めである）。先にあげたnariの例文を再掲する。nariのほかには、de gozaru、de vogiaru、de vogiaruなど、聞き手・読み手への敬意を表す丁寧語の文末表現は

見られない4。

> 動詞から派生した名詞で、元の動詞の所作を意味するものは、その大部分が日本語に相当するものがないゆえに、coto nari〈事ナリ〉を伴う不定詞で説明した。たとえば、auctio〔増大〕はcasanuru coto nari〈重ヌル事ナリ〉となる。
> （原田（2011：29）ただし日本語部分は表記をあらためた）

> Meum est.〔私のものだ〕Lus. Eu sou o autor disto.〔私はこれの作者だ〕Iap. Vare cono sacuxa nari.〈我コノ作者ナリ〉
> （羅葡日：459）

一方『日葡』では、gia、gozaruの見出しに話しことばとの注記はないが、nariは書きことばに用いると明記されている。

> Gia. i. De gozaru.〈ヂャ、すなわち、デゴザル〉He.［～だ（三人称単数現在）、現代語のÉ］　　（日葡補遺：354裏）

> Gozari, u, atta.〈ゴザリ、ル、アッタ〉Ir, vir, estar, ou ter, pessoa honrada.〔尊敬すべき人が行く、来る、居る、または、～である〕
> （日葡：122裏）

> Nari.〈ナリ〉Na escritura. i, Degozaru. Ser. As vezes não serue mais que de elegancia cõ que se acaba algũa oração da escritura.〔書きことばに用いる。すなわち、デゴザル。～である。時々、書きことばで句を終わらせるのに用い、典雅さを添えるだけの役割をする〕Vt, Yomiqeru nari.〈例、読ミケルナリ〉Leo.〔(ある人が) 読んだ〕
> （日葡：178表）

gia、de gozaru、nariはいずれも、他の見出しの例文で数多く用いられており、以下にそれぞれの用例を示す。『日葡』名刺文の文末表現はgiaおよびde gozaruが多く、これらが基調と思われる。nariの使用も少なくないものの、以下のGiŏmiŏ〈定命〉のように漢語と併せて用いた、いかにも書きことばらしい例文が多い。

Nantomo.〈何トモ〉Adu. De nenhũa maneira.〔副詞。どのようにしても〜ない〕Vt, Nantomo iuarenu cotogia.〈例、何トモ言ワレヌ事ヂャ〉He cousa que por nenhũa via se pode dizer, ou explicar.〔(それは)どのようにしても、言ったり、または説明したりすることができない事だ〕

(日葡：177表)

Tadacuchi.〈只口〉Vt, Tadacuchimo nai fitogia. l, Tadacuchimonŏ yŭ. l, cŭ fito de gozaru.〈例、只口モ無イ人ヂャ、又は、只口モ無ウ言ウ、又は、食ウ人デゴザル〉He homem que de contino fala, ou come ou não está ocioso com a lingua.〔ひっきりなしに話す人だ、または、食べる人だ、または、舌がじっとしていない人だ〕

(日葡：236表)

Giŏmiŏ.〈定命〉Sadamatta inochi.〈定マッタ命〉Vida determinada que hum homem ordinariamente viue.〔人間が通常生存する、定められた寿命〕Vt, Giŏmiŏua rocujūnen nari.〈定命ワ六十年ナリ〉A vida determinada do homem he de sesenta annos.〔人間の定められた寿命は六十年だ〕

(日葡：126表)

　以上、一人称代名詞と文末表現を例にあげ、『羅葡日』では書きことば、『日葡』では話しことばを文体の基調としていることを示した。1節で引用した大塚（2006：65）のいうように、『羅葡日』が説教用、『日葡』が聴罪用と明確に意図されていたかはわからないけれども、二辞書とも、文体の違いは明らかに意識されている。

3　むすび

　当時話しことばと書きことばは大きく異なっており、話しことばのみ、または書きことばのみに使う語や表現があって、不適切な混用は滑稽なこととみなされたから、宣教師も使い分けの習得を重視

した。キリシタンは説教の際、仏教徒の方法をまねて書きことばに近い日本語で話す方針を採ったため、話しことばを中心に学ぶ一方、書きことばの使い方も知っておく必要があったのである。『羅葡日』『日葡』の二辞書でも区別が原則として守られているのは、日本の言語生活における規範を反映したものといえる。

注

1 本稿では主要なもののみあげた。このほかの辞書で、ドミニコ会によるものや写本などについては岸本（2013）を見られたい。

2 このほかロドリゲスは、話しことばと書きことばとを混合したものとしてMais〈舞〉すなわち幸若舞の文体もあげている（土井 訳 1955：664）。

3 「バレト写本」のうち、クリスマス（キリシタン用語ではポルトガル語の「ナタル」）によまれたとおぼしい「ノタルといふ祝い」などが説教の原稿に近いと思われるが、川口（2002）の述べるように、この資料の成立事情は明らかではない。またドミニコ会士ディエゴ・コリャード（Diego Collado）の著した『懺悔録』（1632年刊）は、日本語での聴罪の様子を模した話しことばの貴重な資料であるが、イエズス会資料の日本語とさまざまな点で異なるため、今回は使用しなかった。

4 ただわずかに、文末にgiaを用いた文が2例ほど見られる。『羅葡日』では、方言語彙が使われるなど、『日葡』ほど日本語に対して厳格でなかったから、書きことばを基調としながらも話しことばが入り込むことがあったと考えられる。

付記　本稿は、科学研究費補助金 JP21720163、JP23320093、JP24720209、JP15K02573による成果の一部である。

使用テキスト
- ALVARES, MANUEL. (1594) *Emmanuelis Alvari e Sosietate Iesu de Institutione Grammatica libri tres.* Amacusa: Collegio Amacusensi Societatis Iesu.（影印、カルロス・アスンサン、豊島正之 翻刻・解説、2012『天草版ラテン文典』八木書店ほか）
- ANONYMOUS. (1592) *Nippon no Iesus no Companhia no Superior yori Christan ni sŏtŏ no cotouari uo tagaino mondŏ no gotoqu xidai uo vacachi tamŏ Doctrina.* Amacusa: Iesus no Companhia no Collegio.（影印、豊島正之 解説、2014『重要文化財 ドチリーナ・キリシタン 天草版』勉誠出版ほか）
- ANONYMOUS. (1593) *Esopo no fabulas.* Amacusa: Iesus no Companhia no Collegio.（影印、福島邦道 解説、1976『天草版イソポ物語』勉誠社ほか）
- ANONYMOUS. (1595) *Dictionarium Latino Lusitanicum, ac Iaponicum.* Amacusa: in Collegio Iaponico Societatis Iesu.（影印、岸本恵実 解説、三橋健 書誌解題、2017『フランス学士院本 羅葡日対訳辞書』清文堂出版ほか）
- ANONYMOUS. (1603–1604) *Vocabulario da lingoa de Iapam.* Nangasaqui: Collegio de Iapam da Companhia de Iesus.（影印、大塚光信 解説、1998『エヴォラ本日葡辞書』清文堂出版ほか）
- BARRETO, MANUEL. (1591) *Manuscript.*（バレト写本）（一部影印、キリシタン文化研究所 編、1962『キリシタン研究』第七輯、吉川弘文館）
- CALEPINO, AMBROGIO. (1580) *Ambrosii Calepini Dictionarium.* Lyons.
- CALEPINO, AMBROGIO. (1581) *Ambrosii Calepini Dictionarium.* Lyons.
- COLLADO, DIEGO. (1632) *Niffon no Cotŏbani yô Confesion.* Romae: Propag. Fide.（影印、大塚光信、1985『コリャードさんげろく私注』臨川書店）
- FUCAN, FABIAN. (1592) *Nifon no cotoba to historia uo narai xiran to fossuru fito no*

tameni xeua ni yavaraguetaru Feiqe no monogatari. Amacusa: Iesus no Companhia no Collegio.（影印、福島邦道 解題、1994再版『天草版平家物語』勉誠社ほか）
- RODRIGUEZ, IOÃO. (1604–1608) *Arte da lingoa de Iapam*. Nangasaqui: Collegio de Iapão da Companhia de Iesu.（影印、土井忠生 解題、三橋健 書誌解説、1976『日本文典』勉誠社、土井忠生 邦訳、1955『日本大文典』三省堂）
- RODRIGUEZ, IOÃO. (1620) *Arte Breue da lingoa Iapoa*. Amacao: Collegio da Madre de Deos da Companhia de Iesu.（影印、福島邦道 編、1989『日本小文典』笠間書院ほか、池上岑夫 邦訳、1993『日本語小文典』岩波文庫・日埜博司、1993『日本小文典』新人物往来社）
- グラナダ、ルイス・デ 原著『ぎやどぺかどる』(1599) 長崎、Collegio Iaponico Societatis Iesu.（影印、『ぎやどぺかどる』2006、雄松堂出版ほか）
- 『落葉集』(1598) Collegio Iaponico Societatis Iesu.（影印、小島幸枝 編、1978『耶蘇会板落葉集総索引』笠間書院ほか）
- 『朗詠雑筆』(1600) Collegio Iaponico Societatis Iesu.（影印、京都大学文学部国語学国文学研究室 編、1964『慶長五年耶蘇会板倭漢朗詠集』京都大学国文学会）

参考文献
- 大塚光信（2006）「キリシタンの日本語研究」『国文学解釈と教材の研究』51 (11)：pp. 60–69、学燈社
- 金沢大学法文学部国文学研究室 編（1967–1973）『ラホ日辞典の日本語』(2005、勉誠出版再刊) ラホ日辞典索引刊行会
- 川口敦子（2002）「キリシタン資料の「口語資料」と「文語資料」──「ござる」の用法を手がかりに」『国語国文』71 (9)：pp. 36–52、京都大学国文学会
- 岸本恵実（2012）「キリシタン版羅葡日辞書の方言語彙」『和漢語文研究』(10)：pp. 1–15、京都府立大学国中文学会
- 岸本恵実（2013）「キリシタン語学の辞書」『キリシタンと印刷』pp. 224–245、八木書店
- 土井忠生（1971）『吉利支丹語学の研究 新版』三省堂
- 土井忠生・森田武・長南実 編訳（1980）『邦訳日葡辞書』岩波書店
- 原田裕司（2011）『キリシタン版『羅葡日辞書』の原典「カレピーヌス」ラテン語辞典の系譜』(私家版)
- 森田武 編（1989）『邦訳日葡辞書索引』岩波書店
- 森田武（1993）『日葡辞書提要』清文堂出版
- KISHIMOTO, EMI. (2006) The Process of Translation in *Dictionarium Latino Lusitanicum, ac Iaponicum*. *Journal of Asian and African Studies* (72): pp. 17–26. Research Institute for Languages and Cultures of Asia and Africa, Tokyo University of Foreign Studies.
- KISHIMOTO, EMI. (2014) Translation of Anatomic Terms in Two Jesuit Dictionaries of Japanese. In Zwartjes, Otto, Zimmerman, Klaus and Schrader-Kniffki, Martina (eds.) *Missionary Linguistics V: Translation theories and practices*, pp. 251–272. Amsterdam: John Benjamins.
- TOYOSHIMA, MASAYUKI. *Latin Glossaries with Vernacular Sources*. <http://joao-roiz.jp/LGR/> 2017. 2. 25.

文献解題

- **土井忠生（1971）『吉利支丹語学の研究 新版』三省堂**
 『日本大文典』『日葡辞書』『落葉集』などの語学書を中心に、キリシタン語学に関する9本の論考をまとめたもの。特に、キリシタン語学を概観し、実用の重視、規範性・具体性・二元性・成長性などの特質を指摘した第1・2章は今日も価値が高い。旧版（1942、靖文社）の増訂版。

- **森田武（1993）『日葡辞書提要』清文堂出版**
 『邦訳日葡辞書』『邦訳日葡辞書索引』を手がけた著者による『日葡辞書』研究の集大成というべき書で、書誌・表記・語彙・引用資料などの項目が網羅されている。『日葡辞書』利用時に必須であるだけでなく、他のキリシタン資料を扱う際にも大変有益である。2012年再刊に際し、ローマ字書き日本語の索引が付された。

- **豊島正之 編（2013）『キリシタンと出版』八木書店**
 大航海時代のカトリック宣教という視野から、日本のキリシタンおよびキリシタン資料を、言語だけでなく歴史、印刷技術、思想などの面から考察した論文集。キリシタン資料の研究が国語学の枠組みを超え、地域や学問領域を超えた新たな段階に進んでいることを示した。

第4章

『枕草子』の対話的な文章構造

藤原浩史

キーワード	平安和文、対話的構造、潜在的論理、章段主題、名詞述語文
本章の概要と方法論について	『枕草子』は日記的章段・随想的章段・類聚的章段の3タイプからなる複合体である。類聚的章段のうち、「うつくしきもの」「すさまじきもの」といった冒頭句からはじまる「もの」型章段は、主として名詞句の羅列で構成されており、線状性を見いだしにくい。しかし、提示されている具体的な事例が、抽象的な命題を構成することに気づくと、首尾一貫した論理がある。著者・清少納言は、人間や社会のしくみについて論考するのである。 　平安時代の日本語（和語）には学術的な概念を担う語彙が乏しく、また、論理を形成する文法も未発達であった。そこで、彼女は平易で日常的な言語を使用し、具体的な事例を巧みに重ねることで、自らの概念を表現しようとする。 　文章というものは一般的に著者の独話であるが、この「もの」型章段は対話の様式で構成される。清少納言の事例提示に読者が応ずることを想定して、さらに、事例提示を用意する。その言葉の積み重ねが論理を形成し、断続的でありながら、直列的な文章が形成される。対話をベースとして創造されたユニークな文章様式である。 　本章は、『枕草子』「もの」型章段における、事例の命題化、概念の操作、論理の形成など、読者がテキストに参加する方法を、章段解読の実践形式で紹介する。

章段主題と共通述語

　『枕草子』の文章は、平安和文としては特異な構造をもつ。特に「もの」型の章段は短い語句が羅列されており、文章としての意味のまとまりが見いだしにくい。渡辺（1981：132）は「すまじきもの」章段を例題としてこれを次のように解説する。

　　文章の型としては、歌枕類聚風の章段と本質的に変るところがない。違いは
　　　すさまじきもの
　　という形で示されるのが、以下に列挙される
　　　昼ほゆる犬
　　　春の網代
　　などの全項目への共通述語である、点だけであって、〈中略〉。これら類聚的章段において清少納言は、「すさまじ」といった判断をまず固定しておいて、その判断に該当する事項を、項目として羅列してゆく

　今日の『枕草子』解読の基本とも言える解説である。そのポイントは、章段の冒頭にある「すさまじきもの」を「共通述語」と判断するところである。これにより、「昼ほゆる犬」も「春の網代」も「すさまじ」という述語が省略された主語提示と理解される[1]。しかし、文単位で確認するならば、

(1) すさまじきもの　昼ほゆる犬。　　（23段　すさまじきもの）

第1文において、「すさまじきもの」は明らかに文の主語であり、「昼ほゆる犬」は述語である。第2文も、「すさまじきもの」を主語とし、述語を提示したものと認めることができる。

(2)（すさまじもの）　春の網代。　　（23段　すさまじきもの）

　この「すさまじきもの」は、述語ではなく、全項目に共通する主

語（主題）であり、共通主語あるいは章段主題と呼ぶべきものと認められる。

　共通述語ではない、もっとも明確な証拠は、章段冒頭に示される形容詞が、次のように文中に述語として明記されることである。

(3)
a. うつくしきもの
b. うりにかきたるちごの顔。
c. 雀の子のねず鳴きするにをどり来る。
d. 二つ三つばかりなるちごの、いそぎて這ひ来る道に、いと小さき塵のありけるを、目ざとに見つけて、いとをかしげなる指にとらへて、大人ごとに見せたる、いとうつくし。
e. 頭はあまそぎなるちごの、目に髪のおほへるを、かきはやらで、うちかたぶきて物など見たるも、うつくし。〈以下略〉
〔かわいらしいもの　瓜に描いてある幼児の顔。雀の子が鼠鳴きをして呼ぶと、おどるようにして来るの。二歳か三歳ぐらいの幼児が、急いで這って来る道に、とても小さいごみのあったのを、目ざとく見つけて、とても愛らしげな指につかまえて、大人たちに見せているのは、とてもかわいらしい。髪は尼そぎにそいである幼女が、目に髪がかぶさっているのを、かきのけることはしないで、顔を傾けて物など見ているのも、とてもかわいらしい。〕　　（145段「うつくしきもの」：271）

　もしも、「うつくしきもの」が章段の「共通述語」であるならば、d・eの「うつくし」は不要であるはずである。述語として「うつくし」が明記されるのは、それが「共通述語」として用意されているわけではないからである。
　(3) では、章段主題「うつくしきもの」を主語とする文 (b・c) と、それを主語とせず述語とする文 (d・e) の差違があるのだが、それについては、藤原 (2016a：52) において次のようにまとめた。

① 章段主題を主語とする名詞述語文によって、著者と読者に共有される情報を提示する。
② 章段主題を述語とする形容詞述語文によって、著者に固有である情報を提示する。

d・eは、「わたしは、〜が「うつくし」と思う」という文であり、判断主体を内包し、それは著者である。一方、b・cの文には、その構造がないので、著者と読者が共有する命題である。内容的に似ていても、1つの文章内においては、文タイプの選択によって読者に対する伝達態度の差違が表現される。

　「もの」型章段の冒頭句は章段主題であり、提示される名詞・名詞句はその述語である。ただし、名詞述語文によって提示される、事例と事例の間につながりが見いだしにくいのも事実である。これがどのような連鎖をもつものか、また、どのように読むことを要求するものか、文章の構造について検討する必要がある。本章は、『枕草子』「もの」型章段の文章において、このような羅列的な文のつながりについて考察するものである。

　なお、調査テキストは『新編日本古典文学全集』(1997)の本文を対象とする。章段番号は同書による。また、用例に付した口語訳もこれによる。用例の引用に際しては、文章構造を明確にするために、文単位の分かち書きに改め、文番号（アルファベット）を付与し、述語による以下の文タイプの記号を付与する。

　◎：章段主題　　〇：名詞述語文　　●：名詞句述語文
　□：動詞述語文　　△：形容詞述語文

　以下の論考では、〇名詞述語文と●名詞句述語文をあわせて、名詞述語文と表記する。

2　文章の線状性

　一般に文章というものは、文と文が互いに関係性をもって、線状的に配列されたものである。たとえば、『枕草子』の日記的章段では、次のようになる。文単位で分かち書きすると、基本的に動詞（下線部）を述語とする文（文タイプ：□）の連鎖である。

第4章 『枕草子』の対話的な文章構造　　77

(4)
- □ a. 二月つごもりごろに、風いたう吹きて、空いみじう黒きに、雪すこしうち散りたるほど、黒戸に主殿司来て、「かうて候ふ」と言へば、寄りたるに、「これ、公任の宰相殿の」とてあるを見れば、懐紙に、「すこし春ある心地こそすれ」とあるは、げに今日のけしきに、いとようあひたる、これが本はいかでかつくべからむと<u>思ひわづらひぬ</u>。
- □ b. 「誰々か」と問へば、「それそれ」と<u>言ふ</u>。
- □ c. みないとはづかしき中に、宰相の御いらへを、いかでか事なしびに言ひ出でむと、心一つに苦しきを、御前に御覧ぜさせむとすれど、上のおはしまして、<u>御とのごもりたり</u>。
- □ d. 主殿司は、「とくとく」と<u>言ふ</u>。
- △ e. げにおそうさへあらむは、いと取り所なければ、「さはれ」とて、「空寒み花にまがへて散る雪に」と、わななくわななく<u>書きて取らせて</u>、いかに思ふらむと、<u>わびし</u>。
- □ f. これが事を聞かばやと思ふに、そしられたらば聞かじとおぼゆるを、「俊賢の宰相など、『なほ内侍に奏してなさむ』となむ定めたまひし」とばかりぞ、左兵衛督の中将におはせし、<u>語りたまひし</u>。

　〔二月の月末ごろに、風がひどく吹いて、空がひどく黒いのに、雪が少しちらついているころ、黒戸に主殿寮の男が来て、「こうしてお伺いしております」と言うので、わたしが近寄ったところ、「これは公任の宰相殿のお手紙です」ということで持って来ているのを見ると、懐紙に、すこし春ある……(少し春があるような気持がする) と書いてあるのは、いかにも今日の空模様に、とてもうまく合っていることだ、これの上の句はとてもつけようがないと思案にくれてしまう。「どなたたちか」と同席の方をたずねると、「これこれの方々」と言う。みなとても気後れするほど立派な方々の中で、特に宰相への御応答を、どうしていいかげんに言い出せようか、と、自分の心一つで苦しい思いがするので、中宮様の御前に御覧に入れようとするけれども、主上がおいであそばして、御寝あそばしていらっしゃる。主殿寮の男は、「早く早く」と言う。いかにも、遅れてしまうとしたら、とても取柄がないので、「ままよ」というわけで、空寒み……(空が寒いので花に見まがうばかりに散る雪に) と、震え震え書

いてわたして、どう思っているであろうかと、心細い。これの反響を聞きたいと思うが、けなされたのなら聞くまいという気持がするのを、「俊賢の宰相などが、『やはり内侍にと任命を奏上して、そうしよう』と評定なさったよ」とぐらい、左兵衛の督の、そのころ中将でおいでになった方が、話してくださった。〕

(102段「二月つごもりごろに」: 209)

　aからdにかけて、時間的な推移に即して、起こった事柄を書き連ねる。公任が示した歌の末に本をつけるのであるが、それを催促されて（d）返信したことについて、自分の心境を示す形容詞を述語とする文（△）がcに入る。ただし、この文も「書きて取らせて」と事柄は記述されており、述語「わびし」は付加的である。あったことを順番に書いてゆくことで、時間的な線状性をもった文章となる。この場合、動詞述語文の連鎖が卓越する。

　随想的章段を代表する文章は、次の（5）のように形容詞（波線部）を述語とする文（△）の連鎖を特徴とする。ここでは、正月の参詣の趣について述べており、経験した出来事について、著者の見解が述べられる。

(5)
△　a. 正月に寺に籠りたるは、いみじう寒く、雪がちに氷りたるこそをかしけれ。
△　b. 雨うち降りぬるけしきなるは、いとわるし。
△　c. 清水などに詣でて、局するほど、くれ階のもとに、車引き寄せて立てたるに、帯ばかりうちしたる若き法師ばらの、足駄といふ物をはきて、いささかつつみもなく下りのぼるとて、何ともなき経の端うち読み、倶舎の頌など誦じつつありくこそ、所につけてはをかしけれ。
△　d. わがのぼるはいとあやふくおぼえて、かたはらに寄りて、高欄おさへなどして行くものを、ただ板敷などのやうに思ひたるもをかし。
□　e. 「御局してはべり。はや」と言へば、沓ども持て来ておろす。
□　f. 衣うへさまに引き返しなどしたるもある。
□　g. 裳も、唐衣などことごとしく装束きたるもあり。

△　h.深沓、半靴などはきて、廊のほど沓すり入るは、内わたりめきて、また<u>をかし</u>。(以下略)

　　〔正月に寺に籠っている時には、ひどく寒く、雪も降りがちに冷えこんでいるのがおもしろい。雨が降ってきてしまいそうな空模様なのは、ひどくよろしくない。清水などに参詣して、お籠りの部屋の準備ができる間は、くれ階のそばに車を引き寄せて立てていると、ちょっと帯ぐらいをつけた若い坊さんたちが、足駄という物をはいて、全然恐れる様子もなく、そのくれ階をおりのぼりするといって、これときまったこともない経文の片端を口にしたり、倶舎の頌などを唱えつづけて歩きまわるのは、場所が場所だけにおもしろい。自分がのぼるのは、ひどくあぶなく感じられて、わきの方に寄って、高欄につかまりなどして行くのに、あの若い坊さんたちはまるで平らな板敷などのように思っているのもおもしろい。坊さんが「お籠りの部屋の用意ができております。早くどうぞ」と言うと、供の者がいくつもの履物を持って来て、参詣者を車からおろす。着物を上の方に裾をはしょりなどしている者もある。その一方で、裳や唐衣などをつけて大がかりに正装している者もある。深沓や半靴などをはいて、廊のあたりを沓を引きずってお堂に入って行くのは、宮中あたりのような感じがして、またおもしろい。〕

(116段「正月に寺に籠りたるは」：220)

　a「をかしけれ」、b「いとわるし」のように著者の意見を述べつつ、c–hにかけて、自分が見た興味深い出来事を並べ、状況描写を行い(e–g)、またそれに評価を付与する(c・d・h)。寺院参詣という一つの場におけるさまざまな物事の連鎖があり、それを見る著者の思考の連続性が形容詞述語文の連鎖によって文章の線状性を形成する。
　ところが、類聚的章段においては、(6)のように、名詞を述語とする文(○)と名詞句を述語とする文(●)が並ぶのが、文章の特徴である。(4)のような時間の推移はないので、物理的な線状性をもたない。また、(5)のような感情の推移は認められないので、心理的な線状性も希薄である。

(6)
◎　a.いやしげなるもの

- ○ b. 式部丞の笏。
- ● c. 黒き髪の筋わろき。
- ● d. 布屏風のあたらしき。
- □ e. 古り黒みたるは、さる言ふかひなきものにて、なかなか何とも見えず。
- ● f. あたらしうしたてて、桜の花おほく咲かせて、胡粉、朱砂など、色どりたる絵どもかきたる。
- ○ g. 遣戸厨子。
- ● h. 法師のふとりたる。
- ○ i. まことの出雲筵の畳。

〔見た目に下品な様子のもの　式部の丞の笏。黒い髪の筋がよくないの。布屏風の新しいの。古くなって黒ずんでいるのは、それなりに、とりたてて言うかいもない物であって、かえって気にもならない。新しく仕立て上げて、桜の花をたくさん咲かせた図柄にして胡粉や、朱砂などを使っていろどった絵などを描いてある。引戸厨子。坊さんのふとっているの。本物の出雲筵の畳。〕

(143段「いやしげなるもの」：269)

　b-iの名詞句は、aの章段主題（◎）を主語とする述語である。「aいやしげであるもの、b式部丞の笏。」と同様に、「(aいやしげであるもの、) c黒い髪の筋が悪い（もの）。」のように構文を構成する。それらは、互いに連接関係がなく、事物の羅列（物尽くし）となっているものと見える。

　ただし、eに着眼すると、これは章段主題を主語とする文ではなく、先行するdの「布屏風」を受けて、その「古びて黒くなったもの」を主語とし、「かえって、いやしげとも何とも見えない」と著者が注釈するものである。そして、これを受けてfにおいて「布屏風」について、さらに細かく説明する。「(いやしげなるもの)、新しく仕立ててたくさんの桜の花の絵があり、胡粉・朱砂などの装飾をほどこしたもの（布屏風）」とまで、述べる。このd-fにかけては関連性があるので、事物の羅列ではない。

　そして、fに記述される内容が問題である。新しく美しく華やかであるものを「いやしげなるもの」とするのは、一般常識に照らしていかがなものか。見た目の美しさと、物の品位というものは別で

あることは理解される。しかし、一般にプラス評価をもつと思われるものに、マイナス評価を与えることは、共感を求めるものではありえない。逆に、読者の注意・疑問を喚起することになるはずである。

　つまり、このような文章は、事物の羅列（並列構造）のように見えるのであるが、実は、論理を形成したもの（直列構造）のではないか。(6)においては、a-cは問題意識を喚起するための事例提示であり、そして、このd-fで発想の転換を促した結果、さらに事例提示したものがg-iである。このように見ると、起承転結をもった論理的な線状性が内在するものと目される。このような名詞述語文の連鎖が、並列関係にあるのか、直列関係にあるか、次に検討する。

3　直列構造と並列構造

　「もの」型章段は名詞述語文の連鎖を文体基調とするが、その文と文の間には、接続的な要素がほとんど見られない。「もの」型章段に現れる接続詞を調査すると2、もっとも頻度が高いものは、20章段に使用される接続詞「また」である。「また」は、前文と後文が並列関係にあることを示すものであるから、並列の指標は文章中に明記されてもいるわけである。「また」で結ばれる連接と、「また」を介さない連接の差違について検討する。

(7)
◎　a. 見苦しきもの
●　b. 衣の背縫、肩に寄せて着たる。
●　c. また、のけ頸したる。
○　d. 例ならぬ人の前に、子負ひて出で来たる者。
●　e. 法師・陰陽師の紙冠して祓へしたる。〈以下略〉
　　　　　　　　　　　（105段「見苦しきもの」: 213）

　(7)は、章段主題「見苦しきもの」の具体的事例として、準体

言（b、c、e）、体言（d）が述語句として配列される。cに「また」とあるように、b文とc文は並列関係にあるが、それはdとeには及ばない。bとcは衣の着付けとして共通性をもつが、d・eの事例とは共通性をもたない。

　bでは、衣を着るにあたり、背縫いをやたら高くまで上げる着方であるが、襟が異様に高くなる。cでは逆に襟をぬいて首筋を出している。着付けとしては中庸を得ておらず、その点で共通性があり、「見苦しきもの」の事例となる。この2つの文は「また」で並列される。並列することによって、高い・低いの問題ではなく、着付けには標準があり、標準からのずれが見苦しさを催すことになる、という1つの命題3を形成する。

　次のdは、「病気の人の前に、赤ん坊をおんぶして出てきている者」とあり、これはb・cとは共通性がないので、「また」のはいる余地はない。内容的には、主人「人」に仕える「者」であるから、呼ばれて出てくるのは当然であり、一方で、子どもがいるからおんぶするのも当然である。しかし、病気の主人には安静のために気をつかうべきであろうし、子どものためには病人に近づけないことも必要であろう。2つの基準に照らして不調和である。

　eにおいて、法師や陰陽師がお祓いをするのは、汚れ・呪い・病などを浄化するためである。三角の紙かぶりをつけているのは慣わしとして当然である。しかし、その姿はその場においてよからぬことがあったことを意味する。日常生活の中では通常隠されていることが顕在化する。

　「また」で結ばれるbとcは、セットで1つの命題を形成する。しかし、「また」で結ばれない、b＋c、d、eの関係は互いに独立的である。つまり、並列関係にあるものとないものが区別されている。この章段においては、「見苦し」と感じる根拠を分析し、2つの事柄の1つの基準、1つの事柄の2つの基準、1つの事柄の外部の基準、について順次記述している。事例が指示する命題内容に着眼すると、「見苦し」と感じる人間がもつ判断基準のありようの論考となっており、独立的な文と文の関係は直列的である。

　これは他の章段の「また」でも同様であり、意味的に並列関係にあることを内包する「まして」「さらなり」などの表現の使用においても観察できる。

(8)
◎ a. 常よりことに聞ゆるもの
○ b. 正月の車の音。
○ c. また、鳥の声。
○ d. 暁のしはぶき。
△ e. 物の音はさらなり。

(111段「常よりことに聞ゆるもの」：216)

　(8) では、章段主題に対して、bとcが「また」で並列関係にある述語であることが明示されている。cとdには、接続要素がなく、独立的である。しかし、dとeにおいては、eの述語が「さらなり（一層である）」とあり、dと並列関係にあり、より程度が高いことを指示する。全体としてはb・c／d・eの2段構成である。
　前段の内容を検討しておこう。「いつもより特別に聞こえるもの」として「正月の車の音」と「鳥の声」をまず提示する。車の音や鳥の声は、いつもと同じであるはずだが、正月に聞くと、それが新年を告げるもののように聞こえるだろう。年始にどこかに伺候するのはともかく、鳥の声まで特別になるのはなぜか？　そう考えると、「いつもと違って、今日は正月である」と思っている自分の意識が基準になることがわかる。特別のことか普通のことか、その判断基準は、意識次第であると気づく。
　後段の内容は次の通りである。まず、d「暁のしはぶき（未明の咳払い）」を提示する。「しはぶき」は自分の存在を知らせるものだが、暁に誰かを呼ぶのであるから、それは、女のところに通ってきた男が帰るときの合図である。いつもの咳とはちがって聞こえるのは、逢瀬があったと思うからである。もしも、その帰ってゆく男が「物の音」すなわち楽器を奏でていると、それはより一層である、と説明するが、「きっと素敵な恋愛なのだろう」と想像されるからである。実態を確認することなく、そう思うわけである。
　前段では、なにかを特別なものと認識するのは、そのものではなく、判断基準に由来することを述べる。後段では、現象に意味を感じ取り、想像力を働かせると言う。この2つの命題は、イメージと現象の関係が逆である。その間には、「しかし」あるいは「一方」でつながれるような論理的な線状性が存在する。非常に短い章段で、

簡潔な文章であるが、独立的な文の直列構造を基本として、命題形成のために並列構造をまぜることで、概念の分析と発展が完結する。以上をまとめると、次のようになる。

① 「また」で結ばれる2つの文は、1つの命題を構成する。
② 「また」で結ばれない2つの文は、互いに独立した命題を構成する。
③ 命題と命題には、論理的な線状性が認められる。

　名詞述語文の連鎖は、並列関係ではなく、直列関係を構成する。事例と事例自体はつながっているようには見えないが、意味的に形成される命題と命題は論理的につながる。ここで読解したように、それは読者の心理内に構成されることになる。しかし、そのつながりをつけるものはテキスト上にはないので、形式的には独立しているので、断続的な直列構造となっている。

4　断続的な直列構造

　名詞述語文の連鎖の構造を、「大きにてよきもの」章段で観察する。この章段は、章段主題（◎）に対して、名詞述語文（○）が8連鎖し、i・jをはさんで、また名詞述語文が4連鎖し、断続的な直列構造の観察に適する。

(9)
◎　a. 大きにてよきもの
○　b. 家。
○　c. 餌袋。
○　d. 法師。
○　e. くだ物。
○　f. 牛。

- g. 松の木。
- h. 硯の墨。
- □ i. をのこの目のほそきは、女びたり。
- △ j. また、鋺のやうならむも、おそろし。
- k. 火桶。
- l. ほほづき。
- m. 山吹の花。
- n. 桜の花びら。

(117段「大きにてよきもの」: 352)

　文字の並びに即すると、事物の羅列に見える。読者の立場から、これを見ると次のようになる。まず、冒頭の事例提示は、次の一文である。

(10)
 a. 大きにてよきもの　b. 家。

　これは、誰しも同意できることであろう。小さくて狭いよりも、家は大きい方がいい。ただし、住めればいいので、大きさというものは付加価値である。そして、第二の事例が与えられる。

(11)
(a. 大きにてよきもの)　c. 餌袋。

　食べ物を入れる袋も、小さいよりも大きい方がいい。実用と言うよりも、心の余裕をもたらすものである。これも、それ自体は同意できる。ただし、「家」と「餌袋」と並ぶと、その2つの事例の共通性に疑問をもたざるをえない。さらに、次の一文で、考察を要することになる。

(12)
(a. 大きにてよきもの)　d. 法師。

　法師の価値が体の大小に関連性があるか、疑問となる。ただし、

「家・餌袋」は貴族の生活の中にあるので、その文脈に即して理解することになるであろう。貴族が法師を必要とするのは、仏事のときである。仏事の中心は、大きく目立つ方がよい。前文脈から、心のゆとりについて注意が喚起されていることを念頭におくと、そのような理解となるが、確証はない[4]。しかし、後続する文で、不可解だった清少納言の意図は、次第に明確になる。

(13)
(a. 大きにてよきもの)　e. くだ物。

　前項が仏事であるとすると、貴族の行事における「くだ物」は、宴席に供されるそれである。行事・儀式のシンボルは視覚的に目立つことが望ましい。これによって、これらの事例は物理的な価値ではなく、心理的・社会的な価値を述べるものであることが了解される。

(14)
(a. 大きにてよきもの)　f. 牛。
(a. 大きにてよきもの)　g. 松の木。
(a. 大きにてよきもの)　h. 硯の墨。

　車を引く牛は、大きいと車を牽く力が強い、実用に足るのみならず余裕がある。庭の松も大きいと、時間の流れを感じさせるし、家の未来に対する安心感をもたらす。墨が大きいと、文章をしたためる量的な保証があるから、書こうとする者に自由をもたらす。異なる事例から共通する要素を抽象すると、「物理的な大きさが、精神的な余裕・安心感につながる」ことがわかる。これによって、読者には、(12)(13)(14)の連鎖で推論したことの正しさが保証される。「大きいと何かと安心である」と一段落する。
　ところが、そこで文タイプがかわる。i・jは、名詞述語文ではなく、動詞述語文と形容詞述語文である。述語「女びたり」「おそろし」というのは評価・感情を表すが、その判断主体は著者である。この2文は事例提示ではなく、清少納言の意見である。伝達態度がかわるので、b-hの文の連鎖が一端途切れることになる。

(15)
　i．をのこの目のほそきは、女びたり。
　j．また、鋺のやうならむも、おそろし。

　「(仕える)男の目が細いのは、女性的である」というからには、男性の従者というものは、目が大きい方がよいという意見である。「また」で並列されるjでは、「をのこの目」が「大きくて丸く、ぎらぎらしている」これも同様に、よろしくないと言う。述語に「おそろし」とあるように不安感をもたらすからである。「大きにてよきもの」として「をのこの目」があげられるが、それが不安感をもたらすほど大きい場合、それは「細い」のと同様によくない、という意見である。すなわち、「標準よりも大きいと安心感があるが、過度に大きいと不安感が生ずる」と、ここまでの論述に新しい主張を加えている。
　この2文の挿入は、読者がここまでの論述でもつかもしれない「大きければよい」というイメージを打破するためであろう。それは、b-hまでの叙述に基づき、読者の中に「大きさは安心感」というイメージが形成されるととともに、そこで判断の停止が予測されるからである。すなわち、事例の解釈により、読者の中に形成される概念の計算に基づいて、思考の継続を促すものである。では、どんな理屈になるのか、読者の中に疑問が生ずる。
　それに応ずべく、用意されているのが、k-nの事例提示である。b-hが貴族の日用品であるのに対し、そこに示されるものは季節を代表する風物がである。名詞の羅列であるが、いずれも章段主題「大きにてよきもの」を主語とする述語である。

(16)
(a. 大きにてよきもの)　k．火桶。
(a. 大きにてよきもの)　l．ほほづき。
(a. 大きにてよきもの)　m．山吹の花。

　冬の暖房の火桶は、大きい方が暖める力に余裕がある。これは、前段と同趣旨である。ところが、「ほほづき」以下は実用性をもたない。季節の風物として鑑賞するものである。秋の酸漿や春の山吹

の花、いずれも小さいものである。しかし、それが標準的なそれよりもちょっと大きいことで、美を感じる、季節を楽しむ、その気持ちを励起する。標準というものは、経験からつくられているものであるが、それを現実がちょっと上回っているときに、肯定感が発生するのである。ゆえに、それを最後の一文でまとめる。

(17)
(a. 大きにてよきもの)　n. 桜の花びら。

　ここでは、「桜の花」ではなく、その「花びら」を取り立てる。「桜」は春を代表する美であるが、その花びらにも季節感はある。その小さな一枚が標準よりもちょっと大きいことだけでも、季節感は際立つ。これによって、章段主題「大きにてよきもの」の「大きさ」が絶対的なものから相対的なものに切り替わり、想定している標準と現実との比較によって判断されるものである、と帰結する。
　この一連の解釈作業によって、この章段は、人間の心理の一般的特性について、論理的な一貫性を獲得する。それは読者の中に論理が形成されるわけであるが、このテキストを作成しているのは、著者・清少納言であるから、その読者は仮想の存在である。このように書くと、きっとこう考えるだろう、ならば次にこれを提示すると、このように考えがかわる……、と予め想定して執筆している。従って、読者の解釈可能性は予め限定的であり、著者の想定通りに理解しないと、線状性を形成しない。それゆえに、従来「事物の羅列」という評価が与えられてきたわけであるが、n「桜の花びら」など、小さすぎて「大きにてよきもの」の代表例になるはずもない。この文脈の中に配置されることで、はじめて意味を獲得するのである[5]。

5 　　　　　　　　　対話的な文章構造

　『枕草子』の「もの」型章段において、提示される具体的事例は、論理を構成する命題を指示する。その命題を構築するのは読者であり、著者の意図を理解するとともに問題意識をもつ。それに対して著者はまた命題を提示する。この連鎖によって論理的な線状性が形成される。たとえば、(9) ならば、次のような文脈をつむぐ。読者の反応を（　）で示す。

(18)
　　「大きにてよきもの　家」
　　　　（それは当然。）
　　「（大きにてよきもの）　餌袋」
　　　　（それも当然。しかし、家と餌袋に何の関係がある?）
　　「（大きにてよきもの）　法師」
　　　　（そうかな?　仏事のときのことか?）
　　「（大きにてよきもの）　くだ物」
　　　　（宴席の果物だな。確かに大きいと見栄えがよい。）
　　〈以下略〉

　清少納言の言葉だけを追うと、連続性は得られない。読者との応酬によって文脈が完結するのである。これは著者と読者による対話的な文章である。平安時代の教養階層の対話の構造を、文章中に構成している[6]。
　前掲 (4)「二月つごもりごろに」は、対話による文章完結の端的な事例である。ここに登場する公任は、歌の末（下の句）を用意して、清少納言に本（上の句）を要求し、少納言はそれに答えている。

(19)
　　公任：[　　空項　　]「すこし春ある心地こそすれ」
　　　　　　　↑　〈補充〉
　　清少納言：「空寒み花にまがへて散る雪に」

この両者の対話によって1つの和歌が完結する。平安貴族の言語ゲームであり、この対話形式の和歌はやがて連歌の様式に発展する。「もの」型章段の文章では、清少納言の呈する事例に対する読者の反応が空項であり、同時代の読者には（19）と同様に十分に理解されたであろう。しかし、このような様式の散文体は継承されず、後世においては、これを読み解く手がかりが失われてしまったのである。
　渡辺（1981：146-147）は清少納言の資質と執筆方針を以下のように評価している。

　　恐らく清少納言は、人との応接に臨んだ時に、最もよくものが見えるのであろう。〈中略〉。即答を生命とする応酬の場も、それを再現する現在感覚も、じっくりと一般化する思考にはむしろ遠い。前者に清少納言の本領があったとすれば、類聚的章段から発して一般化へ向かった枕草子の文章は、彼女の体質に合わない方向への歩みであった、ということになる。

　清少納言の当為即妙の知は、自他ともに認めるところである。渡辺は羅列的な類聚的章段の文章がそれに適合しないと指摘するが、むしろ、「じっくりと一般化（した）思考」を「人との応接」の様式を借りて表現しているものであろう。清少納言は、最も得意とする対話的な構造を、類聚的章段に構築しているのである。

6　思索と対話

　清少納言は、対人的な応接、そして、その刺激によって知性が活性化されることを次のように論述する。

(20)
◎　a. つれづれなぐさむもの

- ○ b. 碁。
- ○ c. 双六。
- ○ d. 物語。
- ● e. 三つ四つのちごの、物をかしう言ふ。
- ● f. また、いと小さきちごの物語し、たがへなど言ふわざしたる。
- ○ g. くだ物。
- □ h. 男などのうちさるがひ、物よく言ふが来たるを、物忌なれど、入れつかし。

(134段「つれづれなぐさむもの」: 254)

　第1文に「つれづれなぐさむもの、碁」とある。清少納言は無聊の解消には囲碁だ、と言う。対人のボード・ゲームであり、黒と白が交互に石を打つ。1つ1つの石は独立しているが、相手との応酬の結果、つながりをもち、一連の地を形成してゆく。自由に打つこともできるが、互いに勝負を争うので、相手の意図を読み、適切な応手が必要である。結果、ある程度は決まった手順となるが、一方で、異なる思考と対する以上、想定通りに行くとは限らない。それは、命題を提示し、読者の反応に即して、次の命題を用意する、類聚的章段の構成に類似する。

　c「双六」も同様に対人のボード・ゲームであるが、サイコロを振るので、不確定要素が囲碁より高い。d「物語」はまさに人との対話であるが、これはルールの決まったゲームではないので、さらに不確定要素が高い。この章段において清少納言は、対人的な知的活動の価値を述べるとともに、そこに不確定要素が介入する度合いを順次上げる。対人ボード・ゲームから、ボードを抜いたものが「物語（対話）」である。

　そして、その「物語」についても不確定要素を追加する。e「三つ四つのちご」は満年齢2歳児相当なので、ちょうど文法能力が一気に開花する発達段階であり、未熟ではあるが斬新な表現が見受けられる。f「いと小さきちご」はそれよりさらに幼いので乳児段階であり、言語の運用には至らないが、言葉のように発声する様をとりあげる7。言語的な意味はともなわない不確定な発声にも、退屈を忘れる魅力があると言う。

　読み通りに展開する応接も楽しいが、想定外の事態に直面するの

も楽しい。そして、この文脈にg「くだ物」をおくと、定期的な食事に対する不定期な楽しみという意味を獲得する。自らの想定を超えた刺激が知性の活性化をもたらすことを一般化するのである。
　最後のhにある「物忌み」は、その楽しみの根拠となる対人応接を社会的に禁ずる習慣である。しかし、その禁忌を破るくらいに、対人的な知的欲求は強いと清少納言は結論する。このような対人的な知的欲求は、相手の思考を推理する楽しみでもあり、また、それを超える反応を体験する楽しみでもある。逆に、ひとを楽しませる場合には、相手の想定を超える刺激を与えることが肝要となる。
　類聚的章段が、一般的な文章の展開作法とは異なる手法をとるのは、このような清少納言の知的資質に由来するであろうし、その文化を共有する人びとの存在があってのことである。囲碁の一手は物理的には単なる石であるが、互いの意図の投影である。それを理解し、また、思惑を裏切りあうことで想定を超える刺激がある。その一手に相当するのが、類聚的章段における1つの事例である。ゆえに、事例は互いに独立的であり、そして、1つの意図をもつがゆえに線状性をもつ。
　清少納言は、人間・社会に関する思索を伝達しようとするが、当時の日本語とくに和語・和文には、抽象概念を形成する語彙的な手段も、論理を形成する文法的な手段も未発達であった[8]。清少納言は、和語をもちいた具体的な事例によって概念・命題を形成し、対話的構造の中に配列することで論理を形成する[9]のであるが、それは平安貴族の社交文化を文体化しているのである。

注

1. 章段の冒頭句を渡辺（1981）は「共通述語」とする。川上（1966：67）はこれを「提示語」とし、名詞句を「主語」とする。そして、その下に「述語」を想定する。
2. 全78章段のうち、20章段に「また」が見られる。その他、「まして・まいて」7章段、「されど」3章段、「はた」2章段、「されば」1章段。
3. 「命題」は、事例が指し示す、ある概念のまとまりを言う。
4. 清少納言の提示する事例は、かならずしも納得できるとは限らない。たとえば「春はあけぼの」は当時としては非常識である。藤原（2006：30）。
5. 「雨など降るもをかし」のように、「など」によって集合化された表現の意味が、文脈によって補充され、特定化されることを、藤原（2010）で明らかにしたが、普通の名詞句においても、同様の技法が働く。
6. 130段「頭弁の、職にまゐりたまひて」に清少納言と藤原行成の文のやりとりがあるが、対話の一方だけをテキスト化しても成立する。藤原（2014：28-29）。
7. 「たがへなど」は未詳であるが、「たがへ」は「標準との不整合」を意味する。これに「など」を付すことによって、「言語規則からの逸脱」を指示すると考えられる。
8. 「論」に相当するものは、平安時代においては、主として漢文体によって著述される。
9. 具体的には、概念形成、論理形成には、和歌・漢詩の技法を導入する。藤原（2016b：（10）2）。

使用テキスト

- 松尾聰・永井和子（1997）『新編日本古典文学全集（18）枕草子』小学館

参考文献

- 川上徳明（1966）「枕草子「もの」型文の構造——その成立過程を通して」『国語学』64：pp. 60-70、国語学会
- 渡辺実（1981）『平安朝文章史』東京大学出版会
- 藤原浩史（2006）「『枕草子』第一段の国語学的解釈——潜在する論理の再構築」『日本女子大学紀要文学部』55：pp. 23-42、日本女子大学
- 藤原浩史（2010）「『枕草子』における概念形成——副助詞「など」の運用」月本雅幸・藤井俊博・肥爪周二 編『古代語研究の焦点』pp. 403-425、武蔵野書院
- 藤原浩史（2014）「『枕草子』の論理形成——潜在的論理と対話的構造」『エネルゲイア』39：pp. 19-32、ドイツ語文法理論研究会
- 藤原浩史（2016a）「『枕草子』における章段主題の述語反復」中央大学人文科学研究所 編『文法記述の諸相Ⅱ』pp. 35-54、中央大学出版部
- 藤原浩史（2016b）「『枕草子』「ありがたきもの」の国語学的解釈」『中央大学国文』59（1）-（12）：pp. 77-88、中央大学国文学会

文献解題

- 渡辺実（1981）『平安朝文章史』東京大学出版会［2000、ちくま学芸文庫、筑摩書房］

　本書は平安時代のかな文字による文学作品の文章を論じたものである。日本語による文章が創造されるこの時期、多様な文章様式が生じたが、各作品の文体特徴を「当事者的表現──蜻蛉日記」「操作主体──紫式部日記」のように、筆者の視点、文章の目的性、時代の言語環境から論ずる。日本語テキストの成立基盤を考える先駆的業績である。

- 小松英雄（1999）『日本語はなぜ変化するか──母語としての日本語の歴史』笠間書院

　今日のラ抜き言葉ができるまでの日本語のヴォイス表現の歴史を対象として、日本語の歴史的変化の動因の探求法を示すものである。上代語「ユ」から「ル」、「ルル」「レル」への変遷、可能動詞の成立にいたる言語体系の変化を示し、個々の話者のレベルにおける類推的誤用と、言語共同体による受容と体系化のしくみを示す。

- 野田尚史・高山善行・小林隆 編（2014）『日本語の配慮表現の多様性──歴史的変化と地理的・社会的変異』くろしお出版

　古代から現代にいたる日本語の配慮表現のシステムとその地理的・社会的変異を論ずる。依頼／禁止、感謝／謝罪、受諾／拒否といった言語行動に現れる配慮表現を機能に即して記述する。現代日本語のような定型表現のない古代の言語運用や、定型表現の歴史的形成など、社会的な視点から配慮表現の体系を説明する。

第5章

従属節の配置に見る読者との対話
『カンタベリ物語』の最終話「牧師の話」をめぐって

家入葉子

キーワード　　従属節、語順、コミュニケーション、ジェフリー・チョーサー、「牧師の話」

本章の概要と　　本章では、14世紀の作家ジェフリー・チョーサー（Geoffrey Chaucer、
方法論について　1340?–1400年）の作品『カンタベリ物語』（The Canterbury Tales）の最終話「牧師の話」（"The Parson's Tale"）を題材に、従属節の位置に、人間の認知やコミュニケーションにかかわる動機づけが働いていることを明らかにする。「牧師の話」は比較的長く、チョーサーでは数少ない散文作品（冒頭の一部は韻文）の1つである。したがって、語順研究には最適であるといえよう。

　語順と認知およびコミュニケーションの関係は、現代英語では広く研究されているテーマである。従属節の位置に関しても、たとえばDiessel（2001、2005）など先行研究も多い。しかし、過去に書かれた文献を扱う研究となると、その数はそれほど多くはない。初期近代英語についてはClaridge and Walker（2001）やClaridge（2007）があるが、条件節や理由節に限定的で、従属節全体を見渡すものではない。一方、Iyeiri（2013）は15世紀の書簡の分析を行い、人間の認知やコミュニケーションのあり方には、時代を超えた共通点があるという結論に至った。本章では、書簡とは異なる物語文学を取り上げ、人間のコミュニケーションへの動機づけがジャンルや時代を超えて従属節の配置に反映されることを明らかにする。

1 歴史語用論と本章で扱う語順の考え方

　語用論の詳細な定義は、本書の序論に譲ることとするが、その扱うところは多様である。Sperber and Wilson（2012：1）は、その著書の冒頭で、語用論を広く解釈した場合の定義として、まず以下のように述べている。

　　しばしば語用論は、言語の構造ではなく言語の運用を明らかにする研究であるとされる。この広い意味では、語用論は関連性がゆるいさまざまな研究プログラムを包括することになる。たとえば、直示表現の形式的研究もそうであるし、民族固有の言葉のステレオタイプを扱う社会学的研究も、この領域に入ることになる1。

　このあと Sperber and Wilson（2001）が解釈する狭い意味での定義が続くが、本章では便宜的に語用論を広く解釈してみることにする。語用論が言語の構造よりもその運用に焦点を当てたアプローチであるとするならば、本章で扱う語順を含め、あらゆる言語現象が、その対象となるはずである。現代英語の場合には、特に談話においてコミュニケーションの多様な側面が表出しやすいため、話しことばを対象に語用論研究が行われることが多い。しかしながら、言語の構造だけでは説明できないさまざまな特徴が実際の言語使用に現われることは、書きことばも同じである。関心が一旦書きことばに広がると、その対象が歴史的文献にまで広がり、歴史語用論という分野が生まれてくる（あるいはその存在が意識され始める）のは、ある意味で必然といってもよい。
　言語は話しことばであれ書きことばであれ、本質的にはコミュニケーションを目的とするものであり、一見したところ語りの方向が一方的であるように見える書きことばにおいても、この点は同様である。近年になってから分野として確立してきた感のある歴史語用論ではあるが、その考え方そのものは伝統的に行われてきた文学作品の言語研究の1つの展開のあり方として見ることもできるはずである。本章で扱う物語文学についても、コミュニケーションの視点

をその分析に応用しようという考え方は、必ずしも新しいものではない。Jacobs and Jucker（1995：9）は、「文学作品もコミュニケーション行為として分析されてきた（Literary texts, too, have been analysed as communicative acts）」と述べ、チャールズ・ディケンズの小説を「作家と読者」という視点から分析したWatts（1981）や、チョーサー作品を読者との関係で分析したSell（1985a、1985b）に言及する。このように考えると、歴史語用論とは、すでに史的文献について行われてきたこれまでの分析方法を、語用論という軸を使って再整理する分野であるといってもよさそうである2。本章の研究も、この考え方をよりどころとするものである。

　文学作品を著者と読者のコミュニケーションであるとする見方が以前より存在するのと同様に、語順をコミュニケーションの視点から分析する研究も、新しいものではない。その多くが、必ずしも「語用論」（まして「歴史的語用論」）という用語を使用してはいないかもしれないが、語順が情報の伝達のあり方と密接に関係していることは、すでに多くの研究者が気づいているところである。もっともよく知られた考え方の1つは、文がテーマ（トピック）となる情報とそれを発展させるコメントからなり、情報の文中での配置がこの流れをそのまま反映することが多いというものである。一般にtopicとcomment、あるいはthemeとrhemeなどの用語を使って説明される情報の流れで、今日ではもはや古典的ではあるが、言語の構造よりも運用に焦点が置かれた考え方であるという意味で、今日ならば語用論や認知的な視点から発展させることも可能な見方である。

　一方で、語用論という用語を積極的に用いた語順研究、特に史的研究の事例としては、Bech（1998）を挙げることができる。Bechは冒頭のパラグラフで、語用論がどちらかといえば話しことばに重点をおいてきたものの、史的文献にも応用されるようになってきたこと、さらには歴史語用論という新たな分野の出現にも言及する（p. 79）。Bech（1998）の議論の興味深いところは、英語における語順の変化という言語の構造にかかわる部分に、情報の重さという語用論的な要素を関連づけたことである。より具体的には、動詞を文の第2位置に置く古英語のXVS語順が中英語期にかけてXSVの語順（現代英語の語順）に変化する過程を、主語や動詞の情報量とともに整理することで説明した。

言語の構造よりも運用に焦点を当てるというのは語用論の定義そのものであるが、一方で、両者の間には関連性も存在する。Hopper and Thompson（1993：358）は、文法を考える際にも人間の言語活動という視点が無視できない点を、以下のように表現している。

> 文法がどのようにしてその形になるのかを理解しようとし、また言語の運用と文法のダイナミックな相互作用を考えると、文法は人々がことばを話すパターンに従って形成されるという結論に行きついてしまう。つまり、談話的事実を考慮しなければならないのである3。

実際近年は、英語の語順の変化をもっぱら言語の構造の視点から論じてきた研究者の多くが、コミュニケーションの視点に立った言語変化理論を試みている。Nevalainen and Traugott（2012）が編集する *The Oxford Handbook of the History of English* には、Taylor and Pintzuk（2012）など、この方向の論考が多数収められている。

人間の認知やコミュニケーションにかかわる動機づけには、時代や言語の違いを超えた共通部分が多い。一方で、言語は生きた言語である限り、常に変化の可能性を有している。両者がどのように折り合いをつけるかが、歴史語用論理解の鍵となろう。本章では、従属節の位置という現代英語では広く研究された領域を中英語文学作品に応用することにより、どちらかといえば、時代や言語の違いを超えた共通部分に焦点をあてる試みを行う。

2 先行研究と分析方法

従属節の文中での位置を扱った語順研究は近年注目されている分野の一つであるが、その多くは現代英語を扱うものである。たとえばDiessel（2005）は、従属節の位置はその意味機能によって傾向が異なるとし、「従属節＋主節」の順がもっとも好まれるのは条件

節、次に時の従属節、そして次に理由の従属節であるとする。この際にDiessel（2005）が扱った従属節は、条件節ではifによって導かれるもの、時の従属節ではwhen、while、after、before、once、until、since、as、as soon as、as long asによって導かれるもの、理由の従属節ではbecause、since、asによって導かれるものである。

　一方で、英語の史的文献については、同様の研究はそれほど多いとはいえない。Claridge and Walker（2001：45-49）が初期近代英語の理由節の位置、Claridge（2007：244-252）が同じく初期近代英語の条件節の位置について研究を行っているが、それぞれに完結しており、異なる種類の従属節を互いに比較する研究は行われていない。本章では、異なる性質の従属節間の比較を行うため、Diessel（2005）に近い枠組みで調査を行ったIyeiri（2013）を参考にすることにしたい。Iyeiri（2013）は15世紀のノーフォーク方言で書かれた『パストン家書簡集』（*Paston Letters*）4を分析の対象としており、時代的にも本章で扱う『カンタベリ物語』に近い。Iyeiri（2013）は、Diesselと同様に時制をもつ従属節のみを扱い5、従属節を導く接続詞については中英語テキストの実態に合わせて、if、though（although）、when、because（by cause）、till（until）（以下、中英語については、すべての異綴りを含む）の5種類に絞っている。分析結果は、おおむねDiessel（2005）等の研究を支持するもので、15世紀書簡においても、条件節は主節の前に起こる傾向が強く、この傾向は時の従属節では弱まり、理由の従属節ではさらに弱くなる。また、扱う従属接続詞を限定したことにより、従属節の種類によるさらなる違いを浮き彫りにすることが可能となり、時を表す従属節でもwhenに比べてtill（until）節は、主節の後に置かれる傾向が強いことなどが明らかになった。また、Iyeiri（2013）はDiessel（2005）が扱っていないthough（although）を扱い、譲歩を表すこの従属節が条件節に続いて主節の前に置かれる傾向が強いことも示した。本章でもif、though、when、because（実際はすべてby cause）、tillの5つの接続詞に導かれた節を分析の対象とする（althoughとuntilの例はない）6。また、先行研究では主節に先行する従属節をinitial、主節の後に置かれる従属節をfinalとすることが多い。本章では、これに加えて主節中に挿入される従属節をmedialとし、initial、medial、finalの3つの位置について見ていくことにする。

これも、Iyeiri (2013) の枠組みに従うものである。ただし、『パストン家書簡集』のような書簡では読者が特定されているのに対し、本章で扱う物語文学では、同様に著者から読者への情報伝達、すなわちコミュニケーションが想定されるものの、読者は不特定多数である。両者の間にどの程度の一致が見られるかは興味深いところである[7]。

3 「牧師の話」における従属節

3.1 従属節の種類と文中での位置

　本節では、分析の対象とするif、though、when、because (by cause)、tillに導かれた従属節の配置について全般的な傾向を見る。以下は、扱う従属節の具体例である（本章における「牧師の話」の引用はBenson (1987) から、「牧師の話」の例文の日本語訳は桝井(1995) による。斜字体は筆者）。

(1) And *if* so be that the lawe compelle yow to swere, thanne rule yow after the lawe of God in youre swerying... (592)
〔もしも法律によってやむを得ず誓言をするようなことがあるのなら、その誓言においては神の法に従って行いなさい。〕

(2) God woot that *though* the visages of somme of hem seme ful chaast and debonaire, yet notifie they in hire array of atyr likerousnesse and pride. (430)
〔彼女らのある者たちは一見顔を見ると、とても貞淑で優しいように見えるけれども、彼女らは衣服を着飾って好色と高慢とを示していることは、神様がご存じです。〕

(3) The especes that sourden of Pride, soothly *whan* they sourden of malice ymagined, avised, and forncast, or elles of usage, been deedly synnes, it is no doute. (448)

〔高慢から生じる種々の罪は、本当に、それが前もって考えられ、熟慮された悪意から、またあるいは、習慣から生じる時には大罪です。それには疑う余地がありません。〕

(4) *by cause* that they been maried, al is good ynough, as thynketh to hem.（905）
〔結婚しているのだから万事これでいいのだと彼らは考えているのです。〕

(5) For soothly, no wight that excuseth hym wilfully of his synne may nat been delivered of his synne *til* that he mekely biknoweth his synne.（586）
〔というのは確かに、誰も意図的に自分の罪の言い訳をする者は自分の罪から解放されることはできないのです。その人が自分の罪を素直に認めるまでは。〕

（1）では、andがifに先行しているが、andのような文の主要素でないものは考慮から外して、（1）は従属節が主節に先行するinitialの例とする。（2）では、thoughによる譲歩節とそれを受けたyetで始まる主節が共にthat節内に収められている。この場合も、当該の従属節とその主節の順を見ることとし、（1）と同様にinitialの例であると考える。次の（3）は、従属節が主節内に挿入されているのでmedialの例8、（4）は従属節が主節に先行するのでinitialの例、（5）は主節の後に従属節が起こるのでfinalの例である。

以上のような基準で「牧師の話」における従属節を整理すると、該当例は199で、その生起位置は、図1のようになる。

図1が示す通り、becauseとtillはきわめて頻度が低く（それぞれ2例と7例）、分析に不適のようにも見える。しかしtillでは、7例

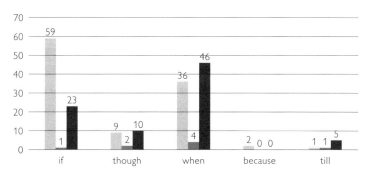

図1 「牧師の話」における従属節の位置（絶対頻度）

のうちの5例がfinalの例となっていて、その傾向は明白である。すなわち、tillに導かれた従属節は、主節の後に置かれるのが一般的だといえそうである。15世紀の『パストン家書簡集』を調査したIyeiri（2013）でもtill（until）に導かれた従属節は主節の後に置かれる傾向がきわめて強く、224の該当例のうち215例（96％）がfinalであるという結果が得られていることから、この傾向は確かなものであると考えられる。Diessel（2005）は、when節やtill節を時の副詞節として同列に扱っているが、図1およびIyeiri（2013）の分析から、両者の間には傾向の差異があるといってよい。さらに、その他の接続詞も含めて主節に先行する傾向が強いものから順番に並べる（becauseは2例なので除外9）と、（a）ifの条件節、（b）thoughの譲歩節、（c）whenによる時の副詞節、（d）tillによる時の副詞節の順になる。この順序は『パストン家書簡集』の結果と完全に一致している（Iyeiri 2013：216-220）。なお、図1のmedialの例、すなわち従属節が主節内に挿入されている例は、どの従属節でも頻度は低い。

　このように著者もジャンルも異なる「牧師の話」と『パストン家書簡集』とで完全一致の結果が得られたことは、きわめて興味深い。参考までに、議論の枠組みは異なるが、初期近代英語の条件節を調査したClaridge（2007：244-252）も、ifの条件節は主節の前にくる傾向があるとしており、ifについて一致する結果を示している。おそらく、話し手と聞き手、書き手と読み手のようなさまざまな対人関係に共通の「円滑なコミュニケーションのあり方」が存在し、人は無意識の配慮をしながら、言語の機能を最大化する言語行動を取っているのだろう。

　もっともわかりやすいのは、tillによって導かれた従属節である。Whenによる節との違いは、同じ時の副詞節でもtillによる節は、主節との関係において明確な前後関係がある点である。Till節が主節の後に置かれる傾向が際立っているのは、現実世界における出来事の前後関係が、そのまま言語上の前後関係に映し出されているという要因が大きいからであろう。現代英語の語用論研究ではすでに古典的となったGrice（1989：24-31）は、会話を円滑に進めるための「協調の原則」（Cooperative Principle）を提唱し、4つの公理（maxim）をもって説明する。その1つに「様態の公理」（maxim of manner）があり、会話を円滑に進めるためには、様態にもしかるべきあり方があるという。「順序立てて話すこと」（Be orderly）はその1つである。Griceの「協調の原則」は会話に特化したものであるため英語史上の文献を扱う際にはほとんど使用されてこなかったが、物語も著者と読者のコミュニケーションの一形態であると考えると、その本質的に意味するところは利用可能であるはずである。順序立てて相手に提示するというのは、話の内容を順序立てることはもちろんであるが、文中での情報の配置にもいえることであり、円滑な伝達には、話し手や書き手が意識しているかどうかは別として、このメカニズムが働いている可能性が高い。副詞節の多くは、主節の前に置いても後に置いても、命題的意味を変更することはない。しかしながら、tillのように現実世界において明確な前後関係が存在するものには、情報の流れという観点から、より効率的な配置があるものと考えられる。

　このように現実世界での出来事の順序がそのまま言語に反映されるという傾向は、機能主義的な言語分析においても、しばしば指摘されてきた。若干の例をあげると、Altenberg（1987：56-58）は談話を組み立てる際には順序についての動機づけが働くとして、その1つにnatural ordering、すなわち現実世界の順序をそのまま反映させる傾向があるという。同様にGivón（1991：92）も現実世界と言語の対応関係に着目し、両者の間に働くさまざまな原則の1つにsemantic principle of linear orderをあげ、流れのよい談話では、「表現されている出来事が実際に起こった時間の順序（the temporal order of the occurrence of the depicted events）」が言語に反映されるという10。

　一方、ifによる条件節、thoughによる譲歩節、becauseによる理由節の位置については、現実世界との対応というよりも論理関係の働きが大きいと感じる。再びGrice（1989）の「協調の原則」に戻ると、様態の公理は「不明瞭、あいまいさを避けよ（avoid obscurity, avoid ambiguity）」ともいう。Ifによる条件節は主節の命題が真となるかどうかを左右する前提条件であるため、聞き手や読者に早めに提示し、不必要な誤解を避けることが望ましい。現実世界との対応関係はtillの場合ほど明確ではないが、条件節と主節との間にはやはり論理的な順が存在する。このことが、「条件節＋主節」

の語順を促進しているのだろう11。

　一方Haiman（1978）は、その論文のタイトル（"Conditionals are Topics"）が示す通り、条件節は一種のトピック、つまりテーマであると考える。情報の伝達がテーマからそのテーマについてのコメントへと展開していくことは、すでに述べたように、多くの研究が認めるところである。この見方もまた、ifによる条件節が主節に先行する傾向を裏打ちするものである。先にも言及したAltenbergは、natural orderの他にもthematic orderを提唱しており、if節の典型的な語順は、Altenbergの枠組みにも合致する。このように、if節は文法的には主節の前にも後にも置くことができるはずであるが、実際には主節の前に起こる傾向がきわめて強く、これは多分にコミュニケーション上の動機づけによるものであると結論づけることができる。

　その他の接続詞については、tillやifほど強い傾向は見られない。たとえばthoughは、主節の後に置かれることが若干多いようであるが、前に置かれるか後に置かれるかに大差がない。また、そもそも「牧師の話」では該当例がそれほど多くないという問題がある。譲歩節も主節の内容に先立つという意味においては広く前提と捉えることができるかもしれないが、ifのように条件ではないので、主節の内容が実現するための前提としての働きは必ずしも大きいとはいえない。このため主節の前に置かれる傾向が、ifほど強くはないのだろう。いいかえれば、後から付加的に追加することも可能な情報である。

　最後に、理由を表すbecause節にも触れておきたい。残念ながら「牧師の話」ではbecause節はわずかに2例であるので、その傾向をつかむことはできない。しかし、Iyeiri（2013）が調査した『パストン家書簡集』では、because節が主節の後にくる強い傾向が観察された（84％が主節の後）。初期近代英語を扱ったClaridge and Walker（2001：45-49）でも、同様の結果が出ている。因果関係についていえば、理由が主節の内容に先行するはずである。それにもかかわらずbecause節が主節に後続する強い傾向を示すのは、多くの場合に理由が付加的であり、情報として重要なのは主節の内容が実現した、という事実に他ならないからであろうか。また場合によっては、別の見方も可能である。理由はある意味で情報として重

い。本来ならば主節の内容が実現したという事実だけで十分なはずだが、理由を述べた時点で、今度は理由の方に焦点が当たることになる。逆に主節の内容が前提となり、それを説明するのがbecause節であるという情報構造が出来上がるのかもしれない。その他にも、becauseは本来by causeの前置詞句であるから、文中の前置詞句が生起しやすい位置に生起する傾向があるという説明も可能であろう。ただし、Diessel（2005）の調査によれば、理由を表す副詞節が主節の後ろに置かれる傾向は、becauseが十分に文法化した現代英語でも同様であるので、やはり情報構造のようなものが、少なくとも一定程度は働いていると考えるのが自然であろう。

3.2　従属節の文中での配置と情報量

　これまで、「牧師の話」を分析の対象としながら、情報伝達の機能性を最大化するという動機づけが従属節の配置にどのように関連しているかを論じてきた。扱ってきたのは主に、現実世界と言語との関係、および言語情報どうしの論理的関係である。これに対して本節では、情報の重さ自体を議論の対象とする。先に述べたBech（1998）は、まさにこの点に焦点を当てた研究である。ただしBech（1998）が古英語から中英語という広い時代を扱い、マクロな視点にたって英語の語順の変化と情報量の大小を論じたのに対し、本章では、特定の接続詞に導かれた従属節と主節の位置関係という限定された領域に焦点を当てることで、より詳細な分析を試みる。

　分析にあたってBech（1998）は、主語が旧情報を担っているか新情報を担っているか、動詞が本質的に小さい情報量を担う動詞であるか大きな情報量を担う動詞であるか、など複数の基準を駆使して情報の重さを定義づけている。しかしながら「牧師の話」では、調査の対象としている従属節のうち、そもそも情報量と語順の分析に耐え得ると思われる頻度を示すのは、if節とwhen節だけだといってよい（図1参照）。これらも必ずしも複雑な分析に耐えるだけのデータ量を提供しないので、指標を単純化し、語数が少ない従属節を情報量が少ない従属節、語数が多い従属節を情報量が多い従属節として議論を進めることにする。これは、情報量と語数が連動

するという考え方によるものである。ちなみにGivón (1991: 87-89) は、「量の原則」(The quantity principle) として、「情報量が多い場合には、言語的にも多くのコードが与えられる (A large chunk of information will be given a larger chunk of code)」としている。基準はIyeiri (2013) の『パストン家書簡集』での分析方法に従い、接続詞も含めて5語以内の従属節を「短い」従属節、それ以外を「長い」従属節とみなす。この段階で、「短い」従属節を20以上提供するのはifの条件節とwhenの時を表す節だけとなるので、以下の分析では、この2つに焦点を当てる。

以上の基準に基づいて「牧師の話」におけるif節とwhen節を分析すると、次の表のような結果を得ることができた。

	initial	medial	final	合計
if節	7 (35.0%)	1 (5.0%)	12 (60.0%)	20
when節	7 (33.3%)	1 (4.8%)	13 (61.9%)	21

表1 「牧師の話」における「短い」if節とwhen節の位置(「短い」従属節)

	initial	medial	final	合計
if節	59 (71.1%)	1 (1.2%)	23 (27.7%)	83
when節	36 (41.9%)	4 (4.7%)	46 (54.5%)	86

表2 「牧師の話」におけるif節とwhen節の位置(すべての該当例)

比較的例が多い条件のif節と時を表すwhen節に限定しても、例が若干少ないという印象は残る。しかしながら、表1と表2を比較することで一定の傾向をつかむことは可能である。どちらのタイプの従属節についても、「短い」場合には主節に後続する傾向が強まるようである。この傾向は特にifの条件節で顕著であり、if節はまた、主節中に挿入されるmedialの比率も増加する。ただし、medialについてはifもwhenもそもそも該当例が少なく、「短い」従属節に限定した場合の増加も該当例がたまたま「短い」従属節であったという印象を否めない。参考までに、ifの「短い」従属節を以下に示す。

(6) And right so as contricion availleth noght withouten sad purpos

of shrifte, *if* man have oportunitee, right so litel worth is shrifte or satisfaccioun withouten contricioun.（310）
〔機会がある限り、変わらぬ気持で告解することなしには、悔恨は役に立たないのと同じように、ちょうどそのように、告解も、あるいは贖罪も悔恨なしには価値がないのです。〕

このように「牧師の話」だけを見る限りは、その結果に対する確信度がやや低いといわざるをえないが、Iyeiri（2013）で行った『パストン家書簡集』と組み合わせることで、その確信度を高めることができる。『パストン家書簡集』でも、ifの条件節とwhenによる時の副詞節は、「短い」場合に限定すると、主節の後に配置される傾向が強まり、いずれの従属節においてもmedialの比率が高くなる。さらにmedialの比率の高まりがより顕著なのは、ifの条件節である。増加の度合い等の細かい点を除けば、2つのテキストの傾向は、ほぼ完全一致といってよい。全体の傾向（3.1節）において、2つのテキストの傾向が一致していたのと同じである。特に全体の傾向と従属節が「短い」場合の落差が大きいifの条件節についていえば、おそらく「短い」ものは積極的な前提というよりも付加的な情報として提示されるタイプのものであろう。主節中に従属節が挿入されるのは、その典型であるともいえる。短い従属節の挿入であれば、主節の情報の流れを大きく妨げることもなく、むしろよい意味での緊張感を文に与える効果が期待できる。これとの関連で、Ramsay（1987：395-396）が、if節が主節の前に置かれる場合と後ろに置かれる場合では、そのスコープが異なるとし、前に置かれる方がその影響が及ぶ範囲が広いと考える点は興味深い。文全体に対するif節の役割が変わってくるからである。一般には、英語では重い情報ほど文の後半に置かれる傾向が強いとされるが、主節と従属節の関係では、互いに異なる機能を担っているので、この一般的な法則が当てはまるとは限らないと考えてよさそうである[12]。

4　結び

　以上、チョーサーの『カンタベリ物語』の最終話「牧師の話」を題材に、従属節の配置がコミュニケーションにおける情報の流れとどのように連動しているかを見てきた。従属節の位置が従属節の意味機能によって異なることは現代英語については比較的よく研究されている。多くの場合に、その解釈には機能主義的な見方が使われるが、書きことばも話しことばと同様に読者を想定したコミュニケーションであると考えると、語用論的な解釈も可能であろう。また両者は相互に関係した分析方法であり、語用論であるかそうでないかを論じること自体、意味がないのかもしれない。本章では、コミュニケーションのメカニズムを軸に中英語と現代英語の連続性、書きことばと話しことばの連続性を探る試みを行った。またIyeiri (2013) の『パストン家書簡集』との比較は、特定された読者に宛てて綴られた書簡と不特定多数の読者を想定した物語文学との間にどの程度の共通性が見られるかを観察するために行ったものである。本章の分析では、両者の間には驚くほどの一致が見られ、またその多くは、現代英語の談話のフレームワークによっても説明できるものであることがわかった。

　語用論はどちらかといえば話しことばを対象としながら、現代英語研究を中心に広く行われている研究分野である。しかしながら、コミュニケーションが言語の本質であるという視点に立った場合には、現代英語研究を中心に蓄積されてきた語用論の成果を、史的文献の研究においても応用していく余地が十分にあると考えてよさそうである。その際に、時代や社会の個別性に焦点を当てることも重要であるが、時代や社会の枠組みを超えた普遍性を示しながらも、なお運用としての側面を明確に示す事例もある。歴史語用論が得意とする多様な言語活動への関心を重視しながら、一方で言語変化を記述する際の軸を拡散させてしまわないためには、両者への十分な配慮が必要であると考える。

注

1 特に断らない限り、本稿の引用文の日本語訳は筆者による。この箇所の原文は、"Pragmatics is often described as the study of language use, as opposed to language structure. In this broad sense, it covers a variety of loosely related research programmes ranging from formal studies of deictic expressions to sociological studies of ethnic verbal stereotypes".

2 歴史語用論の詳細な定義や分野の確立にかかわる経緯は、本書の序論に譲るが、Jucker（2008：895）は、歴史語用論を広い意味で捉えると、過去の人間の言語活動について、「当時の社会状況の中で人々が意図的にかかわり合いをもったときのパターン、そのパターンの史的変化、そしてその変化の背景にある一般的原則を理解しようとする分野（a field of study that wants to understand the patterns of intentional human interaction (as determined by the conditions of society) of earlier periods, the historical developments of these patterns, and the general principles underlying such developments）」であると説明している。

3 原文は、"In trying to understand how grammars come to be the way they are, and in considering the dynamic interplay between language use and grammar, we are led inescapably to the conclusion that grammars are shaped by patterns in the way people talk; in other words, the facts of discourse must be taken into account".

4 パストン家が数世代にわたって書き残した書簡は、歴史的価値にとどまらず、言語資料としての価値も高い。書簡の著者と宛先が明らかで、女性の著者も含まれていることから、歴史社会言語学的研究に利用されることも多い（e.g. Bergs 2005）。

5 Diessel（2005）は、広く解釈した場合には、<u>After scoring over my calmness in this graphic way</u> he nodded wisely（Diessel（2005：451）より引用、下線もDiessel）のように時制がないものも従属節とする考え方があるとしながらも、実際には、時制があるもののみを分析の対象としている。

6 Ifでは条件節のみを分析の対象とし、「～かどうか」の意味で名詞節を導く従属節は扱わない。Thoughでは、譲歩節のみを対象とし、as thoughは分析から外す。理由を表す接続詞はbecauseの他にも多数存在するが、多くは意味が多義的すぎることを考慮し、Iyeiri（2013）に従って、本研究でもbecauseのみを扱う。ただし、理由を表す他の接続詞についても今後の課題としては考えていく必要はあろう。Claridge and Walker（2001：40-41）がasの意味の特定が必ずしも容易ではないことに言及している点も参照。

7 Diessel（1996）は英語とドイツ語の共通性を指摘している。本章で扱う語順については、時代や言語の違いを超えた人間のコミュニケーションにかかわる普遍性のようなものが存在している可能性が高い。

8 以下の例では、this concupiscenceをitで受け直しているが、この場合も従属節が挿入される形になるので、medialの例とした。

    And this concupiscence, whan it is wrongfully disposed or ordeyned in man, it maketh hym coveite, by coveitise of flessh, fleshly synne, by sygte of his eyen as to erthely thynges, and eek coveitise of hynesse by pride of herte.（336）
〔この肉体の欲望は、それが人の内に過った支配と秩序をとるとき、肉の強い欲望によって肉の罪を願わせ、目の感覚によってこの世のものを願わせ、

心の高慢によって高い地位を糞わせるのです。〕
9 Because は該当例が2例のみであるばかりでなく、2例ともby cause that の形で起こる。「牧師の話」ではまだ、by cause が「前置詞+名詞」であるという感覚が強く、十分に接続詞としての文法化が進んでいない可能性もある。
10 機能主義と語用論の関係については、Leech（1983：Chapter 3）を参照。
11 現実世界における前後関係と論理的な前後関係との切り分けは、必ずしも容易ではない。実際 Givón（1991：93）は、原因と結果の関係として、If he comes, we'll do it（逆順の We'll do it if he comes は頻度が低い）をあげているが、この場合には現実世界においても he comes という出来事が we'll do it に先立つので、現実世界の順序を反映しているともいえる。
12 ただし、Ford and Thompson（1986：360-361）のように主節の後に配置される if 節が長い傾向があるとする研究もある。したがって、「長い」「短い」をどのように定義するかによって結果が異なってくる可能性もある。おそらくどの指摘も正しく、長さの定義の仕方によって言語の異なる側面の観察をすることになるのであろう。本章での定義は、結果として従属節の「付加性」に焦点を当てることになった。

また本章では扱わないが、thoughによる譲歩節については、長い譲歩節の方が主節の後に置かれる傾向があることが『パストン家書簡集』の分析からわかっている（Iyeiri 2013：221-223）。Though 節は if 節に比べるとそもそも前提性が低く、また、長い though 節を主節の前に配置することは情報の軽快な流れを妨げることが要因なのかもしれない。

参考文献

- 桝井迪夫 訳（1995）『完訳 カンタベリー物語』（下）岩波書店
- ALTENBERG, BENGT. (1987) Clausal Ordering Strategies in English Conversation. In James Monaghan (ed.) *Grammar in the Construction of Texts*, pp. 50-64. London: Frances Pinter.
- BECH, KRISTIN. (1998) Pragmatic Factors in Language Change: XVS and XSV clauses in Old and Middle English. *Folia Linguistica Historica* 19: pp. 79-102.
- BENSON, LARRY D. (gen ed.) (1987) *The Riverside Chaucer*. Third edition. Boston: Houghton Mifflin.
- BERGS, ALEXANDER. (2005) *Social Networks and Historical Sociolinguistics: Studies in morphosyntactic variation in the Paston Letters, 1421-1503*. Berlin: Mouton de Gruyter.
- CLARIDGE, CLAUDIA. (2007) Conditionals in Early Modern English Texts. In Ursula Lenker and Anneli Meurman-Solin (eds.) *Connectives in the History of English*, pp. 229-254. Amsterdam: John Benjamins.
- CLARIDGE, CLAUDIA, and TERRY WALKER. (2001) Causal Clauses in Written and Speech-related Genres in Early Modern English. *ICAME Journal* 25: pp. 31-64.
- DIESSEL, HOLGER. (1996) Processing Factors of Pre- and Postposed Adverbial Clauses. In Jan Johnson, Matthew L. Juge, and Jeri L. Moxley (eds.) *Proceedings of the Twenty-Second Annual Meeting of the Berkeley Linguistics Society, February 16-19,*

1996, pp. 71–82. Berkeley: Berkeley Linguistics Society.
- DIESSEL, HOLGER. (2001) The Ordering Distribution of Main and Adverbial Clauses: A typological study. *Language* 77: pp. 433–455.
- DIESSEL, HOLGER. (2005) Competing Motivations for the Ordering of Main and Adverbial Clauses. *Linguistics* 43: pp. 449–470.
- FORD, CECILIA E., and SANDRA A. THOMPSON. (1986) Conditionals in Discourse: A text-based study from English. In Elizabeth C. Traugott, Alice T. Meulen, Judy S. Reilly, and Charles A. Ferguson (eds.) *On Conditionals*, pp. 353–372. Cambridge: Cambridge University Press.
- GIVÓN, TALMY. (1991) Isomorphism in the Grammatical Code: Cognitive and biological considerations. *Studies in Language* 15: pp. 85–114.
- GRICE, PAUL. (1989) *Studies in the Way of Words*. Cambridge, MA: Harvard University Press.
- HAIMAN, JOHN. (1978) Conditionals are Topics. *Language* 54: pp. 564–589.
- HOPPER, PAUL J., and SANDRA A. THOMPSON. (1993) Language Universals, Discourse Pragmatics, and Semantics. *Language Sciences* 15: pp. 357–376.
- IYEIRI, YOKO. (2013) The Positioning of Adverbial Clauses in the *Paston Letters*. In Andreas H. Jucker, Daniela Landert, Annina Seiler, and Nicole Studer-Joho (eds.) *Meaning in the History of English: Words and texts in context*, pp. 211–229. Amsterdam: John Benjamins.
- JACOBS, ANDREAS, and ANDREAS H. JUCKER. (1995) The Historical Perspective in Pragmatics. In Andreas H. Jucker (ed.) *Historical Pragmatics: Pragmatic developments in the history of English*, pp. 3–33. Amsterdam: John Benjamins.
- JUCKER, ANDREAS H. (2008) Historical Pragmatics. *Language and Linguistics Compass* 2(5): pp. 894–906.
- LEECH, GEOFFREY N. (1983) *Principles of Pragmatics*. London: Longman.
- NEVALAINEN, TERTTU, and ELIZABETH C. TRAUGOTT. (2012) *The Oxford Handbook of English*. Oxford: Oxford University Press.
- RAMSAY, VIOLETA. (1987) The Functional Distribution of Preposed and Postposed "If" and "When" Clauses in Written Discourse. In Russell S. Tomlin (ed.) *Coherence and Grounding in Discourse: Outcome of a symposium, Eugene, Oregon, June 1984*, pp. 383–408. Amsterdam: John Benjamins.
- SELL, ROGER D. (1985a) Tellability and Politeness in "The Miller's Tale": First steps in literary pragmatics. *English Studies* 66 (6): pp. 496–512.
- SELL, ROGER D. (1985b) Politeness in Chaucer: Suggestions towards a methodology of pragmatic stylistics. *Studia Neophilologica* 57: pp. 175–185.
- SPERBER, DAN, and DEIRDRE WILSON. (2012) Introduction: Pragmatics. In Deirdre Wilson and Dan Sperber *Meaning and Relevance*, pp. 1–27. Cambridge: Cambridge University Press.
- TAYLOR, ANN, and SUSAN PINTZUK. (2012) Rethinking the OV/VO Alternation in Old English: The effect of complexity, grammatical weight, and information structure. In Terttu Nevalainen and Elizabeth C. Traugott (eds.) *The Oxford Handbook*

of English, pp. 835-845. Oxford: Oxford University Press.
- WATTS, RICHARD J. (1981). *The Pragmalinguistic Analysis of Narrative Texts: Narrative co-operation in Charles Dickens's "Hard Times"*. Tübingen: G. Narr.

文献解題

- ANDREAS H. JUCKER and IRMA TAAVITSAINEN. (2013) *English Historical Pragmatics*. Edinburgh: Edinburgh University Press.

  エディンバラ大学出版局のテキストブック・シリーズの一冊として出版された入門書で、歴史語用論をデータや方法論の観点から概観した部分と、ケーススタディとの組み合わせによって構成されている。第1–3章の概説は、歴史語用論の流れと実態を過不足なく整理した簡潔な記述となっており、歴史語用論をこれから始めようとする読者には、ありがたい一冊である。

- LAUREL J. BRINTON. (1996) *Pragmatic Markers in English: Grammaticalization and discourse functions*. Berlin: Mouton de Gruyter.

  著者が得意とする文法化理論を交えながら、談話標識を扱った著作。タイトルからはわかりにくいが、議論の中では、hwæt、gan、bifelなど、古英語・中英語に特徴的に見られる項目が多数取り上げられている。談話標識についての論考が多いなかで、英語史的な視点から同テーマを扱ったものとなると、やはり本書がその代表となるだろう。

- TERTTU NEVALAINEN and HELENA RAUMOLIN-BRUNBERG. (2003) *Historical Sociolinguistics: Language change in Tudor and Stuart England*. London: Pearson Education. (2nd ed. London: Routledge (2017).)

  歴史社会言語学分野の古典的著作の1つである。著者自身が構築にかかわったコーパス、Corpus of Early English Correspondenceの分析結果を示しながら、歴史社会言語学の基本概念を紹介し、歴史社会言語学の全体像をつかむことができるよう工夫されている。動詞の三人称単数現在語尾の-thと-sや助動詞doの拡大など、伝統的な英語史でも必ず取り上げられてきた問題に焦点を当てながら、そこに「社会」という視点を導入することで、新たな展開が可能となることを具体的に示す。

第 2 部

通時的語用論 1

《形式―機能の対応づけ》

第6章

構文化アプローチによる談話標識の発達
これまでの文法化・(間) 主観化に替わるアプローチ

小野寺典子

キーワード　談話標識、語用論標識、構文化、構文、文法化

本章の概要と方法論について　談話標識の歴史的発達は、歴史語用論の「通時的語用論」のうち、「形式—機能の対応付け」に分類される定番的テーマの1つである（髙田他（2011：20-21）図3参照）。言語学では1980年頃から文法化研究が進み、文法化と共起することが多い主観化・間主観化現象も、文法化と共に広く観察されてきた。本章は、「談話標識の発達」研究に枠組みとして多く用いられてきた「文法化・(間) 主観化」に替わり、最近提唱された「構文化」(constructionalization, Cxzn; Traugott and Trousdale 2013) という理論的アプローチを用いることを試みる（小野寺編（2017：第I部第1章）も参照のこと）。

構文化のもととなる構文文法では、「[構文文法も含め] 言語モデルとは、話し手が持つ言語に関する知識のあらゆる面を説明できなければならない」(Boas 2013：234) と考えられている。構文 (construction) が文法の基本単位「形式—意味のペア」(Form-Meaning paring) である (Traugott 2014a)。

これまでの文法化の枠組みでは、談話標識が発話頭に現れる点が「作用域の縮小」(scope reduction) という伝統的文法化の性質に反し、談話標識の発達が「拡大する文法化」にあたるという議論が複雑なものになっていた（小野寺 2014、2015）[1]。構文化アプローチでは、この複雑さが回避できる。

1 構文化 (constructionalization; Cxzn)

1.1 構文文法 (construction grammar)

構文化という新しい考え方がTraugott and Trousdale（2013）によって発表された。もととなった構文文法には幾つかのモデルがあるが、Traugott（2014a）は使用基盤のアプローチであるGoldberg（1995、2006）とCroft（2001）のモデルをもとに構文の通時的変異について考えてきた。どの構文文法モデルであっても幾つかの共通する、理論の支柱となるポイントがあるという（Traugott同上）。

1. 前述のように、言語モデルとして、「話者の言語についての知識のあらゆる面を説明するものでなければならず」（Boas 2013：234)、「構文とは、言語の全ての結合（組み合わせ）的パターンを捉えるものと考えられている」（Michaelis 2008）。
2. 前述のように、文法の基本単位が構文であり、構文は「形式—意味のペア」（Form-Meaning paring；サイン（sign））であり、［F］<−>［M］と表される。
3. 基本的に語彙的・文法的なものの区別はなく、統語論が特権を持っているのではない。
4. 構文とは多くの性質から成るかたまりである。最低限、2.の意味・形式には次のものが含まれる：「意味」——意味論・語用論・談話機能、「形式」——統語論・形態論・音韻論。ここに、関連するなら方言・レジスターといった性質も含まれてくる。
5. 構文には2つの主なタイプがある。A. 具体的な個別構文。音韻的表現を持つ慣習化した個々の表現。例：*BE going to*（未来）、*I think*（語用論標識）、*red*、*redness*など。B. スキーマとしての構文（schematic construction）。

スキーマとは、個々の構文が属する上位カテゴリーのグループで（1.2.3、3.3を参照）、抽象的一般化されたもの。例：形容詞というスキーマは、F［形容詞］<−> M［描写するもの］という構文で表され、ここに属する個別構文には*red*、*happy*、*extreme*などが入

る。スキーマ構文は個別構文の鋳型となる。

1.2 構文文法の使用基盤アプローチ

1.2.1 構文文法モデルの紹介

　Traugott (2014a) に依拠して、構文文法の使用基盤アプローチについて紹介してみよう。いくつかの構文文法モデルは普遍文法 (universal grammar) を取り入れ、言語構造の多くは生得的であるという仮説を持っている2。一方で、使用基盤のモデルでは、話者が言語について持っている知識とは生得的な構造ではなく、経験によって成され、「言語との経験が、言語の認知的表現を生み出したり、影響を与える」(Bybee 2013: 49) ことを前提としている。「目に見えているものが得たものである (What you see is what you get)」という統語論アプローチが採択されるべきと考えている。

　Goldbergの考えを紹介すれば、言語は「構文」のみから成り立っており、「言語は、形式と頻度で表されるコーパスではない」(2014)。構文は、"constructicon" と呼ばれる倉庫に集められており、スキーマ・下位のスキーマ・具体的構文の関係するセットとして階層構造を成している (族 (families) と呼ばれる)。あとで、個々の構文と上位のスキーマの階層構造 (3.3の図1) で見るように、構文と上位のスキーマはいくつもの階層を成す可能性がある。図1では、スキーマはサブやマクロと仮に名前をつけたが、理論的には無数のスキーマの階層がありうる。スキーマの階層やつながりで、個別言語の意味論・語用論・談話機能や統語論・形態論・音韻論が表されるということになる (上記1.1の4.参照のこと)。

1.2.2 構文の3種類

　Constructiconの中には少なくとも3種類の構文がある。A. 内容的 (contentful; 例: *green*や*Grey is the new black*など)、B. 手続き的 (prodecural; 例: BE going to)、C. AとBの中間 (contentful／procedural) の構文。この3種は連続を成し、スキーマとスキーマの間で、またスキーマの中でネットワークを形成するという。

　GoldbergやCroftにとって、構文とは一言語に固有のものであり、

言語を超えて共通するわけではない。言語知識が生得的なものではないからである。また常に変化するものでもある。しかし、言語の全体的な基本構造は世界的に共通だと考えている（Traugott 2014a）。

1.2.3　スキーマとサブスキーマ

Goldbergによる例を見ながら、スキーマとサブスキーマについて、またその関係性について見ておこう。スキーマとは抽象的・一般的パターンのことで、主要な例とされている二重目的語他動詞構文は［SUBJ V OBJ1 OBJ2］+［X CAUSE Y to RECEIVE Z］と表される（Traugott 2014a）。

サブスキーマ（下位スキーマ）は、上と同じF（形式）に伴うM（意味）を持ちながら、違いは動詞のタイプによるとされる。以下6つのサブスキーマを挙げる。

(1) 典型的な動詞：（*give* 与える）
　　Asa *gave* my sister a book.
(2) X ACTS TO CAUSE Y to RECEIVE Z at some future point：
　　（*bequeath* 遺贈する）
　　My aunt *bequeathed me all her jewelry*.
(3) X CAUSES Y to RECEIVE Z under certain conditions：
　　（*promise* 約束する）
　　People *promise you a bowl of cherries* but...
(4) X CAUSES Y not to RECEIVE Z：（*refuse* 断る）
　　My doctor *refused me an examination*.
(5) X ENABLES Y to RECEIVE Z：（*permit* 許可する）
　　I *permit them two 15 min breaks*.
(6) X INTENDS Y to RECEIVE Z：
　　（*bake* お菓子を焼いてあげる、boil、buy）
　　I *baked John a birthday cake*.

二重目的語他動詞構文というスキーマの下に、少なくともこうした6つのサブスキーマが認められる。例えば(6)のサブスキーマの中に、動詞bakeやboilを用いた具体的構文が存在する。こうした「スキーマ—サブスキーマ—具体的構文」という階層をTraugott

(2014a) はローカルネットワークと呼んでいる。

1.3　構文化 (constructionalization; Cxzn)

　構文化とは、新しい構文またサイン (sign) が作られることである。新しい構文は「(新しい) 形式と (新しい) 意味のペア」(form_new-meaning_new pair) と表される。

　構文化というとき、具体的な1つ1つの構文が作られることも、スキーマが新しく作られることも指す。どちらの場合も、「内容的」構文化と「手続き的」構文化、またその中間の構文化がある。1.2.2で見たように、「内容的」(contentful; 語彙的) と「手続き的」(procedural; 文法的) 構文は連続しているものの両極と考えられる。

　内容的構文化 (CCxzn) の例としては、語形成スキーマ *X-dom* やスキーマ "*X is the new Y*" の発達などが挙げられる。手続き的構文化 (PCxzn) には、これまで文法化の例として知られてきたものが入り、*BE going to* (移動の表現 → 助動詞)、*a lot of* (単位 → 数量詞　多くの)、*I think* (認識を表す句 → 認識を表す語用論標識) の発達が例として挙げられる。内容的・手続き的構文化の中間 (C/PCxzn) の例としては、*the way* 構文 (*Lindsay made her way to the kitchen*) がそれにあたる。

1.4　構文変化 (constructional changes; CCs)

　Traugott and Trousdale (2013) は、構文化と構文変化を2つの異なる変化として分けるべきだと考えた。構文変化は、構文の個々の性質 (1.1参照。意味論的・音韻論的といった性質) の変化のことで、おおよそ構文化プロセスの前と後に起きると考えてよさそうである。個々の手続き的構文化は、普通いくつかの漸次的な構文変化が前に起きるという。また、手続き的・内容的の両方の構文化の後で、構文変化が起こり、さまざまな使用の拡張が起きたり、形態音韻の弱化が起こったりする。

　構文変化のうち、意味的な変化の例は、*may* (許可 → 可能)、

gay（陽気な → 同性愛の）といったものである。形態音韻的変化の例は、BE going to → BE gonna、また break fast → breakfast などであり、イントネーションのパターンも変わっている。

2 構文化アプローチによる語用論的現象・インタラクション研究の取り組み

2.1 構文化アプローチによる「談話標識の発達」研究の利点

　構文化アプローチによる語用論的な現象への取り組みは、まだまだケーススタディが多く見られないことからも、始まったばかりだと言える。談話標識／語用論標識（discourse markers／pragmatic markers)[3]というテーマにとっては、特に通時的研究にとって、構文化アプローチは利点をもたらしてくれるだろう。

　談話標識の発達は、英語をはじめとするヨーロッパ言語や日本語・韓国語・中国語などを対象として1990年代から研究が盛んに行われてきた（英語ではTraugott（1995）、Brinton（1996）、Schwenter and Traugott（2000）など；ドイツ語ではGünthner（2000）など；イタリア語ではGhezzi and Molinelli（2014）など；中国語ではWang（2005）、Yap, Yang and Wong（2014）など；韓国語ではRhee（2016）、Sohn（2016）など；日本語ではSuzuki（1998）、Onodera（2004）、Higashiizumi（2006）など；中英仏比較ではBeeching and Wang（2014）など、他多数）。こうした通時的研究は、これまでは文法化や（間）主観化の理論を用いて観察されることが多かった。ところが、形式と意味を別々に扱う文法化の枠組みでは、発達して発話頭（文頭）に現れるようになる談話標識の場合、機能の作用域を拡大させるため（scope expansion）、伝統的な文法化の性質「作用域の縮小」（scope reduction）の反例を示してしまった。2000年代には、この拡大する場合も文法化であると提唱され、縮小する場合も拡大

する場合（Tabor and Traugott 1998）も文法化であるという2つの文法化の考え方が示され（Traugott 2010a、2010b、トラウゴット 2011、Onodera 2011、小野寺 2014、2015）、次第に広く認められるようになってきた。

　談話標識の発達が、文法化の理論でも明確に説明できるようになったが、やはり、伝統的文法化とのちがいに触れたり、理論発達の経緯を説明したりと議論がやや複雑になる。これが、構文化のアプローチを取れば、形式と意味をペアとして同時に扱うため、文法化のような形式・意味の変遷を別々に捉えていくことがなくなり、伝統的性質の反例を示すという問題を回避できる（Traugott 2014b、小野寺 2015）。この点は、談話標識の通時的研究にとって利点になるだろう。

2.2　構文化アプローチによる語用論的現象・インタラクション研究の実行可能性

―

　構文文法で、文以上の単位まで研究を広げることに躊躇が見られる一方で、Fisher（2010）やTraugott（2014b）は、語用論標識／談話標識の発達を説明するのに構文化が最も適していると考えているようだ。構文化アプローチで語用論的現象や人のインタラクションがうまく捉えられるのだろうかという疑問に対して、Fried and Östman（2005）、Fisher（2010）、Fisher and Alm（2013）やTraugott（2014a、b）は次のように答えている。

2.2.1　Fried and Östman（2005）の考え

　Fried and Östman（2005）は、人のインタラクションを研究対象としてきた会話分析（Conversation Analysis）と構文文法が決して相反するアプローチではなく、互いに手を取り合うことで認知とインタラクション（相互作用）両面から、言語に対するよりよい理解を示せると述べている。

　構文文法にとっては、会話の中の躊躇・視線・言い始めの誤り（false starts）といった非命題的なものの扱いが難しいとしながらも、談話詞の分析から構文文法の話しことば研究の可能性を示そうとし

ている。
　構文文法の基本的性質について、Fried and Östman は次のように述べる。第一に、構文文法は言語を構成するトークン (tokens) の全てを説明することを目的としている。構文文法が、(伝統的文法が研究目的としていたような) 中枢の構造だけでなく、周辺的要素 (文の断片的なもの (fragments)、イディオム、節を成さない句など) も含め、この両方を言語の文法全体であると見ている (Fried and Östman 2005: 1753)。
　第二に、構文分析をする場合、私たちが認知とインタラクションについて知っていることと一貫していなければならない (同上)。それが、構文文法が普遍的影響力を持つための基礎である。第三に、(音韻論・統語論・意味論・韻律・語用論・談話などといった) 伝統的に異なる文法的記述のレベルは、単一の複雑なサイン (sign)、つまり「文法的構文」(grammatical construction) に統合されているのである。この構文が話者の文法知識の中にある一般化を示している (Fried and Östman 2005: 1754)。
　このように、構文文法と会話分析の共同作業の有効性について説いている。

2.2.2　　　　　　　　　　　Fisher (2010) の考え
　認知文法と同様に、構文文法 (とフレーム意味論) は、言語が談話と社会的インタラクションに基礎を置く理論的枠組みを提供する (Fisher 2010: 201)。いかなる自然発話も、社会的相互作用に基礎を置かない意味構成は持っていない。
　話しことばによる相互作用の基本単位は文ではなく、順番構成単位 (turn-constructional unit; TCU, Sacks, Schegloff and Jefferson 1974) なので、それは節から成っていたり、副詞や前置詞句のような、より小さい単位であるかもしれない (Fisher 2010: 185-186)。
　認知言語学の文法理論としての構文文法は、たとえ主流の統語論に対して適切な回答を持ち合わせないとしても、順番・順番構成単位・順番交代システム (turn-taking system) といった相互作用の概念を記述に入れて行かねばならない (同上: 201-202)。こうして、順番を中心とした相互作用 (会話分析) のツールを入れて行く重要性を説いている。

3　日本語の談話標識

それでは、日本語の談話標識を例にして、この構文化アプローチで分析を試みてみよう。

3.1　研究史

日本語の接続詞には、いわゆるコピュラ（copula）「だ」（活用形「で」「な」）で始まるものが多い。二尾（1995）は1941年には、「『だ』のつく」接続詞として、

> だから、それだから、だけど、だけども、だけれど、だけれども、だが、だのに、それだのに、だったら、だとしたら、だとすると、だって、だもんで、だもんだから

を挙げている（209）。国立国語研究所は1955年に、10時間の日本語会話で用いられた接続詞を頻度の高い順に並べ、表1のように示した。ここで変異形はグループとしてまとめて示した（例えば、「そいで・そんで・で・んで」は同様の機能を持つと考え、「それで」グループとした）。国立国語研究所（1955）は、また、書きことば（雑誌）に用いられた接続詞の頻度も調べたが、話しことばで上位の接続詞は書きことばでは下位にランクされていた。例えば、話しことば（表1）において1・2位の「で」・「でも」が20位、同じく3位の「だから」が22位といった頻度を示した（Onodera（2004：5-7）参照）。表1で見るように、やはり話しことばにおいて、コピュラに導かれた接続詞の使用が際立っている。（5位の「じゃあ」は、「では」の音韻的弱化した形式だと考えられる。）

Onodera（2004：6）では、1955年から約30年後の日本語会話で用いられている接続詞の頻度も調べ、表2のようにまとめた。1955年、1982年ともに話しことばにおいてコピュラ系接続詞の使用が目立って多い。

国立国語研究所（1955）では、頻出する接続詞の機能を「フィ

1	それで そいで そんで で んで	} (and) 417 (27.0%)	3	だから んだから	} (so) 188 (12.1%)
			4	それから せえから そいから	} (then) 138 (8.9%)
2	でも んでも だけど んだけど	} (but) 196 (12.6%)	5	じゃあ んじゃあ	} (well then) 99 (6.4%)
				85 接続詞の全使用回数 1558 (100%)	

表1　日本語会話における接続詞の頻度（国立国語研究所 1955）

1	それで そいで で んで	219 28 290 2	} (and) 539 (29.6%)	4	だから	(so) 299 (16.4%)
				5	だって	('cause) 82 (4.5%)
2	じゃ じゃあ	212 99	} (well then) 311 (17.1%)	6	それから	(then) 76 (4.1%)
3	でも だけど だけども	262 41 2	} (but) 304 (16.7%)		160 接続詞の全使用回数 1819 (100%)	

表2　1982年 日本語会話における接続詞の頻度（Onodera 2004：6）

ラー」と説明しているが、表1で施した接続詞の英訳はand、but、so、thenであり、これらはいずれもSchiffrin（1987）が談話標識と呼んだ英語表現だった。このことから、こうした話しことばにおいて頻出する接続表現が談話標識なのかもしれないという関心を持つようになった。Dで始まるコピュラが語頭となっている接続表現を「でも」タイプの接続表現や*d*接続表現（*d*-connectives）と呼ぶようになり（Onodera 2007他）、会話の中で用いられる機能（意味）から「でも・だけど・じゃあ・で」といった表現は談話標識にあた

ると考えた（Onodera 2004 他）。「だから」（Maynard 1989）、「だって」（Mori 1996）などもこれまでに談話標識として観察されてきた。やはり発話の冒頭（左の周辺部；小野寺（2014：16-22）、小野寺 編（2017）参照）に現れる一連の d 接続表現は、発話また談話の冒頭の位置で、「だ」（「で」「な」）が強力な「置き換え」機能（pro-predicate function；Onodera 2007、2014：100-108）を発揮し、前述の談話のどこかに位置する述部を呼び込み、その標識が率いる発話または談話と結びつける力が大きいことが、d で始まる接続表現がことごとく発話頭に出現する理由だと思われる。この強力なマグネットのような置き換え機能により、「前述の談話と後続の談話を結ぶ」接続機能（textual function）と、話者の意図やこれからしようとする行為（action；例：話題転換）を知らせる機能が、談話標識の主な機能である。

　日本語の談話標識は、英語で多数が見つかっているほどは種類が多くない[4]。もともと Schiffrin（1987）が 11 の表現（oh、well、and、but、or、so、because、now、then、y'know、I mean）を談話標識と呼び、1980 年代以降、indeed、in fact、actually、no doubt など、感動詞、接続詞、副詞、挿入句といったグループに属する様々な表現が談話標識・語用論標識・談話詞（discourse particles）他の名称で、幅広く研究されるようになった（Östman（1981）、Schourup（1982）、Fraser（1988、1996）、Brinton（1996）、Schwenter and Traugott（2000）、Aijmer（2002）他多数）。

　英語のみならず、次第に各国語で盛んに研究されるようになった談話標識だが、日本語の数少ない談話標識には、d 接続詞の他にもう 1 つ、まとまりとなるグループがありそうだ。指示詞系「それで」「それから」（表 1・2 参照、会話での頻度も上位を占める）や「それじゃ（それでは）」などである。

3.2　　　　　　　　　　D接続表現の成り立ち

3.2.1　　　　　　　　語用論標識・談話標識の発達

　語用論標識・談話標識の発達が、どういうプロセスにあたるのか（文法化・語彙化・（間）主観化・語用論化・構文化など）という疑問について、Traugott（2014b）は手続き的構文化（procedural Cxzn）だと答えている（1.3参照）。

3.2.2　　　　　　　　　D接続表現の構文化

　談話標識であるd接続表現の発達は、文法化によっても構文化によっても説明できるだろう。

　小野寺（2015）でも述べたように、d接続表現の発達は、より広い文法化、つまり拡大する文法化にあたる。作用域の拡大を起こし、発話頭（文頭）で用いられる談話標識になったと説明できる（小野寺2014：特に13–15参照）。

3.2.3　　　D接続表現──指示詞「それ」系接続詞から談話標識へ

　本小節では、紙幅の関係から、「でも・では・だが・だから」などのd接続表現が、(1)〈前方照応の指示詞「それ」＋コピュラ＋「接続助詞」〉→(2)「それ」が落ちた、〈コピュラ＋「接続助詞」〉（指示詞抜きの接続表現 anaphorless connectives）（Matsumoto 1988、宮内2014）という発達プロセスを経たことを簡潔に示したい。

　国語学の研究の蓄積から、d接続表現がどこから来たのかも解明されてきたが、順接の表現「では・だから」が「それでは・それだから」から発達し（矢島2011：79）、逆接の「でも・だが」については、「それでも・それだが」から発達してきたものであることが、多数の近世後期資料の分析から示されている（宮内2014）。

　以下では、特に、それぞれ逆接の接続をもとの機能として持っていた「それだが」「だが」が、それぞれに使用される時間的経過の中で、もとの「(命題／概念的) 逆接」という接続機能に加え、談話標識として会話運営上の機能を獲得し、作用しているケースを示す。「それだが」→「だが」という移行が形式のみならず、機能的にもつながりを持ったものであることを示したい。

3.2.4　談話標識の機能の萌芽

　宮内（2014）に観察された「それだが」の江戸後期資料（『浮世風呂』）の1例と、「だが」の明治期の用例（『安愚楽鍋』明治4-5年刊からの例をあげる）には、いわゆる逆接接続詞としての機能ではない、話者の会話運営／管理上の「話題転換」という行為（action）が認められ、談話標識としての機能の萌芽にあたる。さらなる検証が必要だが、「それだが」と「だが」の談話標識としての機能の連続が見られたことで、これは、2表現が「それだが→だが」という形式上だけでなく、機能の点からも連続性を持つことを立証する貴重な資料となる。

　（1）は滑稽本『浮世風呂』（1809）からの「それだが」の例である。この作品には「それだから」「それでも」の使用も見られるが、「それだが」が1例のみ現れている（宮内（2014：613）参照）。

(1) 旦那のお供に来ながらこしもとのおかると色事をしたばつかりで、あの大騒動にも間に合はず。是も色事の所為だ。伴内もおかるに惚るが、何でも角でも原のおこりは女からさ。(中略)人も段へゑぐりとやらになつたのさ。夫だがあの、勘平は役に立ねへ男だよ。わたしがおかるならば伴内のほうにするは。

(浮世風呂、二編下 1809)

　（1）で話者は、芝居忠臣蔵を例に引きながら、「何事も男女問題が原因となる」ことを語っているが、やがて登場人物勘平個人についての意見を述べていく。「夫だが」と発して話題（または下位の話題）を転換している例である。「それ」の「指示内容は不明確で、接続の意味も逆接から離れて」（宮内 2014：613）いる。逆接の接続詞がもともと持っていた概念（命題）的対比という機能が不明確であり、話題転換という話者の会話運営上の行為が示されている例である。

　江戸後期から明治期へと時代が進み、次第に「それだが」より「だが」の使用頻度が高くなり（宮内 2014：616-615（7-8））、優勢となってくる。安愚楽鍋には他にも「だが」の話題転換の例が出現しているが、ここでは、宮内の研究から（2）を示すこととする。

(2) イヤ、世の中を見わたすと、さまざまな新聞があるものだネ。ダガの、自己ぐれへりうこうをうがちやア、戯作者や狂言作者ならたいそうな新案ができるのだぜ。
　　　　　(安愚楽鍋、二編上 半可の江湖談 1871-1872、宮内 2014)

　明治期の小説には「だが」の逆接用法が散見するが、(2) の「だが」はそうした従来の逆接・対比という機能というより、話者の話題転換を表している。「直前まではさまざまな噂話」が語られているが、「ダガの」以降、「自分がどれだけ流行を捉えているか」の自慢に話題が移行する（宮内（2014：611）参照）。
　(1)(2) で、「それだが」「だが」の談話標識としての機能の早い例を見た。本節では、前方照応の指示詞「それ」系接続詞「それだが」の「だが」への変遷について、形式のみならず、機能（談話標識としての、会話管理のための行為）の点からも連続性を持った移行である様子をかいま見た。

3.3　　　　　　　　D接続表現の構文とスキーマ

　構文文法の話に戻ろう。構文文法の枠組みでは、1つ1つの個別の構文も、個別構文が属するスキーマも、形式―意味のペアリングと考えられている。ここでは、発話頭のd接続表現について構文文法の枠組みで、個々の構文とその上位のスキーマという階層構造（図1参照のこと）を考えてみる。
　構文文法では、個別の構文1つ1つだけでなく、それらが他のメンバーとどのようにつながっているのかを考えていく。個別の構文は、その上のカテゴリー（サブスキーマ）のメンバーであり、サブスキーマはその上位のカテゴリー（スキーマ）に属している。こうして図1のような階層性を持って次々と上位スキーマとつながっている。
　まず、図1の上の方から、マクロなスキーマ（上位カテゴリ）として、発話頭の語用論標識というスキーマを考えた。その下の語用論標識の区分として、Fraser（2009）による英語の語用論標識の4分類を適用してみた（Traugott（2014b）参照）。語用論標識（PMs）

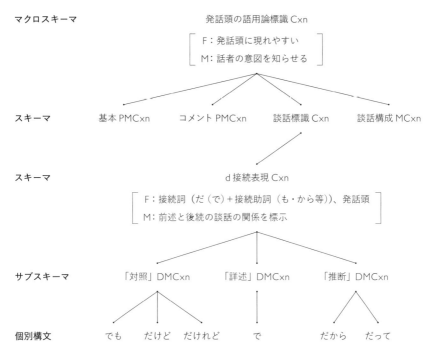

図1　D接続表現の構文とスキーマ

　の分類は、今後も検討されるべきだろうが、今回は手初めの検討としてスキーマの図式を試みる。Fraser（2009）によれば、語用論標識は4つに分類され、基本的語用論標識（Basic PMs）、コメント語用論標識（Commentary PMs）、談話標識（Discourse Markers；DMs）、談話構成標識（Discourse Structure Markers）となる（同：295-297）5。つまりFraserは語用論標識の下位に談話標識があると考え、後者は「前述の談話と、その標識が含まれる談話の関係を知らせる」標識だと考えている（同：296）。D接続表現は、この談話標識に属する集合体であろう。

　D接続表現構文の下位区分もFraserによる分類を参考にした。「対照」談話標識（Contrastive DMs；例：on the contrary）、「詳述」談話標識（Elaborative DMs；例：and, anyway）、「推断」談話標識（Inferential DMs；例：so）となる。その下に、個別の構文である「でも・だけど・だけれど・で・だから・だって」などが位置し

ている。
　Traugott（2014b）によれば、手続き的構文化によって、文法化プロセスにおいて見つかったほぼすべての性質を説明することができるという。その性質とは、「後続の解釈のための案内」「高頻度」「定型化・慣例化」「語用論的・統語的・適用クラスの拡大」「発達の段階性（個々の構文もサブスキーマも）」などである。文法化において観察された性質は、矛盾なく構文化の枠組みの中でも見られている。

3.4　談話標識の構文化研究の方法

　ここでは、現在（Traugott and Trousdale（2013）、Traugott（2014a、b、2016）など）の段階で考えられる、談話標識の発達を構文化アプローチで捉えるための方法・ゴールといったものをまとめておきたい。
　Traugott and Trousdale（同：110-112）では、発話頭の*beside(s)*（また*in fact*）が文法的（手続き的）構文化の例として、分析・観察されている。そこでは、古英語（OE、700-1100年）で名詞（身体の側面）を表していた形式が、1300年頃（中英語）、「そばに、近くに」と言う意味を持つ前置詞また副詞として確立していき（同：110）、初期近代英語（EModE、1500-1700年）では節頭（発話頭）の談話詞として、「さらに」「前述のことに加えて、しかし議論の中心ではないが」（同：111）という意味を機能させるようになる変遷が、各時代の用例を挙げて詳述されている。意味機能の作用域は、節（発話）全体へと拡大し、統語的拡大（syntactic expansion）を示す。また、*beside(s)*という構文が採用され、談話の中で［使用され続けてきたことから］、意味―語用論的拡大を起こしていることが見られる。この、統語的拡大・意味―語用論的拡大（semantic-pragmatic expansion）は、上で見た、日本語の発話頭の談話標識である*d*接続表現も起こしており、また、*d*接続表現の発達も同様に文法的構文化の一例であると推論され、結論づけられる6。
　構文化アプローチ・文法化アプローチのどちらにしても、個別表現の通時的発達を解明しようとする研究では、その基本的な観察

を、段階を追って、用例と共に描き出すことが、まずは肝要であろう（d接続表現の場合、Onodera（2004：85-121）; beside(s)の場合、Traugott and Trousdale（2013：110-112））。

次に、個別構文のFとMをどのように描くかということと、個別構文―サブスキーマ―スキーマ―マクロスキーマの「階層」をいかに描き出すかが、次なるポイントだと思われる。本章では、d接続表現の構文とスキーマ階層を図1（p.130）のような樹形図で描いてみた。Traugott and Trousdale（2013：17 Fig 1.3、153 Fig. 4.1）、またTraugott（2014b、2016）等で試みられているように、こうした樹形図にして示すと、個別構文と他の構文との関係や各スキーマ間の関係が、あたかも鳥瞰図を見るように一目瞭然となる。「樹形図で示すことは決して構文化研究のゴールではないが、構文化の考え方を知らせたり、理解を助ける［教育的］・発見的（heuristic）な方法だろう」とTraugott（p. c.）は述べている。

4　構文化アプローチと文法化アプローチ

談話標識の発達についての研究にとって、構文化アプローチは、やはり次の点で文法化アプローチより有利になると思われる。文法化の枠組みで見ると、形式・意味（機能）を別々に捉えるため、文内の要素から文頭の要素へと発達する談話標識の場合、伝統的文法化の性質（作用域の縮小）に反してしまい、文法化と見なしにくかった。この性質の違反は、文法化理論の発達により（特に2010年代に）、「伝統的な、縮小する文法化」と「より広い、拡大する文法化」の2つの文法化（Traugott（2010a、2010b）、トラウゴット（2011）など）が認められたことで解消された（小野寺2014）。しかし、文法化アプローチでは、談話標識の文法化現象を説明するのに、それまでの文法化についての理論構築の推移の過程や、作用域が拡大する点の説明が必要で、論に複雑さを伴っていた。

構文化アプローチでは、「形式―意味」をペアとして同時に扱う

ため、発話頭の談話標識の場合も上のような反例的性質を示すことなく、よりスムースに説明が行える。

　最後に、文法化アプローチと構文化アプローチの利点のちがいについて、「談話標識の発達」を中心に考えてみたい。つまり、文法化理論のもとでは、提案された、いくつもの一方向性（unidirectionality）や傾向から、言語現象を観察する時に予測可能性（predictability）が存在していたと言えるが、構文化アプローチの利点は何かという問題点である7。この原稿を書いている2016-2017年現在、筆者の知る限り、構文化アプローチによる個別表現のケーススタディはまだそれほど見られず、このアプローチにおいて何が問題点・利点なのかについては、今後の研究に委ねられるところが大きいだろう。

　ただ、今の時点でわかる利点とは次のようなものだろう。文法化の枠組みと比べて述べてみたい。文法化では、1980年代の議論で既に一方向性やいくつもの傾向（cline、tendency）が提案され、言語形式の発達を見ていくときの予測がしやすかった。たとえば、言語機能の変遷は逆向きより「命題機能（propositional）→（接続機能（textual）→表出機能（expressive））」（Traugott 1982：256）という方向をたどることや、「［意味変遷は、］より話者の主観的態度に基づくものになる」（Traugott 1989：35）という方向性や、具体的な文法化の傾向としても、名詞に見られる傾向（nominal clines）「名詞を含む前後置詞→格」、動詞に見られる傾向「動詞→時制・相・法のマーカー」、そして談話標識に見られる傾向「節内副詞→文副詞→談話詞」（Traugott 1995：1）をはじめとした数々の提案がなされた。こうした提案から、個別の言語表現について予測可能な仮説を立て、観察そして検証をすることが可能だった。

　一方、構文化の枠組みでは、文法化の予測可能性という性質に代わるものとして、図1（p.130）のような「構文―サブスキーマ―スキーマ―マクロスキーマ」という階層構造をなすネットワークから読み取れるものがあるだろう。また階層構造と他の階層構造とのつながりから、統語・形態・意味・語用論・談話的等さまざまな言語機能の関係が見て取れるだろう。

　たとえば図1では、d接続表現が語用論標識という大きなグループの中で、どんな機能を持つ小グループなのかが、図1という樹形図（枝分かれ図）から一目で見て取れる。個別構文「でも、だけど、

だけれど、で、だから、だって」はこのグループに属する形式の選択的（paradigmatic）関係を明示しており、こうした関係を見ることから、構文化により生産される別のメンバー候補を予測することも可能になるだろう。このように、言語全体を恰も上空から鳥瞰図のように、構文のつながりの階層構造として捉えることにより、文法化アプローチにあった予測可能性に代わる予見もできるのではないだろうか。また、スキーマやサブスキーマのメンバー、そしてサブスキーマも時間の経過の中で加えられる（Traugott 2014b）ものなので、やはり構文化アプローチによって言語変化を幅広く捉え、説明していくことが、今後、期待できそうである。

注

1 ①文法化研究の当初から言われてきた、いわゆる伝統的で狭義の文法化は、go → be going to のように、語彙項目から依存性の高い機能語に至るようなプロセスが典型例である。②一方、（発話頭・文頭の）談話標識・語用論標識の発達が、他のプロセスというより、やはり文法化の性質を最も多く示し、「作用域を拡大する」（scope expansion）文法化であるという新しい考え方に基づく文法化が提唱され、現在は、この考え方も広く認められるようになった（トラウゴット 2011：68-69）。この①②の文法化のちがいや、それまでの議論については本章 2.1 と 4 を参照されたい。

2 Fillmore and Kay (1997) などの Berkeley Frame Semantics や、Boas and Sag (2012) らの Sign-based CxG などである（Traugott 2014a）。

3 主に文頭（発話頭）で、話者の意図やこれから行われる行為を標示する「談話標識」/「語用論標識」は、研究者の間で用語の使用が分かれ、その定義も複数ある。Fraser のように談話標識が語用論標識の下位カテゴリーとみなす研究者もいる。基本的に、談話標識も語用論標識も上記のような機能を持っているが、本章では、主に一般的な「談話標識」という用語を用いる。筆者が談話標識（Schiffrin 1987）の定義を用いていることと、「談話標識」が言語学において幅広くこのカテゴリーを表す語として用いられてきたからである。ただ、最近は「語用論標識」を一般的用語として用いる研究者も増えてきた。

4 類型論的には、日本語ではやはり文末（発話末）で用いられる終助詞が多い。日本語の談話標識は、発話頭と発話末の語用論的要素として出現すると考えられる（Onodera 2004 他）。

5 図 1 では、この 4 種の語用論標識の構文は左から「基本 PMCxn」「コメント PMCxn」「談話標識 Cxn」「談話構成 MCxn」と、スペースの関係から略して示した。

6 Traugott は、「構文化の枠組みでは、[伝統的文法化の枠組みのように] 作用域の縮小が必要条件ではないため、語用論標識 [談話標識] を扱いやすい」とも述べている（Traugott and Trousdale (2013：112) 参照、p.c.）。

7 2015 年 7 月 3-5 日に行われた国立国語研究所・国際シンポジウム「文法化：日本語研究と類型論的研究」において、文法化現象についてさまざまな議論がなされた。特に Bernd Heine 氏からのご指摘により、この問題点についてより考察することとなった。Heine 氏また他の参加者の方々からのご意見・ご質問に心より御礼申し上げます。

使用テキスト

- 『浮世風呂』式亭三馬、1809-1813、新日本古典文学大系 86、岩波書店（2009、第三刷）
- 『牛店雑談安愚楽鍋』仮名垣魯文、1871-1872、日本近代文学大系 1、明治開化期文学集、角川書店（1970、初版）

参考文献

- 小野寺典子（2014）「談話標識の文法化をめぐる議論と「周辺部」という考え方」金水敏・高田博行・椎名美智 編『歴史語用論の世界——文法化・待遇表現・

発話行為』pp. 3-27、ひつじ書房
- 小野寺典子（2015）「より広い「文法化」——談話標識の発達と、その後の「構文化」の考え方」NINJAL国際シンポジウム「文法化——日本語研究と類型論的研究」での講演（国立国語研究所7月4日）
- 小野寺典子 編（2017）『発話のはじめと終わり——語用論的調節のなされる場所』（青山学院大学総合研究所叢書）ひつじ書房
- 国立国語研究所（1955）『談話語の実態』秀英出版
- 高田博行・椎名美智・小野寺典子（2011）「歴史語用論の基礎知識」高田博行・椎名美智・小野寺典子 編『歴史語用論入門——過去のコミュニケーションを復元する』pp. 5-44、大修館書店
- 田中章夫（2001）『近代日本語の文法と表現』明治書院
- トラウゴット、エリザベス・クロス、福元広二 訳（2011）「文法化と（間）主観化」高田博行・椎名美智・小野寺典子 編『歴史語用論入門』pp. 59-70、大修館書店
- 三尾砂（1995）『話言葉の文法（言葉遣篇）』くろしお出版
- 宮内佐夜香（2014）「「ガ」・「ケレド」類を構成要素とする接続詞の発達について——近世後期江戸語・明治期東京語における推移」小林賢次・小林千草 編『日本語史の新視点と現代日本語』pp. 620-603（3-20）、勉誠出版
- 矢島正浩（2011）「時間的・空間的比較を軸にした近世語文法史研究——ソレダカラ類の語彙化を例として」金澤裕之・矢島正浩 編『近世語研究のパースペクティブ』pp. 56-82、笠間書院
- AIJMER, KARIN. (2002) *English Discourse Particles: Evidence from a Corpus*. Amsterdam: John Benjamins.
- BEECHING, KATE and YU-FANG WANG. (2014) Motivations for Meaning Shift at the Left and Right Periphery: *Well, bon* and *hao*. In K. Beeching and U. Detges (eds.) *Discourse Functions at the Left and Right Periphery: Crosslinguistic investigations of language use and language change*, pp. 47-71. Leiden: Brill.
- BOAS, HANS C. (2013) Cognituve Construction Grammar. In T. Hoffman and G. Trousdale. (eds.) *The Oxford Handbook of Construction Grammar*, pp. 233-252. New York: Oxford University Press.
- BRINTON, LAUREL J. (1996) *Pragmatic Markers in English: Grammaticalization and discourse functions*. Berlin: Mouton de Gruyter.
- BYBEE, JOAN L. (2013) Usage-Based Theory and Exemplar Representations of Constructions. In T. Hoffmann and G. Trousdale. (eds.) *The Oxford Handbook of Construction Grammar*, pp. 49-69. New York: Oxford University Press.
- CROFT, WILLIAM. (2001) *Radical Construction Grammar: Syntactic theory in typological perspective*. Oxford: Oxford University Press.
- FILLMORE, CHARLES J. and PAUL KAY. (1997) Berkeley Construction Grammar. http://www.icsi.berkeley.edu/~kay/bcg/ConGram.html.
- FISHER, KERSTIN. (2010) Beyond the Sentence: Constructions, frames and spoken interaction. *Constructions and Frames* 2(2): pp. 185-207.
- FISHER, KERSTIN and MARIA ALM. (2013) A Radical Construction Grammar Perspec-

tive on the Modal Particle-Discourse Particle Distinction. In L. Degand, B. Cornillie, and P. Pietrandrea. (eds.) *Discourse Markers and Modal Particles: Categorization and description*, pp. 47–88. Amsterdam: John Benjamins.
- FRASER, BRUCE. (1988) Types of English Discourse Markers. *Acta Linguistica Hungarica* 38: pp. 19–33.
- FRASER, BRUCE. (1996) Pragmatic Markers. *Pragmatics* 6: pp. 167–190.
- FRASER, BRUCE. (2009) An Account of Discourse Markers. *International review of pragmatics* 1: pp. 293–320.
- FRIED, MIRJAM and JAN-OLA ÖSTMAN. (2005) Construction Grammar and Spoken Language: The case of pragmatic particles. *Journal of Pragmatics* 37: 1752–1778.
- GHEZZI, CHIARA and PIERA MOLINELLI. (2014) *Discourse and Pragmatic Markers from Latin to the Romance Languages*. Oxford: Oxford University Press.
- GOLDBERG, ADELE E. (1995) *Constructions: A construction grammar approach to argument structure*. Chicago: University of Chicago Press.
- GOLDBERG, ADELE E. (2006) *Constructions at Work: The nature of generalization in language*. Oxford: Oxford University Press.
- GOLDBERG, ADELE E. (2014) Explain Me Something: How we learn what not to say. Plenary talk, CSDL 12, Santa Barbara Nov 2–6.
- GÜNTHNER, SUSANNE. (2000) From Concessive Connector to Discourse Marker: The use of obwohl in everyday German interaction. In E. Couper-Kuhlen, and B. Kortmann. (eds.) *Cause-Condition-Concession-Contrast: Cognitive and discourse perspectives*, pp. 439–468. Berlin: Mouton de Gruyter.
- HIGASHIIZUMI, YUKO. (2006) *From a Subordinate Clause to an Independent Clause: A history of English* because-*clause and Japanese* kara-*clause*. Tokyo: Hituzi Syobo Publishing.
- MATSUMOTO, YO. (1988) From Bound Grammatical Markers to Free Discourse Markers: History of some Japanese connectives. *BLS* 14.
- MAYNARD, SENKO K. (1989) Functions of the Discourse Marker 'Dakara' in Japanese Conversation. *Text* 9 (4): pp. 389–414.
- MICHAELIS, LAURA A. (2008) Myths about Construction Grammar. Plenary lecture, Fifth International Conference on Construction Grammar (ICCG-5), University of Texas at Austin, Sept. 26–28.
- MORI, JUNKO. (1996) Historical Change of the Japanese Connective *Datte*: Its form and functions. In N. Akatsuka, S. Iwasaki, and S. Strauss. (eds.) *Japanese / Korean Linguistics* 5, pp. 201–218. Stanford, CA: CSLI Publications.
- ONODERA, NORIKO O. (2004) *Japanese Discourse Markers: Synchronic and diachronic discourse analysis*. Amsterdam: John Benjamins.
- ONODERA, NORIKO O. (2007) Interplay of (Inter) subjectivity and Social Norm. In N. Onodera and R. Suzuki. (eds.) *Historical Changes in Japanese: Subjectivity and intersubjectivity*. Special Issue of *Journal of Historical Pragmatics* 8.2, pp. 239–267.
- ONODERA, NORIKO O. (2011) The Grammaticalization of Discourse Markers (Chapter 50). In Heiko Narrog and Bernd Heine. (eds.) *The Oxford Handbook of*

Grammaticalization, pp. 614–624. Oxford: Oxford University Press.
- ONODERA, NORIKO. (2014) Setting Up a Mental Space: A function of discourse markers at the left periphery (LP) and some observations about LP and RP in Japanese. In Kate Beeching and Ulrich Detges. (eds.) *Discourse Functions at the Left and Right Periphery: Crosslinguistic investigations of language use and language change*, pp. 96 116. Leiden: Brill.
- ÖSTMAN, JAN-OLA. (1981) *'You know': A discourse functional approach*. Amsterdam: John Benjamins.
- RHEE, SEONGHA. (2016) LP and RP in the Development of Discourse Markers from 'What' in Korean. In Y. Higashiizumi, N. Onodera and S. Sohn. (eds.) *Periphery: Diachronic and cross-linguistic approaches*. Special Issue of *Journal of Historical Pragmatics* 17 (2): pp. 255–281
- SACKS, HARVEY, SCHEGLOFF, EMANUEL A. and GAIL JEFFERSON. (1974) A Simplest Systematics for the Organization of Turn-Taking in Conversation. *Language*, 50 (4): pp. 696–735.
- SCHIFFRIN, DEBORAH. (1987) *Discourse Markers*. Cambridge: Cambridge University Press.
- SCHOURUP, LAWRENCE CLIFFORD. (1982) Common Discourse Particles in English Conversation. *Working papers in linguistics* 28. The Ohio State University Department of Linguistics.
- SCHWENTER, SCOTT A. and TRAUGOTT, ELIZABETH CLOSS. (2000) Invoking Scalarity: The development of *in fact*. *Journal of Historical Pragmatics* 1 (1): pp. 7–25.
- SOHN, SUNG-OCK. (2016) Development of the Discourse Marker *Kulentey* 'But, By the way' in Korean: A diachronic and synchronic perspective. In Y. Higashiizumi, N. Onodera and S. Sohn. (eds.) *Periphery: Diachronic and cross-linguistic approaches*. Special Issue of *Journal of Historical Pragmatics* 17 (2): pp. 231–254.
- SUZUKI, RYOKO. (1998) From a Lexical Noun to an Utterance-Final Pragmatic Particle: *Wake*. In Toshio Ohori (ed.) *Studies in Japanese Grammaticalization*, pp. 67–92. Tokyo: Kurosio Publishers.
- TABOR, WHITNEY and ELIZABETH CLOSS TRAUGOTT. (1998) Structural Scope Expansion and Grammaticalization. In Anna Giacalone Ramat and Paul J. Hopper. (eds.) *The Limits of Grammaticalization*, pp. 229–272. Amsterdam: John Benjamins.
- TRAUGOTT, ELIZABETH CLOSS. (1982) (1980) From Propositional to Textual and Expressive Meanings: Some semantic-pragmatic aspects of grammaticalization. In W. P. Lehmann and Y. Malkiel. (eds.) *Perspectives on Historical Linguistics*, pp. 245–271. Amsterdam: John Benjamins.
- TRAUGOTT, ELIZABETH CLOSS. (1989) On the Rise of Epistemic Meanings in English: An example of subjectification in semantic change. *Language* 65: pp. 31–55.
- TRAUGOTT, ELIZABETH CLOSS. (1995) The Role of the Development of Discourse Markers in a Theory of Grammaticalization. Paper presented at ICHL XII, Manchester (August, 1995).
- TRAUGOTT, ELIZABETH CLOSS. (2010a) Grammaticalization. In Andreas H. Jucker

and Irma Taavitsainen. (eds.) *Handbook of Historical Pragmatics*, pp. 97–126. Berlin: De Gruyter Mouton.
- TRAUGOTT, ELIZABETH CLOSS. (2010b) Grammaticalization. In Silvia Luraghi and Vit Bubenik. (eds.) *A Continuum Companion to Historical Linguistics*, pp. 269–283. London: Continuum Press.
- TRAUGOTT, ELIZABETH CLOSS. (2014a) A Construction Grammar Model of a Speaker's Knowledge of Language. Lecture at Workshop (1) Soken Project. (Aoyama Gakuin University, Tokyo, December 3.)
- TRAUGOTT, ELIZABETH CLOSS. (2014b) What Does a Constructional Perspective on Language Contribute to an Understanding of "Periphery"? Lecture at Workshop (2) Soken Project. (Aoyama Gakuin University, Tokyo, December 6.)
- TRAUGOTT, ELIZABETH CLOSS. (2016) What Model of Constructional Network Do We Need in Historical Work? Paper presented at IAUPE. London, July 25.
- TRAUGOTT, ELIZABETH CLOSS and GRAEME TROUSDALE. 2013. *Constructionalization and Constructional Changes*. Oxford: Oxford University Press.
- WANG, HSIAO LING. (2005) *The Grammaticalization of* Hao *in Mandarin Chinese*. M. A. Thesis. Graduate Institute of Linguistics at National Tsing Hua University, Hsinchu, Taiwan.
- YAP, FOONG HA, YING YANG and TAK-SUM WONG. (2014) On the Development of Sentence Final Particles (and Utterance Tags) in Chinese. In Kate Beeching and Ulrich Detges. (eds.) *Discourse Functions at the Left and Right Periphery: Crosslinguistic investigations of language use and language change*, pp. 179–220. Leiden: Brill.

付記
- 本研究は、青山学院大学総合研究所プロジェクト「英日語の周辺部とその機能に関する総合的研究」(2014-2015年度) の助成を受けています。
- 本章執筆中の2017年7月20日、ジョージタウン大学Deborah Schiffrin教授がご闘病の末、ご逝去されました。初めて談話標識 (discourse markers) を概念化されたことをはじめとするご功績に対し、感謝と敬意を表し、この場をお借りして、慎んでご冥福をお祈り申し上げます。

文献解題

- TRAUGOTT, ELIZABETH CLOSS and GRAEME TROUSDALE. (2013) *Constructionalization and Consructional Changes*. Oxford: Oxford University Press.

    文法化理論を牽引してきたTraugottとTrousdaleが、使用基盤の立場を取るGoldberg（1995、2006）やCroft（2001）による構文文法を基盤として構築した「構文化」について紹介する書。構文化と構文変化の違いについても書かれている。構文化を理解するのに、最初に読んだ方がよいと思われる書。

- BEECHING, KATE and ULRICH DETGES. (2014) *Discourse Functions at the Left and Right Periphery: Crosslinguistic Investigations of Language Use and Language Change*. Leiden: Brill.

    周辺部研究についての論考を収めた初の論文集。「発話の冒頭」と「発話の終わり」は、左の周辺部・右の周辺部（left and right peripheries）と呼ばれる。周辺部は、文法化や構文化がよく起きる場所であり、ここ20年ほどで関心が寄せられている。伊・英・中・日・韓など各言語の談話標識の機能発達についても報告されている。

- SCHIFFRIN, DEBORAH. (1987) *Discourse Markers*. Cambridge: Cambridge University Press.

    談話標識について初めて概念化し、紹介した書。話しことばで用いられる談話標識は、会話管理上の行為や話者の意図する行為を知らせるという点で、書きことばに見られる標識とは異なることが理解できる。また、1.5で解説される「談話モデル」は、参加者・命題・行為・順番・情報といった複数の面から談話が成り立っていることをよく捉えており、話しことば研究に最適のモデルであろう。

第7章

準体助詞「の」の発達と定着

文法化の観点から

青木博史

キーワード　準体助詞「の」、語用論的強化、文法化、構文化

本章の概要と　　　日本語の歴史的研究の伝統は、そもそも歴史語用論的な観点を有
方法論について　している。文献学的研究の成果に基づき、資料に現れた言語がどの
ような性格を有するのかを見極めながら過去の"話しことば"の再
構に努める、という方法論である。当時の社会的状況から当該の文
献資料が生み出された個別的な事情まで、すべて把握したうえで言
語資料として用い、言語使用の場に即して分析を試みてきた。
　こうしたフィロロジーをふまえ、本章では、準体助詞「の」の発
達・展開の様相を「文法化」「構文化」の観点から記述する。古典
語準体句を承け、名詞句の主名詞の位置に発生した「の」は、述語
の項として格助詞を伴って、あるいは述語として繋辞を伴って用い
られるが、これらは名詞句の脱範疇化とともに「述語句＋接続助
詞」「述語句＋助動詞」へと再分析される。「のに」「ので」、あるい
は「のだ」といった形式の文法化であるが、まずは、この構造変化
の過程について示す。次に、「のに」が表す「不満、違和感」の意
味、「のだ」が表す「説明」の意味は、「名詞句＋助詞／繋辞」が表
す構文的意味である。これを、関連する諸形式も視野に収めながら、
構文化の観点から分析する。最後に、これらの記述をふまえ、「の
だろう／だろう」、「のなら／なら」のように「の」と「φ」が併存
する形式について、語用論的観点から説明を行う。

準体助詞「の」の成立

　まず、現代語の準体助詞「の」が対応するのは、古典語準体句であるという点を確認しておこう。以下の例を参照されたい。

(1)
 a. 程なく罷りぬべきなめりと思ふが悲しく侍るなり。
　　　　　　　　　　　（竹取物語 9C末-10C初、かぐや姫の昇天）
 b. 間もなく帰らなければならないと思っているのが悲しいのです。

(2)
 a. かの白く咲けるをなむ夕顔と申しはべる。
　　　　　　　　　　　　　　　　（源氏物語 11C初、夕顔）
 b. あの白く咲いているのを夕顔と申します。

　(1a)(2a) に示した古典語の現代語訳がそれぞれ (1b)(2b) であるが、述語連体形単独で形成されていた名詞句（＝準体句）が、述語連体形の後に「の」を伴う形になっていることが見てとれる。
　このとき重要であるのは、「連体形＋φ」という準体句は、「連体形＋の」にのみ対応するのであって、「連体形＋こと」「連体形＋もの」などとは対応しない、という点である。

(3)
 a. いみじき愁へに沈むを見るに、たへがたくて、〔たいそうな悲しみに沈んでいるのを見ると、耐え難くて、〕　　（源氏物語、明石）
 b. いみじう泣く人あるをきゝつけて、とゞめてとりかへし給うてけり。〔ひどく泣く人がいるのを聞きつけて、男が連れて行くのを引きとどめて后を取り返しなされたのだ。〕　（伊勢物語 10C前、6段）

(4)
 a. 太郎は飛行機がふもとに墜落する　の／*こと　を見た。
 b. 私は太郎がピアノを弾く　の／*こと　を聞いた。

(3) に示したように、古典語において「見る」「聞く」の目的語となる場合には準体句が用いられるが、現代語で同じく「見る」「聞く」の目的語となる場合には「の」が用いられる（＝4）。このような場合、古典語でも現代語でも、「こと」は用いられないのである。したがって、準体助詞「の」は「こと」や「もの」など、他の形式名詞では置き換えられない、純然たる名詞化（nominalization）の機能を担うものとして生み出されたものと考えられる。

ただし、古典語では準体句で表し得た〈トキ〉〈トコロ〉の意味の場合、現代語では「の」が使用できない（金水（2011：129-131）など）。

(5)
〈トキ〉まだほのぼのとするに参り給ふ。〔まだほの暗い時分（*の）に六条院に参上なさる。〕　　　　　　　　　　（源氏物語、野分）
〈トコロ〉屏風の一枚畳まれたるより、心にもあらで見ゆるなめり。〔屏風の端の一折れ畳んである所（*の）から、当人は見せるつもりではなく見えるようになっているらしい。〕　　　　（源氏物語、東屋）

これらは、「とき」「ところ」といった「形式名詞」を主要部とする名詞句によって表すようになっている。したがって、「の」は、"事物"〈ヒト〉〈モノ〉と"事柄"〈コト〉を表す準体句を承けている、ということになる。

上記のことに鑑みると、準体助詞「の」は、以下に示すような代名詞的用法から生まれ、発達していったものと考えられる。

(6)
a. 薬師は常のもあれど賓客の今の薬師貴かりけり賞だしかりけり
〔医師は世の常の医師もいいが、新しく外国から来た医師（仏陀）が珍しくもありがたいことだ〕　　　　　（仏足石歌8C中、15）
b. 其かたなをおこせひ。／是は身がのじや。〔その刀をよこせ。／これは私のもの（＝刀）だ。〕　　（虎明本狂言1642、二人大名）

（6a）の「常の」は、「常のヒト（＝薬師）」といった意味を表している。この「の」が再分析（reanalysis）され、（6b）のような

「〜がの」の形で「私のモノ（＝刀）」といった意味を表す用法が生じた。ここからさらに、次に示すような活用語末に付接する用法が生み出されたと見るわけである1。

(7)
a. せんどそちへわたひた<u>の</u>は何としたぞ。〔さっきお前に渡したもの（＝銭）はどうしたんだ。〕　　　　　　　　（虎明本狂言、雁盗人）
b. おなごの綺量のよさ相<u>な</u>のを見たてて、〔女子で器量の良さそうな人を見立てて、〕　　　　　　　　　　　　　　　（難波鉦1680）

　(7a)の「渡いたの」は「銭」、(7b)の「良さそうなの」は「人（女子）」を表しており、この場合の「の」は〈ヒト〉〈モノ〉である。事物としての〈ヒト〉〈モノ〉を表す「の」が、次第に用法を拡張（expansion）していることが見てとれよう2。
　そして、このような活用語の連体形に付接するようになった「の」が、次の(8)のように、〈コト〉を表す場合にも及んでいったと考えられる。

(8)
a. そなたが嘆きやる<u>の</u>をば思ふては、〔そなたが嘆かれることを思うと、〕　　　　　　　　　　　　　（狂言記1660、巻5、武悪）
b. 姫が肌に、父が杖をあてて探す<u>の</u>こそ悲しけれ。〔姫の肌に父が杖をあてて探すのが何とも悲しいのです。〕　（貴船の本地17C、中）

　〈モノ〉から〈コト〉へ「コト拡張」（益岡2013：11-20）を起こしながら、文法的形式（grammatical form）へと発達していることが分かる。現代共通語では、こうした場合の「の」は義務的となっており、準体助詞「の」の成立は文法化（grammaticalization）の過程として把握することができるだろう。

2 述部・接続部における文法化

　前節で見たように、近世初期に成立したと見られる準体助詞「の」であるが、近世期を通じて完全に定着するには至っていない。以下に示すように、近世後期の文献においても、「の」が示されない「準体句」が数多く用いられている。

(9)
 a. 主の慈悲でしら奉公にして遣ふてやるをありがたいとも思はず仏頂面。〔主の慈悲で、娼妓ではない一般の奉公人として遣ってやっているのをありがたいとも思わずに仏頂面。〕

(当世嘘の川 1804、巻3)

 b. そんなことに苦労をするはおめへの損だよ。〔そんなことに苦労をするのはお前の損だよ。〕　　(浮世風呂 1809-1813、前編下)

　このことは、「の」の発達の動機は、「名詞性の保証」というだけでは説明できないことを示している3。すなわち、主語節や目的語節など、述語の項となる場合の観察だけでは不十分で、述部や接続部など、その他の環境において用いられる場合の分析が肝要であると考えられる。
　まず、述部で用いられる「の」から観察する。ここで重要なことは、述部で用いられた「の」名詞句は脱範疇化（decategorization）を起こす、という点である。まずは、以下の「ようだ」の例を参照されたい。

(10)
 a. 春ニナレバイヅクモ花イヅクモ柳ナレバ錦ノミダレタヤウ也。〔春になるとどこも花や柳だらけなので、色とりどりの模様が乱れ交じったような様子である。〕　　(中華若木詩抄 16C中、巻上、35ウ)

 b. 今夜は大ぶ土手が永やうだ。〔今夜はずいぶん土手が長いようだ（早く行きたいのにちっともはかどらない）。〕

(遊子方言 1770、発端)

（10a）は、連体格助詞「の」が現れることから分かるように、「錦の乱れた様」という名詞句を繋辞「なり」が承けた、名詞述語文である。ここから次第に、「様子だ」という意味が「やうなり→やうだ」という形式に焼き付けられ、「ようだ」は推量を表す「助動詞」として再分析されることになる（＝10b）。このことを図示すると、以下の（11）のようになる。

(11)
　　　［名詞句　［述語連体形　ヤウ］　ナリ］。
→　　［述語句　［述語連体形］　ヨウ　ダ］。

〈名詞句＋繋辞（copula）〉という構造から、〈述語句＋助動詞〉という構造へと変化が起こっており、「はずだ」「わけだ」「つもりだ」など、現代語の多くの助動詞がこうした再分析によって生み出されている。

　述部で用いられる「の」も、これとまったく同じ分析が可能である。

(12)
a. 熟睡ナラネバ分明ニハヲボヘヌ也。〔ぐっすりと眠っていないのではっきりとは覚えていないのだ。〕　（中華若木詩抄、巻上、5オ）
b. 江戸ツ子の金をおまへがたがむしり取て行のだ。〔江戸っ子の金をお前たちがむしり取って行くのだ。〕　（浮世床1813、初編中）

（12a）では、古典語の「連体なり」同様4、準体句を繋辞が承ける形で、「～なので……なのだ」といった、「事情説明」の意味が表されている。時代が下ると、準体句の句末に「の」が用いられるようになり、(12b) のような「の＋だ」の形が出来ることになる。
　そして、「説明」の意味が「のだ」という形に焼き付けられ、助動詞相当として機能するようになる。角田（1996）などで示されるように、「のだ」文では「が／の交替」が許されない。

(13)学生が一生懸命勉強している。試験が／*のあるのだ。

　すなわち、ここでも、〈名詞句＋繋辞〉から〈述語句＋助動詞〉

へという構造変化が起こっているわけである。

(14)
　　　［名詞句　［述語連体形 φ］　ナリ］。
→　　［名詞句　［述語連体形ノ］　ダ］。〈歴史変化〉
→　　［述語句　［述語連体形］ノ　ダ］。〈構造変化〉

　さて、これまでは文末（述部）の場合を観察してきたが、文中の場合も、同じような構造変化が起こる。文中とは「接続部」のことであるが、最初から接続関係を表していたわけではなく、本来は格関係を表すものであった。そうでなければ、準体助詞「の」が用いられることはないはずである。ここでは「ので」の例を見よう。

(15)
　a. 物を申すでくたびれた。(Monouo mōsude cutabireta.)〔話すことによって疲れた。〕
　　　　　　　　　　　　　（土井訳ロドリゲス日本大文典 1604-1608、p. 392）
　b. 会いたいと思ふので、殿の御座るも眼が付かなんだ。〔会いたいとばかり思うことにより、殿がいらっしゃるのも目に留まらなかった。〕
　　　　　　　　　　　　　　　　　　　　　　　　　（好色伝授 1693、巻中）
　c. 余り笑つたので小便がしたく成つてきた。〔あまりに笑ったので小便がしたくなってきた。〕　　　　（七偏人 1857-1863、初篇上）

　(15a) は、「奪格」について説明されている箇所であり、「に」「より」「について」などと並んで「で」が示されている。「で」が、このように準体句に続くときには「原因・理由」を表すことになり、例文の「申すで」に対しては、「話すことにより」(Com falar)、「話すので」(falando) といった説明文が付されている。そして、このような〈名詞句＋格助詞〉の「名詞句」として用いられていた準体句の句末に「の」が用いられ、(15b) のような「の＋で」の形が出来る。(15b) の段階では、「ので」を接続助詞と見るかどうかは微妙であるが、(15c) の段階に至ると、「ので」は副詞「あまり」と呼応する形で、原因・理由を表す接続句を形成していると見てよいであろう。

このように、「ので」が接続助詞へと再分析されるということは、「ので」の前後が格関係から接続関係へと再解釈されるということである。つまりここでも、「の」名詞句は脱範疇化を起こし、述語句（接続句）へとその構造が変化していることになる。

(16)
　　　［名詞句　［述語連体形ノ］　デ］［述語］
　→　［述語句　［述語連体形］ノ　デ］［述語］

このような接続部における構造変化は、様々な形式において同じように起こる。中古から中世にかけての「ところで」の例を見よう。

(17)
a. 船に乗るべきところにて、かの国人、馬のはなむけし、〔乗船するはずの場所で、あの国の人々が餞別をし、〕
　　　　　　　　　　　　　　　　（土佐日記10C前、1月20日）
b. 然ればこの宝は国王に捧げうずるものぢやと云うたところで、シャント大きに驚いて、〔そうであるからこの宝は国王に捧げるべきだと（エソポが）言ったので、シャントはたいそう驚いて、〕
　　　　　　　　　　　　　　　（エソポのハブラス1593、p.420）
c. Tocorode（所で）はFodoni（程に）と同じく理由を示す。例へば、Sayŏni vôxeraruru tocorode mŏsarenu.（さやうに仰せらるる所で申されぬ。）Nai tocorode xinjenu.（無い所で進ぜぬ）、等。　　　（土井訳 ロドリゲス日本大文典、p.445）

(17a)は、「船に乗るべき所」という名詞句に格助詞「にて」が付接し、場所を表したものである。これが(17b)に至ると、「云うた」の主語はエソポ、「驚いて」の主語はシャントであるから、「……ところで」は副詞節を形成していると言える。この場合の意味は、(17c)に示されるように「原因・理由」である。ここでの構造変化を図示すると、以下のようになろう。

(18)
　　　［名詞句［述語連体形　トコロ］ニテ］［述語］
　→　［述語句［述語連体形］トコロ　デ　］［述語］

　(17c) には、「ところで」と並んで「ほどに」が示されるように、〈名詞句＋格助詞〉から〈述語句＋接続助詞〉への構造変化は、日本語史上、様々な形式においてしばしば観察される。そして、これらに見られる「空間→時間→因果」という意味変化は、意味の抽象化の一方向性（unidirectionality）にも合致するものである。これらのことに鑑みると、「ので」の歴史変化は、きわめて一般性の高い変化であると言うことができよう。
　「の」名詞句に格助詞が付接した形式において、同種の構造変化が現在進行中のように見えるものもある（レー (1988)、天野 (2014) など）。

(19)
　a. もとは雑貨をおもにあつかっていたのを、生糸製品一本で行こうという方針でこれも貿易再開をねらって準備中の生産者側と打ち合わせをすすめていた。　　　　（石川淳「処女懐胎」1948）
　b. 紺野は二、三日前倫の使いに区役所に行って書類を倫に渡す筈だったのが、倫が不在だったので須賀に手渡した。
　　　　　　　　　　　　　　　　　　　　　（円地文子「女坂」1939）

　(19a) は「のを」、(19b) は「のが」といった形であるが、「の」句に対応する述語が見当たらず、したがっていずれも対格、主格として解釈するのが難しい例である。ただし、これらは「ので」ほど文法化は進んでいない。この遅速の差は、「格」としての性格の違いを反映していよう。先にも見たように、「で」がコトガラを表す「の」句に接続した場合の「格」的意味は「原因理由」であるから、これは「接続」関係へと容易に読み替えられる。これに対し、「コトガラを遮った」「コトガラが変化した」のように、目的語や主語の場合の「格」的意味は保たれやすい。これが接続関係へと読み替えられるに際しては、ある程度の解釈の"飛躍"が必要となるわけである（青木 (2016：108-109) 参照）。

以上のように、準体助詞「の」は、古典語準体句を承け、名詞句の主名詞の位置に発生した。しかしながら、このような「の」は、近世期を通じて定着するには至らなかった。準体句の形でも、名詞句としての機能を十分に果たすことができたわけである。ところが、文中や文末で用いられた「の」名詞句は脱範疇化を起こし、「ので」といった接続助詞や、「のだ」といった助動詞が産み出された。このような再分析による新たな文法化の出発によって、「の」は次第に定着していったものと考えられよう。

3　構文的意味と構文化

　さて、前節では、助動詞「のだ」や接続助詞「ので」の成立を、構造の面から分析したが、ここでは、意味の面からあらためて分析してみたい。まず、「のだ」が表す「説明」の意味は、「名詞化節＋繋辞」という組み合わせが生み出す"構文的意味"であると言える。「のだ」の前身である「連体なり」の例から見よう。

(20)
a. はやても龍の吹かするなり。〔疾風も龍が吹かせているのです。〕
　　　　　　　　　　　　　　　　　　（竹取物語、龍の頸の玉）
b. 熟睡ナラネバ分明ニハヲボヘヌ也。〔ぐっすりと眠っていないのではっきりとは覚えていないのだ。〕　　　　　((12a)の再掲)
c. 所謂田婢野娘の乳母子守等のたぐひが出放題の文句を作るに仍て、あのやうに鄙くなるぢやテ。〔田舎者の乳母子守などの類が出まかせの文句を作るので、あのようにいやしくなるのだ。〕
　　　　　　　　　　　　　　　　　　（浮世風呂、4編下）

　(20a)は、眼前の状況をもたらした事情について、「この疾風は龍が吹かせているのだ」と説明している文である。「準体句＋繋辞」という構文によって、こうした「事情説明」の意味が表されている。

この構文構造は時代を下っても保たれており、中世後期の (20b)、近世後期の (20c) においても、同じ「準体句＋繋辞」の形で、「事情説明」の意味が表されている。

　面白いのは、これと同じ意味を「もの＋繋辞」でも表した例が見られるという点である。中世後期と近世前期の例を挙げておこう。

(21)
　a. 此つなを引たによつて、つえがあたつた物じや。〔この綱を引いたので、杖が当たったのだ。〕　　　　　　　　（虎明本狂言、瓜盗人）
　b. そなたが上りつめて国へも連れて戻らうやうに言ふによりめいわくさにそなたが戻る間はかくれたものじや。〔あなたがのぼせ上がって国へ連れて戻るように言うので、それでは困るのであなたが戻っている間は隠れたのです。〕　　　　　　　（娘親の敵討 1691）

「～ので……のだ」のように、従属節で述べられる原因理由を焦点化する形での「説明」が、「……ものじや」という形で表されている（福田 1998、佐藤 2009）。「名詞句＋繋辞」という構造を明示するために、「もの」といった抽象度の高い形式名詞が用いられていると考えられる。

　その一方で、近世期には、現代語の「ものだ」「ところだ」に該当する「のだ」も用いられている（土屋 2009: 151、229）。

(22)
　a. ここでおまはんにころされりやア私も余程有卦にいったのだ。〔ここでお前さんに殺されるなら私もよっぽど有卦に入ったというものだ〕　　　　　　　　　　　　　　（春色梅児誉美 1832、後4）
　b. おらが孫をなかせてよこすは。コレ鳴込で能けりやアこつちから鳴こむのだよ。〔私の孫を泣かせてよこすのには、怒鳴り込んでよいならこっちから怒鳴り込んでやるところだよ。〕
　　　　　　　　　　　　　　　　　　　　　　（浮世風呂、2編下）

(22a) は「私もよほどよい運命に廻り合わせたものだ」といった意、(22b) は「怒鳴り込んでいいなら怒鳴り込んでやるところだ」といった意を表している。したがって、「のだ」「ものだ」「ところ

だ」などは、この時代においては厳密な意味の区別がなされていないと言える。現代語へと至るにしたがって、次第に形式に応じて意味を分化させていったことが想定されよう。

このように、「ものだ」「ところだ」に相当する「のだ」が存するということは、近世期にはそのような細かい意味にはこだわらず、"名詞句としてのまとまり"さえ示せばよかったものと考えられる。このことは、逆に「のだ」が期待されるところに「ものだ」が用いられるという事実（＝21）とも符合する。そしてこの"名詞句としてのまとまり"は、かなり時代を下ったところでも、「の」を伴わない、準体句でも示すことができた（＝20）。そして、「名詞化節＋繋辞」という組み合わせが生み出す「事情説明」という構文的意味は、最終的には「のだ」という形式に焼き付けられることになるのである。

次に、「のに」を見よう。「のに」は、いわゆる「逆接」に加え、話者による「食い違い」の認識によって、「不満」「違和感」などが表される形式である。これもやはり、「名詞化節＋格助詞」という組み合わせから生み出される構文的意味である。そのような例は、上代の万葉集からすでに見られる。

(23)
 a. 荒磯越す波を恐み淡路島見ずか過ぎなむここだ<u>近きを</u>〔荒磯を越す波が恐ろしいので、淡路島を見ないで過ぎてしまうのだろうか、こんなに近い<u>のに</u>〕 （万葉集8C後、巻7、1180）
 b. なでしこは秋咲く<u>ものを</u>君が家の雪の巌に咲けりけるかも〔なでしこは秋咲く花な<u>のに</u>、あなたの家の雪の岩山に咲いていたのですね〕 （万葉集、巻19、4231）

(24)
 楽浪の大山守は誰がためか山に標結ふ君もあら<u>なくに</u>〔楽浪の大山守は誰のために山に標縄を張って番をするのか、大君もいらっしゃらない<u>のに</u>〕 （万葉集、巻2、154）

(23a)は「連体形＋を」、(23b)は「もの＋を」の例であるが、いずれも「不満」を込めた逆接（したがって「詠嘆」的）の意味で

解釈される。(24)は「ク語法5＋に」の例であるが、やはり同じような意味（ここでは「君」の不在の欠落感）を表している。こうした構文的意味が、現代共通語では「のに」という形式に焼き付けられていると言えよう。

ただし、「のに」は、成立当初からこうした「不満」「違和感」を表す形式として用いられたわけではなかった。「のに」という形式自体が見られるようになるのは、近世前期の資料からである。

(25)
a. 東より春はきた<u>のに</u>西の京興ある今日の雪ぞみなみよ〔東から春は来たが西の京では趣深い今日の雪であるよ、さあ皆見よ〕
(古今夷曲集1666、巻4)
b. 雑兵原が手にかゝらうかと思うて、何ぼうか口惜しかつた<u>のに</u>、そちが手にかゝれば満足じや。〔雑兵原の手にかかるかと思うと、どれほど口惜しいかと思ったが、あなたの手にかかるのなら満足だ。〕
(好色伝授1693、中)

(25a)は「東は…であるのに対し、西では…」と対比的に述べられる文脈であり、「のに」に不満などの意味は認められない。(25b)も同様で、「口惜しかったのに満足だ」というのは、現代語では成り立たない表現である。つまり、成立当初は、対比、対象などを表す「に」の格的意味からの連続性（gradience）が見てとれるようなものであったわけである。

ここから次第に、違和感や不満を表す場合に用いられるようになる。

(26)
a. マダ見タラヌ<u>ノニ</u>月ノカクレルソノ山ノフモトデ見テ居レバ、〔まだ十分に見ていない<u>のに</u>月が隠れてしまう、その山の麓で見ていると、〕
(古今集遠鏡1793、雑上、883)
b. ヲヽ五助か、寒い<u>のに</u>よく精が出るな。〔おお五助か、寒い<u>のに</u>よく精が出るな。〕
(いろは文庫1836、1編)

この場合の構造変化は、これまで同様、下記のように示されよう。

(27)
　　　［名詞句［述語連体形 ノ］ニ］［述語］
　→　［述語句［述語連体形］ノ ニ］［述語］

　この背景には、「のだ」を始めとする、「の」を用いた場合の「承前性」「既定性」（田野村 1990）という意味の認識の定着（＝慣習化 conventionalization）が想定される。眼前の状況をもたらした背後の事情の解説や、現実事態の原因理由の焦点化など、「事情説明」と呼んだ「のだ」の意味の中心には、こうした「承前性」「既定性」がある。したがって、「の」を「逆接」の文脈で使用すると、話者の予測とは異なる事態を表す文、すなわち「食い違い」による意外感・不満を表す文になるわけである。

　ただし、注意しておかなければならないのは、こうした意味は「の」であるから発生したわけではない、という点である。繰り返し述べてきたように、日本語の歴史上、様々な「名詞化」形式によって、こうした"構文的意味"は表されてきた。これが、近代語において、「のだ」「のに」などの形式に焼き付けられたのである。語用論的強化（pragmatic strengthening）に基づく、構文化（constructionalization）の事例と言ってよいだろう。

4　「φ」と「の」の競合

　前節で述べたような形で、「のだ」に構文的意味が焼き付けられ、慣習化が進むと、「ものだ」「ことだ」などとは区別され、また同時に「φだ」は排除されることになる。これは「のに」の場合も同様であり、逆接を表す「φに」は、古代語から引き続き近世期においても用いられていた。

(28)
 a. おかねさんがまちかねて居るに、なぜ来なさんねへ。〔おかねさんが待ちかねているのに、どうしていらっしゃらないのか。〕
(喜夜来大根1780)
 b. 折角いらしツて下すツたに、折悪敷で御座りますね。〔せっかくいらっしゃってくださったのに、あいにくでございますね。〕
(花暦封じ文1865-1867、3編上)

　ここに「のに」という形式に対する認識が形成されることで、「φに」の形は排除されることになるわけである。これは、「ので」の場合も同様で、やはり「φで」は用いられなくなる。結局のところ、「の」の発達とは、このような、述部で用いられる「のだ」や、接続部で用いられる「のに」「ので」の発達のことを指すと言える。述語の項として用いられる用法は、これらと歩調を合わせる形で定着を見せており、これは、「の」が文献に初めて現れてから200年以上も経過した、明治期に入ってからのことであった。
　このように見てくると、最後に考えなければならないのが、「φ」と「の」が共存する場合である。これには「のだろう／だろう」と「のなら／なら」の2つの場合が認められる。まずは前者の方から見ていこう。
　まず、「のだろう」形式の成立の過程は、「のだ」の場合とまったく同じように考えることができる。

(29)
 a. おどろきて、いかに見えつるならむ、と思ふ。〔目が覚めて、どうしてこんな夢を見たのだろう、と思う。〕 (源氏物語、若菜下)
 b. 其ナラバ、山路ノ艱難ヲ祈ル程ニ云デアラウゾ。〔それなら山路の大変な苦労を祈っているので云うのだろう。〕
(毛詩抄16C中、巻2、39オ)
 c. 今日の形りは拵がおつりきだから、先でもぶ気味に思つてじろじろ見るのだろう。〔今日の姿は身なりが一風変わっているから、先方も不気味に思ってじろじろ見るのだろう。〕
(八笑人1820-1834、初編下)

「連体なり」に推量の助動詞「む」が付接した「ならむ」(=29a)は中古でも多く用いられるが、やはり「背後の事情」を推量している。こうした構造が中世・近世を通じて保たれ(=29b)、準体句末に「の」を伴った「の＋であらう（だろう）」の形が生まれる(=29c)。(29)は、いずれも疑問詞や原因理由句が焦点化された例であり、こうした場合、現代語では「のだろう」が用いられる。

　この変化を(14)にならって、以下のように図示しておく。

(30)
　　[[名詞句 [述語連体形 φ] ナラ] ム]。
→　[[名詞句 [述語連体形 ノ] デアラ] ウ]。〈歴史変化〉
→　[述語句 [述語連体形] ノ ダロウ]。　〈構造変化〉

「事情推量」を表す「のだろう」は、"「のだ」の推量形"と位置付けることができよう。

　ところが、「φだ」を駆逐した「のだ」の場合と大きく異なるのは、「φだろう」という形式が、一方で引き続き用いられ続けるという点である。

(31)
a. そなたは臓を一つ吐き出したり。やがて死する<u>であらふ</u>。〔あなたは内臓を1つ吐き出した。すぐに死ぬ<u>だろう</u>。〕
　　　　　　　　　　　　　　　　　　　　　　（当世手打笑1681）
b. わつちが往ても喧嘩ばかりして居る<u>だろう</u>。〔わたしが出て行っても喧嘩ばかりしている<u>だろう</u>。〕　　　（粋町甲閨1779）

　上の(31)に示したように、「だろう」は「のだろう」とは異なり、単純な推量を表している。したがって、このときには、以下のような構造変化が起こっていると考えられる。

(32)
　　[[名詞句 [述語連体形] ナラ] ム]。
→　[述語句 [述語連体形] デアラウ]。

述語連体形句が、名詞句（準体節）から述語句（主節）へ再分析されるとともに、助動詞としての「だろう」が成立しているわけである。

ここで重要なのは、繋辞を含み持つ「だろう」は、「設想」を表す古典語の「む」とは異なり6、「推量判断」を表す外接モダリティ形式として成立した、という点である。〈名詞句＋繋辞＋推量〉という構造に由来する「だろう」は、「述語（準体句）＋だろう」という形式だけでなく、「雨だろう」「山だろう」のような「名詞＋だろう」という形式も可能にしている。すなわち、「雨」という事態の成立に関しても、「山」という事物の存在に関しても、「だろう」は推量することができるのである。

したがって、"判断"を表す「繋辞」を含み持つ「だろう」は、事態の「成否」であろうと「原因」であろうと推量することができた。鶴橋（2013：38、54他）などで指摘されるように、近世期には「原因推量」を表す「だろう」が多く用いられている。

(33)
a. それは墓じやと思ふ心の迷ひで見へたであらふ。〔それは墓だと思う心の迷いのせいで見えたのだろう。〕
(けいせいぐぜいの舟 1700)
b. それはそふと、仲吉さんは、なぜおそいだろふ。〔それはそうと、仲吉さんはなぜ遅いのだろう。〕
(楠下埜夢 1813)

ここにおいて、「事情推量」の領域において、「判断推量」を表すがゆえに事情推量も併せて表しえた「φだろう」と、〈名詞句＋繋辞〉の構造を保つことで事情推量を表した「のだろう」の両形が並び立つことになったのである。

(34)
a. 扨〲節季の果に住吉まいり、大かたにげているのであろ。〔さてもさても、大晦日に住吉参りなど、大方逃げているのだろう。〕
(年忘噺角力 1776)
b. そふじやない、真実俺を嫌つたのじやあろう。〔そうではない、本当に俺を嫌ったのだろう。〕
(諸鞍奥州黒 1753)

「背後の事情」といった意味は「名詞句＋繋辞」によって生じる構文的意味であるため、「述語連体形φ＋だ」でも「述語連体形＋の＋だ」でもよかったのであるが、この意味は次第に「のだ」という形式に焼き付けられた。この背景には、「の」はあってもなくてもよいが、「の」を用いると「既定性」「承前性」を表すことになるという人々の認識があった。これと同様に、そうした「背後の事情」を推量する場合も、「の」はあってもなくても表しうるが、「の」を付加すると明確に当該の意味を表しうる、という認識が次第に生じていったものと考えられる。意味の慣習化である。そして、その認識が確立したとき、「事情推量」の領域においては、「のだろう」が「φだろう」を駆逐したのであった。

それでは次に、「のなら／なら」の場合を見よう。まず、接続助詞としての「ならば」は、中世期に成立したと見られる。

(35)
a. すずろなる男のうち入り来たるならばこそは、こはいかなることぞと参り寄らめ、〔いいかげんな男が入ってきたというのだったら、これは何事かとばかりおそばへ寄ってまいることもあろうが、〕
(源氏物語、宿木)
b. されども思ひ立つならば、そこに知らせずしてはあるまじきぞ。〔けれども私が本当に身投げを思い立ったら、お前に知らせないですることは決してないよ。〕　(平家物語13C前、巻9)

(35a)は、「すずろなる男のうち入り来たる」という準体句を「なり」が承け、仮定条件節を作るという「連体なり」構文であるが、(35b)に至ると、「述語句＋接続助詞」として解釈されることになる（小林1996）。ここでの構造変化を、これまでにならって、以下のように図示しておこう。

(36)
　　[[名詞句 [述語連体形] ナラ] バ] [述語]
→　[　述語句 [述語連体形] ナラ　バ] [述語]

「なら（ば）」は、このように「繋辞」を含み持つ形で成立してい

る。そのため、"判断"レベルの仮定表現一般を担うことになったと考えられる。同じように仮定条件を表すと言っても、「已然形＋ば」は、確定条件から「恒常性／一般性」を介して仮定条件を表すようになったために事態間の「一般的因果関係」を表し、「たら」は、完了的意味を表す時制辞を含み持つために個別的事態間の「時間的依存関係」をそれぞれ表している。それぞれの形式が辿った歴史的経緯に応じて使い分けられているのであり、「なら」が、前件においてある事態が真であると仮定する「判断階層」における条件（益岡2006）を表すものと位置づけられることも首肯されよう。

そしてここに、「の」が付加された「のなら」の例が、18世紀後半の資料から見られるようになる。いくつか例を掲げておく。

(37)
a. 若われが盗んだのなら。盗人に飯喰す法があるか。〔もしお前が盗んだのなら、盗人に飯を食わせるようなことがあるか。〕
(新版歌祭文 1780)
b. コウ、金がねへのなら、どふともしようぜ。〔こうも金がないのなら、どうにもしようがないぜ。〕　　（落咄熟志柿 1816）

このとき表される意味は、やはり「背後の事情」の仮定である。「のだろう」が「のだ」の推量形と呼ぶに相応しいのと同様、「のなら」は「のだ」の仮定形と呼ぶべき意味を表している。これは、次のような例に端的に現れる。

(38)
予ゆへ笑はれるがいやさにそのやうにいふのならいつそ離てしまふたがよい。〔私ゆえに笑われるのがいやだからとそのように言うのなら、いっそ離れてしまったほうがよい。〕　　（南遊記 1800)

「そのように言う」ことの原因を「笑われるのがいやだから」と仮定して、「（それなら）いっそのこと別れた方がいい」と述べている。このように原因を焦点化して仮定する場合には「φなら」では表せないため、「のなら」が用いられているものと考えられる。

このように、「の」の「既定性／承前性」に基づいて、「のだ」の

仮定形と言うべき「実情仮定」を表すために作られたのが「のなら」であると言える。また、このとき、「φなら」と「のなら」の関係は、「φだろう」と「のだろう」の関係と並行的に捉えることができる。すなわち、"判断"を含んだ推量形式として成立した「φだろう」は、「単純推量」と「事情推量」を表しえたが、「既定性／承前性」を有する「の」を付接した「のだろう」が、「事情推量」の領域を表すものとして定着した。「φなら」も同様に、「実情仮定」を含んだ"判断"レベルの仮定表現一般を担う形で成立したが、「既定性／承前性」の「の」を伴った「のなら」が、「実情仮定」の領域を表す専用形式として定着したわけである。「φだろう」「のだろう」の場合と異なるのは、「ある事態が真であると仮定する」ことは、「実のところが〜であれば」とほぼ同義であるため、「実情仮定」は「φなら」でも表しうる、という点である。

(39)　ゆうれいになつて出るならば、夜ルでも出そうなものだ。〔幽霊になって出るのならば、夜でも出そうなものだ。〕　(珍学問1803)

「の」はあってもなくてもよいが、あった場合は「事情」「実情」を表す専用形式になる、というのが近世後期の状況であった。現代語に至り、「の」の意味の慣習化に伴い、「事情」の領域において「あってもなくてもよい」という事態を解消したのが「のだろう」、引き続きそのままの事態を継承しているのが「のなら」である、ということになろう。

5　まとめ

以上のように、本章では、準体助詞「の」の歴史的展開を、文法化、構文化という観点から記述した。従来のような、「名詞化辞」「補文化辞」といった文法的形式としての成立に加え、「のだ」「の

に」「ので」「のだろう」「のなら」といった形の中で、「の」が発達、定着していく過程を捉えたものである。言語形式を使用していく中で、これらの形式に新しい意味や機能が定着していく過程は、語用論的強化の過程であると言えよう。

　また、本章の主張で重要な点は、文法変化は、発生、発達、定着といった、いくつかの段階（gradualness）に分けて捉える必要があるという点にもある。形式と機能の対応が"1対多"から"1対1"へと変化していくのが、日本語における近代語化の流れである[7]。「の」の歴史変化は、まさにこうした流れを体現したものとも言えるだろう。

注

1 柳田（1993）、山口（2000：97-101）など参照されたい。山口論文では、(6b)のような「〜がの」に直接的な出自が求められているが、柳田論文では否定されている。

2 ただし現代語では、さらに〈ヒト〉の場合も「の」が使用しづらくなっている。「ウチには若くて活きのいいのがいる。」のような場合は使用できるが、"尊敬すべき人"には用いられない。しかしながら、古典語準体句では、以下のように問題なく使用することができた。

　　もの思ひしりたまふは、さまかたちなどのめでたかりしこと、心ばせのなだらかにめやすく憎みがたかりしことなど、今ぞ思し出づる。〔物事の情理をよくわきまえておられる方は、更衣の姿や顔立ちの美しかったことや、気立てが穏やかで難がなく、憎もうにも憎めなかったことなどを、亡くなった今となってはじめてお思い起こしになる。〕　　　　　　　　　　（源氏物語、桐壺）

近世期までは尊敬すべき人に対しても「の」を用いることができており、近代語化に伴う敬語意識の変化によってこうした使用制限が生じたのであろう。

3 従来、連体形による準体法の機能が低下し、こうした機能的変遷の埋め合わせのために「の」が発達した、という説明が多く行われてきた（信太（1970）など）。さらに、このような準体句の"衰退"の契機として終止形・連体形の合流を想定し、従属節のマーカーであった連体形が主節でも用いられるようになったため「節のしるしづけ」が必要になった、という説明もあった。

4 述語連体形を承けた「なり」は、終止形承接の「なり」と区別して、伝統的に「連体なり」と呼ばれている。これは、「AハBナリ」というコピュラ文から発達して出来たもので、Bの部分が名詞から名詞句（準体句）へと拡張したものである。以下の例における (a) から (b) への拡張であると理解されたい。

(a) 恋ふといふはえも名付けたり言ふすべのたづきもなきは［我が身］なりけり〔「恋ふ」とはまことにうまく言ったものです、どう言えばいいのか何の手立てもないのは、この我が身なのでした〕　　　　　　　　（万葉集、巻18、4078）

(b) 先立たぬ悔いの八千度悲しきは［流るる水の帰り来ぬ］なり〔あのお方に先だって死ねない悔しさを思うと私は返す返す悲しいのですが、それは流れる水の帰らないように、人間もあの世に行ったら再びこの世には帰って来ないと思うからなのでしょう〕　　　（古今和歌集10C初、837）

5 主として上代に用いられた、「述語未然形＋ク」「述語終止形＋ラク」の形を総称して、「ク語法」と呼んでいる。述語を名詞化するはたらきをする。

6 古典語の「む」は動詞未然形に付接し、未実現の事態を頭に思い浮かべること（＝設想）が中心的意味であると考えられる。いわゆる「推量」以外に、一人称の場合は「意志」、二人称の場合は「勧誘」を表し、また、「婉曲」と呼ばれるような連体用法も有するなど、現代語の「だろう」とは大きく異なっている。

7 たとえば、「推量」「当然」「義務」「可能」などの多くの意味を表していた古代語「べし」の機能は、近代語以降は「だろう」「はずだ」「べきだ」「ことができる」など、それぞれの意味に対する専用の形式が担うようになっている。

第7章　準体助詞「の」の発達と定着　　163

使用テキスト
- 仏足石歌・竹取物語・伊勢物語・古今和歌集・遊子方言・新版歌祭文・浮世風呂・春色梅児誉美……『日本古典文学大系』岩波書店
- 万葉集・土佐日記・平家物語・狂言記・古今夷曲集……『新日本古典文学大系』岩波書店
- 源氏物語……『新編日本古典文学全集』小学館
- 毛詩抄……『抄物資料集成』清文堂
- 中華若木詩抄……『抄物大系』勉誠社
- エソポのハブラス……大塚光信・来田隆編『エソポのハブラス本文と総索引』清文堂
- ロドリゲス日本大文典……土井忠生訳『ロドリゲス日本大文典』三省堂
- 虎明本狂言……北原保雄・池田廣司『大蔵虎明本狂言集の研究』表現社
- 貴船の本地……『新編御伽草子』誠之堂書店
- 難波鉦・八笑人……岩波文庫
- 娘親の敵討・けいせいぐぜいの舟……『絵入狂言本集』般庵野間光辰先生華甲記念会
- 好色伝授……坂梨隆三ほか編『好色伝授 本文・総索引・研究』笠間書院
- 諸鞍奥州黒……『歌舞伎台帳集成』勉誠出版
- 当世手打笑・年忘噺角力・落咄熟志柿・珍学問……『噺本大系』東京堂出版
- 粋町甲閨・喜夜来大根・南遊記・当世嘘の川・楠下埜夢……『洒落本大成』中央公論社
- 古今集遠鏡……『東洋文庫』平凡社
- 浮世床……日本古典全書
- いろは文庫……有朋堂文庫
- 七偏人……講談社文庫
- 花暦封じ文……『人情本集』人情本刊行会
- ＊使用したテキストは上記のとおりである。ただし引用にあたっては、漢字表記や句読点、濁点等、私意に改めた箇所がある。

参考文献
- 青木博史（2016）『日本語歴史統語論序説』ひつじ書房
- 天野みどり（2014）「接続助詞的な「のが」の節の文」益岡隆志ほか 編『日本語複文構文の研究』pp. 25-54、ひつじ書房
- 金水敏（2011）「第3章 統語論」『シリーズ日本語史3 文法史』pp. 77-166、岩波書店
- 小林賢次（1996）『日本語条件表現史の研究』ひつじ書房
- 佐藤順彦（2009）「前期上方語のノデアロウ・モノデアロウ・デアロウ」『日本語文法』9（1）：pp. 3-19、日本語文法学会
- 信太知子（1970）「断定の助動詞の活用語承接について」『国語学』82：pp. 29-41、国語学会
- 田野村忠温（1990）『現代日本語の文法Ⅰ──「のだ」の意味と用法』和泉書院
- 土屋信一（2009）『江戸・東京語研究──共通語への道』勉誠出版
- 角田太作（1996）「体言締め文」鈴木泰・角田太作 編『日本語文法の諸問題』

pp. 139-161、ひつじ書房
- 鶴橋俊宏（2013）『近世語推量表現の研究』清文堂出版
- 福田嘉一郎（1998）「説明の文法的形式の歴史について――連体ナリとノダ」『国語国文』67（2）：pp. 36-52、京都大学国語学国文学研究室
- 益岡隆志（2006）「日本語における条件形式の分化――文の意味的階層構造の観点から」『シリーズ言語対照6 条件表現の対照』pp. 31-46、くろしお出版
- 益岡隆志（2013）『日本語構文意味論』くろしお出版
- 柳田征司（1993）「「の」の展開、古代語から近代語への」『日本語学』12（10）：pp. 15-22、明治書院
- 山口堯二（2000）『構文史論考』和泉書院
- レー・バン・クー（1988）『「の」による文埋め込みの構造と表現の機能』くろしお出版

付記　本稿は、JSPS科研費17K02779（基盤研究C「近代語文法の体系的研究」）による研究成果の一部である。

文献解題

- 湯澤幸吉郎（1929）『室町時代の言語研究——抄物の語法』大岡山書店

　中世室町期から近世初期にかけて、講義口調で作成された注釈書類を抄物（しょうもの）と言うが、代表的な8つの抄物資料を用いてその語法を網羅的に記述した書である。口語資料としての抄物の有用性を広く知らしめ、中世語研究の礎を築いたものとして、現在も揺るぎない価値を有している。1955年に、風間書房より再版された。

- 柳田征司（1991）『室町時代語資料による基本語詞の研究』武蔵野書院

　抄物資料の文献学的研究においても著名である筆者が、同時期の代表的な口語資料である狂言資料も用いながら、語彙論的な観点から考察された書である。音韻論・文法論からのアプローチはもちろんのこと、「お礼」という発話行為や、「困惑」といった感情表明にどのような形式が用いられるかといった観点からの記述もあり、興味深い。

- 土屋信一（2009）『江戸・東京語研究——共通語への道』勉誠出版

　「共通語」を捉える試みとして、近世江戸語から近代東京語にかけての様々な言語事象を、文献学・方言学をふまえながら考察された書である。分析の手法は、ことばが用いられた「場面」に注目し、話しことばと書きことばの別に留意しながら、都市・社会の構造も視野に入れるという、まさに「歴史語用論」を体現したものとなっている。

第8章

ネワール語の名詞化辞 =guの意味拡張

16世紀から現代における文法化と（間）主観的意味への変化

桐生和幸

キーワード	文法化、主観化、間主観化、間接発話行為、ノダ・モノダ文
本章の概要と方法論について	本章では、ネパールで話されるチベット＝ビルマ系言語であるネワール語の=guという形式とその関連表現の意味と機能の変化を考察し、文法化や語用論的な要因との関係を論じる。 　元々「玉」という意味のサンスクリット語の名詞に由来すると考えられる=guという形式は、現代語では名詞として使われることはないが、機能語として類別詞、日本語の「の」「こと」のように名詞以外の語や文を名詞化する名詞化辞として使われる。また、=guは、文末について終助詞のようなモダリティ形式としても使われるだけでなく、=gu kha:という「名詞化辞＋コピュラ」形式で日本語の「のだ」「ことだ」「ものだ」のように、話者の主観を表す文末モダリティ形式としても使われる。また、疑問文で誘い掛け・依頼、否定文で柔らかい禁止といった間主観的な用法も見られる。 　本章では、16世紀から19世紀にかけて書かれたネワール語テクストをよりどころに通時的言語変化をたどったのち、現代語の=gu(kha:)形式の持つ複数の機能について日本語の「ノ（ダ）」や「モノ（ダ）」との類似点や相違点に触れつつ考察し、=gu(kha:)文の意味機能の拡張には、Traugott (2011)で取り上げられているような文法化や（間）主観化が関係していることを論じる。

1　はじめに

　本章で取り上げるネワール語（Newar）という言語は、公式名称Nepāl Bhāṣā（字義通りにはネパール語1）と呼ばれるシナ＝チベット語族のチベット＝ビルマ語派に属する言語で、ネパールのカトマンズ盆地で古くから話されているネワール族の言語である。
　ネワール語は、日本語と同じSOV語順の言語であるが、発音体系、能格型の格標示、conjunct／disjunct（順接・離接）と呼ばれる主語との一致現象など、日本語にはない文法的特徴を持つ（桐生（2002）、Hale and Shreshta（2006参照））。しかし、系統が異なるとはいえ、アスペクト助動詞（Kiryu 1999）、類別詞（桐生 2004）、文末表現や素材敬語の発達など日本語と類似するものも見られる。
　本章で扱う言語形式は、名詞化辞（NMLZ、nominalizer）の=guである。名詞化辞とは、日本語であれば形式名詞ノ・コト・モノのように述語や文について全体を名詞化する語で、(1)のように動詞の補語としての名詞節を形成したり、(2)のようにコピュラと組み合わさってノダのような文末表現を形成する2。

(1) mhagas=ae　　wã:　　　 bwanekuthi:　wã:=*gu*
　　〔夢=LOC　　3SG.ERG　図書館.LOC　行く.NFND=NMLZ
　　khan-a.
　　見る-NFPD〕
　　〔夢で彼は自分が図書館へ行くのを見た。〕　　　　　　　　(AJ)

(2) "jĩ:　　　nepāl bhāṣā　bwã:k-e=*gu*　　kha:."
　　〔1SG.ERG　ネワール語　教える-FC=NMLZ　COP.NFND〕
　　〔「私は、ネワール語を教えているんです。」〕　　　　　　　(CA)

　次節では、名詞化辞=guの成立と意味変化を時系列的に見る。

2　19世紀以前の名詞化辞への文法化とその用法

　ネワール語の歴史については、現時点で未解明のことも多い。最古のネワール語は、1114年に貝葉に書かれた記録文書に見られる。しかし、15世紀までは、ほとんどの文書がサンスクリット語で書かれており、ネワール語が盛んに使われるのは16世紀以降である[3]。
　ここでは、16世紀から19世紀初頭に書かれた会話文を含むテクストのデータを基に、=guという形式の成立と、その意味機能の変化を追うことにする。本稿で分析に用いる資料（古典語データ）は、1518年に編纂された寓話集 *Tantrākhyāna*（TK）、18世紀（恐らく後期）に編纂されたと考えられている *Batīsaputrikākathā*（BP）、19世紀中庸に編纂されたと考えられる物語 *Maṇicūḍāvadānoddhṛta*（MV）の3点である[4]。

2.1　名詞化辞=guの語源

　現代語の名詞化辞=guの語源については、先行研究にその議論は見られず、逆にKölver（1977: 2）ではその語源は不明であるとしている。しかし、この名詞化辞=guは、能格形になった場合、無生物を数えるときに使う数量類別詞-gu:の能格形と同じgulī:という形になることから、2つはもともと同語源であると推察できる。また、能格形は、語の最終音節を長鼻母音化することで得られるので、guliという基底形が設定できる。18世紀のテクストBPでは、guliという形で多く現れ、gū／guの形も見られる。また、rとlは交替しやすいため、guriという形式もある。
　このguli／guriという形式は、16世紀のTKではguḍa／guḍi／guriという形で現れることから、恐らく、サンスクリット語の「玉」という意味の名詞guḍa／guḍikāが語源であろうと推察できる。つまり、形態的にguḍa／guḍikā＞guḍa／guḍi／guri＞guri／guli＞guli／gū／gu＞gu:（類別詞）・gu（名詞化辞）という変化と分化が起こった。現代語においては、品詞ごとに音形が異なるが、guliという基底形は共通して残ったということになる。以下便宜上、*guli* とい

う形式で通時的変化形を代表させることにする。

　ちなみに、現代語の類別詞=gu: と名詞化辞=guは、更に発音の簡略化が進み、-uとだけ発音されることも多い。guliからgu、そして、uに至る音韻的弱化は、文法化の特徴を反映していると言える。

2.2　名詞化辞としての文法化と使用域の拡張

　サンスクリット語の名詞を語源とする*guli*は、14世紀には人や動物を数えるのに使われ始めた類別詞=mha（Kiryu 2009）の成立の後、16世紀までに文法化し、cha-guḍi［1-CLF］「1つ」（TK）のような類別詞としての用法が成立したと考えられる。16世紀のテクストTKでは類別詞の用例しか見られない。

　その次に発生した用法が名詞化辞としての用法である。18世紀中頃に成立したと思われるBPでは、①ja=guli bacan［1SG=NMLZ 言葉］「私のことば」やthu=guli kha［これ=NMLZ 話］「この話」（BP）のような代名詞や指示詞に後接し名詞を修飾する連体句標識としての用法、②draby biva=guli［金 与える-NMLZ］「金を生み出すもの」のように*guli*が形式名詞的に用いられる用法、③chalapol-an chunyā=guli svān［2SG.HON 挿す=NMLZ 花］「あなたがお挿しになっている花」のような連体節標識としての用法が数例見られる。19世紀のテクストMVでは、動詞が直接被修飾名詞に付く例もあるが、連体節にも名詞化辞=guli／guが付く割合が圧倒的に高い。

　古典語データでは、現代語同様定形として使われる動詞の形は5つあるが、現代語のNFPDに当たる形（活用形は第3節の表1参照）を除いて、すべて名詞化辞なしで名詞的にも使うことができた（Jørgensen 1941: 59）5。現代語では、動詞節が連体修飾節や名詞化節として現れる場合など、すべて名詞化辞=guが必要である。

　16世紀のテクストであるTKでは、定形動詞文がそのまま連体修飾節や名詞節として使われており、名詞化辞に当たるものは一切現れない。また、=guの古形も類別詞としての用法はあるが、連体句標識の用法は見られない。

　18世紀のテクストBPでは、類別詞、連体句にはすべて*guli*が付く。連体修飾節では、名詞化辞なしの場合とありの場合の両方が見

られる。名詞節を補部に取る動詞は「見る」「知る」「感じる」などの認知動詞であるが、(3) のように名詞化辞なしで現れるのが普通である。しかし、1例のみ (4) のような名詞化辞=guの付いた例が見つかった。(4) では補部と動詞が離れており、動詞の補部であることを明示するために挿入されたのではないかと考えられる。

(3) [thva Ratnadatta baniyā khvay-āva va-va]
　　〔この   PN   商人   泣く-CP   来る-NFND
　　khaṅ-āva thva mocā-ta-syenaṃ dhālaṃ.
　　見る-CP   この 子供-PL-ERG   言う.NFPD〕
　　〔この商人ラトナダッタが泣きながら来たのを見て、この子どもたちが言いました。〕
　　　　　　　　　　　　　　　　　　　　　　　　　　　　　　(BP)

(4) [thva tha kā-va=*gu*]   baniyā=n ma-khaṅ.
　　〔この 上に 取る-NFND=NMLZ   商人=ERG   NEG-見る.NFND〕
　　〔[(王女が) これ (＝王子) を引きずり上げたの] は商人には見えなかった。〕
　　　　　　　　　　　　　　　　　　　　　　　　　　　　　　(BP)

　BPより後に成立したMVの状況をみると、guli／guの出現は更に多くなり、連体修飾節や動詞の補部となる名詞化節で高頻度に見られるようになる。しかし、BPおよびMVにおいては、=gu (kha:) 形式そのものはまだ見られない。
　以上から名詞化辞の=guは、19世紀までには類別詞＞連体句標識・連体修飾節標識＞名詞節標識の順で句から節へと文法機能の及ぶ範囲を拡張させてきたことが分かる。

2.3　19世紀以前における=gu kha: 文に相当するもの

　MV以前には、=gu (kha:) という形式は見られないと述べたが、実は、コピュラが動詞文に直接付く形式がBPとMVには見られる。少なくともTKの中ではこの形式は見られない。この形式は、ある命題が事実であるということを強調する文脈で使われている。
　BPに (5) のような例がある。王子と大臣の息子が学業を終えて

戻る途中、結局何も身につけられなかった大臣の息子が、すべてできるようになった王子を殺してしまう。その後、その悪行がばれたところで、大臣の息子が白状している場面での発話である。

(5) vaspol　　　samastaṃ　sa-va,　　　ji　　chunuṃ　ma
　　〔3SG.HON　すべて　　　できる-NFND　1SG　何も　　　NEG
　　sa-va　　　　dhakaṃ　lajjā=yā　nimittin　ji　　aparādh
　　できる-NFND　と　　　　恥=GEN　　ために　　1SG　咎
　　lāt-o　　　　kha-va　　khya.
　　当たる-NFPD　COP-NFND　確かに〕
　　〔「王子はすべてのことができるようになったが、私は何もできるようにならなかったという恥ずかしい気持ちのために、私はそのような咎を犯してしまったということなのです。」〕　　　　　　　　　　　　　　(BP)

　この例文で発話者は、原因・理由を説明し、すでに暴かれた自分の行為が事実として間違いないことを認めている。
　また、同じ用法の否定文、疑問文は (6) と (7) のようなものが見られる。

(6) "bho　mahārājā,　mebatā　kāraṇ-s　jipani　oy-ā
　　〔INTJ　王様　　　　他の　　　理由-LOC　1PL　　来る-NFC
　　ma-khu."
　　NEG-COP〕
　　〔「王様、我々が来た理由は他でもありません。」〕　　　　　　(MV)
　　〔直訳：王様、他の理由にて我々が来たことは真実ではない。〕

(7) "thva　mocā　chan　　syānā　　khava　　lā."
　　〔この　子　　2SG.ERG　殺す.NFC　COP.NFND　Q〕
　　〔「この子をお前が殺したのか。」〕　　　　　　　　　　　　　(BP)

　古典語データには、=gu khaːに相当する「動詞文＋コピュラ」の例は、事実提示や確認の用法しか見られない。次節では、現代ネワール語の=guの用法について詳細を確認する。

3　現代ネワール語の文末における=guの用法

　文法化して類別詞となったのち、名詞化辞として発達した=guは、現代語において以下の用法を持つ。①rām=yā=gu chē [PN=GEN=NMLZ 家]「ラムの家」やbā:lā:=gu chē [良い.NFND=NMLZ 家]「良い家」のように連体句・節を形成する。②rām=yā=guだけで「ラムの（もの）」という意味を表したりと、日本語のノや中国語の「的」に近い。③例文 (1) のように出来事を名詞化し、主語や「見る」「聞く」「知る」などの認知動詞の補語となる。④本来「真実である」という意味の動詞であったコピュラkha:と組み合わさり、例文 (2) のように=gu kha:という文末形式として用いられる。この形式は、文字通りには「～ことは真実だ」のような意味であり、=gu kha:自体が文末形式として再分析され、日本語のノダ文のようなモーダルな意味を表す。また、=guのみで文が終わることも可能である。以下、文末が=gu kha:となる形式と=guのみになる形式をまとめて=gu (kha:) 文と呼ぶことにする。

　ちなみに、日本語のノダ文は、ノダの場合とコピュラなしのノだけの場合とでは意味的な違いは見られないが、以下で見ていくように、ネワール語ではコピュラの有無が文体的差だけでなく機能的な差として現れる。

　さて、2節で見たように、①②③の用法は19世紀までにはすべて出揃っていた。④の用法は、19世紀中までは、1例を除き名詞化辞なしで直接コピュラが付く例であった。また、=guだけで終わる文も見られなかった。しかし、20世紀初頭の資料で1914年にPt. Nisthananda Vajracharyaによって当時の口語ネワール語に散文体翻訳された仏伝経典 *Lalitavistara Sūtra*（Vajracharya 1978）では、=gu kha:形式だけでなく、文末が=guで終わる例が多く見られることから、19世紀後半から20世紀初頭にかけて、コピュラが省かれた形式が成立したものと考えられる。

3.1　　　　　　　　　=gu (kha:) 文の形態統語的特徴

ネワール語の=gu (kha:) 文は、日本語のノダ・モノダ文と違い動詞述語文からしか作れないし、また、動詞の形に一部制約がある6。動詞述語文は、定形動詞が述部主要部となる文である。ネワール語の定形動詞は、テンス・アスペクトとconjunct／disjunctという証拠性・意図性が関係する文法カテゴリが表1のように活用語尾として形態的に区別される。

	順接形（Conjunct）	離接形（Disjunct）
未来形（Future）	-e / i（FC）	-i / -i:（FD）
非未来形（Nonfuture）	-ā（NFC）	-a / -ala（完結相：NFPD） -V̄: / -V:(中立相：NFND)

表1　現代ネワール語動詞の定形語尾7

順接形は、平叙文では一人称主語の意志的動作を、疑問文では二人称主語の意志的動作を表し、それ以外の場合は、離接形が用いられる。例えば、「君は行く。」なら未来離接形のwan-i:が用いられ、「君も行く?」「うん、行く。」のような場合は、どちらも未来順接形のwan-eが用いられる。

　5つの活用形はすべて定形動詞として使うことができるが、名詞化辞=guが接続できるのは、非未来完結相離接形（NFPD、nonfuture perfective disjunct）以外である。主文でNFPD形の文が名詞化する場合は、非未来中立相離接形（NFND、nonfuture neutral disjunct）に置き換わる。例えば、Ram wal-a「ラムが来た」という意味の文では、NFPD形のwal-aとなり、NFND形のwa:にはならない。「ラムが来たこと」のように名詞化する場合、NFPD形wal-aの後に=guを付け、wal-a=guとすることはできず、Ram wa:=guのようにNFND形に名詞化辞を付けた形式になる。

　続いて、=gu (kha:) 文の機能について詳しく見ることにする。

3.2　既定命題の提示

=gu (kha:) 文の本質的な意味は、名詞節が表す命題内容が事実であることを示すことにある。kha: は、もともと「真実である」という意味の動詞なので、特に新聞記事において主要な出来事を述べる場合にコピュラ付きの=gu kha: を連続して用いることがある。

また、この機能と関連し、命題内容を既定事態として話者が認知していることを示すモーダルな機能もある。日本語のノダ文についても三上 (1953) をはじめ「既定性」が関係するという見解が多く見られるが、既定と言った場合、必ずしも事実に限られるものではなく、話者の想定として確定的な事態であれば、未実現のことでも既定命題としてみなされる。以下、文タイプ毎に例を見ていく。

3.2.1　平叙文における用法

コピュラが付く=gu kha: 文の典型的な用法は、話者が命題内容についてそれが間違いなく事実であると認識していることを示す用法である。例えば、次の例では、過去の状況について、実際にこうだった、という事実を提示する用法である。

(8) nhāpā　nhāpā　dhū,　bhālu,　sala,　kisi　thē:　manu:　nā:
　　〔以前　以前　狐　熊　馬　象　ように　人　も
　　gū-ī:　he　cwan-i:=gu　kha:.
　　森-LOC　FP　住む-FD=NMLZ　COP.〕
　　〔昔々、キツネや熊、馬や象のように人間も森に住んでいた。〕　(L4)

この文は、人間が服を着るようになった経緯を説明する文章の冒頭である。=gu kha: 文は、日本語のノダ文に訳せる場合が多いが、この文ではノダとは訳せない。日本語のノダ文は、何かについて関係づけて既定命題を提示し説明する機能がある (野田 1997: 64-66) ため、関連付けられる別命題が必要である。しかし、ネワール語の=gu (kha:) 文の機能は、単に命題が事実であったり、想定済みであったりする既定命題を提示するものでしかないため、先行文脈なしで用いることができるのである。

ネワール語の=gu kha: 文も日本語の説明・関係づけ的な用法で使

われることもある。特に、原因・理由を述べた後で、「だから実際に〜なのだ」という帰結を表す場合によく使われる。次の例では、日本に来て日本語が話せず困っているというネワールの夫婦に対して、この夫婦の知人が2人から事情を聴いた後に、言ったものである。

(9) "wa　lā　kha:,　　ukī:　chikipī:=sā:　jāpāni:
　　〔それ　FP　正しい.NFND　だから　2PL.HON=ERG　日本
　　bhāe　bhacā　sā̃:　saek-e=gu　　kuta:　yān-ā
　　語　　少し　　でも　学ぶ-FC=NMLZ　努力　する-CM
　　di-i　　　mā:=*gu kha:*."
　　HON-INF　必要.NFND=NMLZ〕
　　〔「それはその通りですよ。だから、あなた方も日本語を少し学ぶ努力をなさる必要があるんですよ。」〕　　　　　　　　　　　　　　　　(NC)

=gu kha: 文とコピュラなしの =gu 文とでは、文体的にもディスコース上の機能の点でも異なる点がある。特に会話では、=gu kha: が(9)のように帰結的な意見や事実の提示文脈で使われ、=gu のみの文は、背景的な事実の列挙に使われる傾向が強い8。

3.2.2　疑問文における用法

疑問文での基本的な用法は、事実確認用法である。次の例では、早く治りたい気持ちの病気の娘に、医者が出した薬を母親が飲みなさいと言ったそのあとに続く娘の発話である。初めの疑問文は、単に治るかどうかを確認しているので、=gu がつかない。それに対して、次の疑問文では、病気で寝ているという事実を前提として、それがどれくらいの間になるのかを尋ねている。この場合、=gu が付く。

(10) "mā̃:,　wāsa:　na:-sā　　　yākanā:　lā-i　　lā?
　　〔母　　薬　　食べる.NFND-なら　すぐに　　治る-FD　Q
　　guli　jaka　dyen-ā　cwan-e=*gu*?"
　　いくら　だけ　寝る-CM　いる-FC=NMLZ〕
　　〔「お母さん、薬を飲んだらすぐに治るの？どれぐらい寝ているの？」〕
　　　　　　　　　　　　　　　　　　　　　　　　　　　　　(MJ)

平叙文の場合と同様、コピュラが付く場合とつかない場合とで、ニュアンスが異なる。コピュラが付く場合の方が、念押し的な確認のニュアンスが強い。次の例は、姉が近くにいる妹を邪魔に感じ、木の棒を投げて落ちたところにいるように言ったのに対して、棒が落ちた場所に妹が行き、ここでよいのかを確認している場面の発話である。

(11) "thana   cwan-e=*gu*   kha: lā?"
　　〔ここに　いる-FC=NMLZ   COP.NFND   Q〕
　　〔「ここにいるのでいいんだよね?」〕　　　　　　　　　　(DC)

　このような念押し的意味になるのは、コピュラが本来「真実である」という意味の動詞であるからだと言える。
　また、(12)のようにコピュラが付かない場合でも、命題内容が既定であると話し手が想定していることが示される。

(12) "bishbāsghāti,   chā: kā,   makhulā,   nyā khuy-ā:
　　〔INTJ   2SG.ERG   FP   じゃないか   魚   盗む-CP
　　nay-ā=*gu*?"
　　食べる-NFC=NMLZ〕
　　〔「なんと、まさかお前が魚を盗んで食べたのか?そうだろ!」〕　(CL)

　この疑問文では、=guが付くことで、「Xが魚を盗んで食べた」ことが事実であると話者が認識し、そのことを前提として「お前か?」と尋ねている。=guがつかない場合は、「お前が魚を盗んで食べた」ということがあったかどうかを確認しているだけになる。次の例は、そのような例で、2羽の鳥が餌を求めて東西に別れて飛んでいき、戻って来たときの場面である。

(13) tuyu=mha   jhā:gal=ā: hānā: nyan-a,
　　〔白=NMLZ   鳥=ERG   また   尋ねる-NFPD
　　"ae,   chā: ukhe   pu:rba   pākhe   chu   nay-ā?"
　　ねぇ   2SG.ERG   あっち   東   方で   何   食べる-NFC

"ahã, jī:　　lā　chū:　he　ma-nay-ā."
いや　1SG.ERG　FP　何も　FP　NEG-食べる-NFC〕
〔白い鳥が再び尋ねた。「ねえ、君は東の方で何を食べたの?」「いや、僕は何も食べなかった。」〕　　　　　　　　　　　　　　　　　(TK)

　ここでは、相手の鳥が何か食べたかどうかはわかっていない。そのような前提で聞いているので、日本語ならさしずめ「何か食べたか。」となるところである。
　話者が命題内容を既定であると認識していない場合は、=guをつけた疑問文は使えない。日本語では、例えば急に座り込んだ友達に向かって「どうしたの?」と「の」を付けて尋ねることが可能だが、ネワール語では、こういう文脈では=guをつけた疑問文は使えない。文末の=guの有無は、話者の事態に対する認識のレベルの差を表しているからである。

(14)
a. "chan=ta　chu　jul-a?"
　〔2SG=DAT　何　なる-NFPD〕
　〔「(急に) どうしたの?」〕
b. "chan=ta　chu　ju:=gu?"
　〔2SG=DAT　何　なる.NFND=NMLZ〕
　〔「(さっきから) どうしたの?」〕

　(14a) では急な事態変化を認識したような場合にしか使えず、(14b) は実際に何か起きたことを既定事実と認めたうえで、それが何かを尋ねる場合に用いる。日本語の「の」は、聞き手の関心の高さを含意するため、医者が初診の患者に「今日はどうしたのですか」とは聞かない。逆に、ネワール語では、(14b) のように=guをつけて尋ねないとおかしい。何かあった上で医者に来るからである。(14b) は、ギブスをはめてきた友達に対して尋ねる場合にも使う。何かあったことは確かだからである。
　疑問詞の中でも、「なぜ」に当たる文の場合、文末に=guが付く例が圧倒的に多い。次の例では、子どもたちが泣いているのを見つけて、子供たちに問いかけている。

(15) "ae   masta, chipī: chāe khway-ā=*gu*?"
〔ねぇ 子供達 君たち なぜ 泣く-NFC=NMLZ〕
〔「ねぇ、僕たち。どうして泣いているの?」〕　　　　　　（KH）

理由を尋ねる場合、子どもが泣いているという命題自体は既定事態である。そのため、=guが付くのである。

また、コピュラがつかない=guによる疑問文の場合、反語的なニュアンスを持つことがある。次の例では、今年は祭りに行くのはやめて、来年行ったらどうかと妻が行ったのに対して、夫が反論している場面での発話である。

(16) "gae   ma-wan-e=*gu*?   ākiwā: ju-i=balae si-i
〔どうして NEG-行く=FC=NMLZ 来年 なる-FD=時 死ぬ-FD
lā mwā-i   lā kā."
Q 生きる-FD Q よ〕
〔「どうして行かないことになるんだ。来年になったら、死んでるか生きているかわからんだろ。」〕　　　　　　（JB）

反語では、尋ねていることは既定事態なのか、いや、違う、という話者の推論過程が言語的に反映されていると考えることができる。

3.3　（間）主観的な用法

上で見たように=gu(kha:)文は、事実提示・確認的な機能をもつ。この機能に加えて主観化が進み、モノダ的な一般論の提示や、否定文と疑問文では、相手指向の間主観的な使われ方をする例が見られる。この場合、前接する動詞は話者の意志を表す未来順接形（FC、future conjunct）になる。

3.3.1　一般論の提示的機能

コピュラの付いた=gu kha:の否定形式=gu makhuは、文字通りの意味であれば、事実ではないことを強調する表現になる。

(17) na-e=ta   mwā-e=*gu*   ma-khu,
　　〔食べる-INF=DAT　生きる-FC=NMLZ　NEG-COP.NFND
　　mwā-e=ta   na-e=gu   kha:.
　　生きる-INF=DAT　食べる-FC=DAT　COP.NFND〕
　　〔食べるために生きるのではない、生きるために食べるのだ。〕　　(L3)

　この否定形式はより主観的な「～ものではない」という一般論を提示する機能もある。次の文は、先行する文でネパールにも民主主義が到来した、ということを述べ、それを受けて一般論を述べている。

(18) tha: tha: lwā-e=*gu*   ma-khu.
　　〔自分　自分　争う-FC=NMLZ　NEG-COP〕
　　〔身内で争うものではない。〕　　　　　　　　　　(SH)

　肯定形式の=gu kha:自体は、「～するものだ」という意味では使うことができず、代わりに必然・当然であるという認識を表す助動詞を用いる。

3.3.2　　　　　　　　　禁止・諭しの用法

　名詞節の主語が二人称で、かつ、動詞がFC形の場合、=gu ma-khu文は、「そうするものではない」と相手を諭したり、「～するんじゃない」という柔らかな禁止の意味になる。

(19) "kā,   Keshari-cā,   chā: jhi-ghau   bik-ā: jā
　　〔さあ　PN-DIM　　2SG.ERG　10-時間　過ごす-CP　ご飯
　　nay-ā   cwan-e=*gu*   makhu.   yākanā: sidhaek-ā:
　　食べる-CM　いる-FC=NMLZ　NEG.COP　すぐに　　終わらす-CP
　　kwāhā: wā."
　　下に　　来る.IMP〕
　　〔「さあ、ケシャリ、何時間もかけてご飯を食べるものではないよ。すぐに終えて、下に来なさい。」〕　　　　　　　　　　　　　　　(JB)

　この意味の場合、=gu makhuの部分を、「～してはならない」という否定助動詞ma-jyu:〔NEG-構わない.NFND〕で読み替える

ことができる。
　=gu makhu と否定コピュラになる場合、間主観的な意味が認められるが、肯定の =gu kha: には、禁止の逆の命令のような用法はない。肯定的な意味の指示や命令の場合は、当然・必然を表す助動詞を用いるか命令文を用いなければならない。

3.3.3　勧誘・依頼の用法
　未来順接形（FC）は、下の例の初めの wa-e のように意志未来を表す。FC＝gu kha: は、文字通りの意味を表す場合、疑問文で使われれば、下の例のように相手の意志の確認を表す。

(20)
"ukĩ:　　prabhu,　ji　　kanhae　he　wa-e.
〔だから　旦那さん　1SG　明日　　FP　来る-FC
libā:=gu=yāta　　　　　chemā　yān-ā　bijyahū."
遅れる.NFND=NMLZ=DAT　許し　する-CP　HON.IMP
"hā,　kanhae　pakkā　wa-e=gu　　kha:　lā?"
　INTJ　明日　　ちゃんと　来る-FC=NMLZ　COP　Q〕
〔「ですから、明日来ることにします。遅れたことはお許しください。」「なにぃ、明日ちゃんと来るのだな。」〕　　　　　　　　　　　　　　　　(CT)

　しかし、文脈によっては、(21) のように相手がそうしたいだろうということを前提とし、何かを勧めるような文脈で使うことができる。

(21)
"ya:mā!　kuthi:　　　chāe　ya:mari　chāe
〔母　　　物置.LOC　なぜ　ヨーモリ　なぜ
mā:=gu?"　　　　　ābrittī:　nyen-a.
必要.NFND=NMLZ　PS　　　聞く-NFPD
"cha-gu:　bākhā　du.　　　nyen-e=gu　　kha:　lā?"
　1-CLF　　物語　　ある.NFND　聞く-FC=NMLZ　COP　Q〕
〔「おかあさん、物置になんで、ヨーモリがなんで必要なの？」とアーブリッティが尋ねた。「言われがあるんだよ。聞くかい？」〕　　　　　　(TT)

また、次の例では、他の妃が殉死を嫌がるなか、王が1番目の妃に自分が死ぬときに一緒に来てくれるかと意志を確認することで、依頼という間接発話行為を遂行しているものとして解釈ができる。

(22)
"cha   ji=nāpā: wa-e=*gu*   kha: lā?"
〔2SG 1SG=COM 来る-FC=NMLZ COP Q〕
〔「お前はわしと共に行ってくれるな？」〕 (DS)

　勧誘や依頼の意味として成立するには、コピュラが必要である。もしなければ、相手がそうするつもりであり、話し手がその意志を再確認している意味にしかならない。
　これまで見てきたように現代ネワール語の名詞化辞は、多様な意味用法に関わっていることが分かる。次節では、=gu(kha:)文がどのように発展し、また、(間)主観的意味がいつ頃成立したのか、どのような原理でそのような意味が可能となったのかについて考察する。

4　主観化・間主観化の過程

　現代語の=gu kha:文は、古典語における (5) のような「動詞文＋khava」という形式を継承し、恐らく、19世紀以降に定形節と連体節・名詞節の区別が進むに連れて、=guが挿入されるようになり成立したと考えられる。さらに、20世紀初頭には=guで終わる文の使用も多く見られるようになる。
　=gu(kha:)文の持つ複数の機能の発達には語用論的な側面が関係していると考えると用法間のつながりがうまく説明できる。本来kha:／khavaは、「真実である」という意味の動詞で、もとは (5) のように前に来る命題が真実であることを述べるものである。(9) のような帰結的な主張・説明の用法は、この意味と関連しており、

実際に事実かどうかは別として、話者の主観的な価値観を表明するという伝達意図が慣習化したものと考えられる。
　19世紀終わりから20世紀に入って連体・名詞節の形式的区別が確立すると、口語ではコピュラkha:がなくても名詞化辞=gu単独で=gu kha:文であることが類推できるようになり、形式の簡略化が起こる。ここに文末の=guは、単独でも（10）や（12）のように命題を既定事態として提示する機能を獲得したと考えられる。また、=gu kha:文自体もコピュラがあることで、=gu単独の場合よりも相対的にコピュラの原義が意識されやすくなり、それを基盤に語用論的な動機付けにより特に否定文や疑問文で（間）主観的な機能を拡張させた可能性が想定できる。この語用論的意味は、特定の文脈において成立する誘導推論（Traugott 2004）が慣習化されて成立したものだと考えられる。
　まず、否定の=gu makhuは、名詞節の表す事態が事実とは異なることを強調的に提示するが、一人称主語を取る未来順接形（FC）を用いることで、「私たちは」という文脈が形成され、話者自身の主観的判断を聞き手にも事実だと押し付けることで（18）のような一般論的な解釈が生まれる。また、一般論的な内容が聞き手のみに向けられたものと解釈されると、（19）のような柔らかい禁止の読みが生じる9。この2つの解釈は、ネワール語では否定に限られるが、日本語の「こと」「もの」が文法化した形式コトダ・モノダ文と似ているのは偶然であろうか。
　疑問文は、聞き手を必要とすることから、間主観的な意味を発達させやすいと言える。=gu kha:の疑問文が持つ間主観的な用法（誘い掛け（21）や依頼（22））は、本来の既定命題提示機能が、疑問文において二人称主語の意志未来を表す文脈において語用論的な推意を経て慣習化されたものだと言える。二人称主語の命題について尋ねる場合、本来は、聞き手が知っているはずの事実を確認するものであるが、その想定がない場面で聞き手についての意志をあたかも既定事態であるかのように提示し確認することで、誘い掛けや依頼という推意が得られる10。
　現時点では、テキストデータの質と量に限界があり、特に間主観的な意味の発達については、古典語にデータが見られなかったことをもってその時代になかったとは言い切れない。また、今回は対象

としなかった20世紀中におけるテクストの比較分析も課題として残るものの、全体的にはネワール語の名詞化辞=guと関連表現=gu（kha:）文の意味拡張の過程を例証し、そこに語用論が関係することを確認することができた。

注

1 現在「ネパール語」と言えば、ネパールの国語であるインド＝アーリア系言語（Nepali）を指す。Neapāl Bhāṣāという呼称は、1768年まで続いたネワール族による王朝が存在したカトマンズ盆地が、そもそもNepālと呼ばれていたことに由来する。そこで話されていた言語、ネワール語が「ネパール語」であった。現在のネパール語は、もともとKhas Kurā、Gurkhaliと呼ばれた言語で、20世紀初頭にNepalī（ネパール語）と呼ばれるようになった。ネワール語は日常的にはNewā: Bhāeと呼ばれる（ネワール語の表記と発音は注2を参照）。

2 ネワール語の例は、1行目に原語、2行目にグロス、3行目に日本語訳を示す。グロスで使用している略号の意味は、本章末の一覧を参照のこと。

　また、本章で用いる現代語のデータは、本章最後にあげた使用テクスト一覧で示した資料を用いている。どの資料のデータかは和訳の後に記号で示し、一覧と対応させることとする。特に出典が示されていないデータは、インフォーマントから聞き取りによって得たものである。

　ネワール語は、デーヴァナーガリー文字を主に使用するが、本章での表記には独自のローマ字転写を用いる。現代ネワール語の注意が必要な転写文字との対応を（必要に応じて国際音声字母（IPA）とともに）示すと、次のようになる。母音：a[ə/ʌ]、ā[a]、ae[ɛː]、āe[æː]、ya[je]；子音：c[ts]、j[(d)z]；khのように子音字の後にhの付くものは、有気音を表す。また、ṣやḍは、反り舌音の転写だが、現代語ではs、dと発音に区別はない。

3 ネワール語は、19世紀までは伝統的なネワール文字で書かれていた。この時代のネワール語のローマ字転写には、サンスクリット語の転写方式を採用する。特に注意を必要とするものを挙げる。発音は現代語からの類推である。a[ə]、aḥ[əː]、aṁ[ə̃]、aṃ[ə̃ː]、a[a]、ā[aː]、i[i]、ī[iː]、iṁ[ĩ]、iṃ[ĩː]、u[u]、ū[uː]、uṁ[ũ]、ūṃ[ũː]、e[je]、ya[je]、ay[ɛː]、āy[æː]、va[wə/o]。子音は、hm[mh]、ṅ[ŋ]以外は現代語と同じである。

4 テクストの底本は、TKがSiṃha（2009）、BPがJøgensen（1939）、MVがLienhard（1963）である。

5 Jørgensen（1941）は、古典語の動詞の形を短形と長形に分け、それぞれA1からA7、B1からB12までに分類している。本稿の活用形名称（3.1節の表1参照）とJørgensenの分類とを対応させると以下のようになる。FC＝A4、FD＝A3、NFC＝A6、NFPD＝A1、NFND＝A5。

6 詳細は、Kiryu（2013）を参照。

7 本章で示す活用形の分類は、伝統的なものとは異なる。伝統的な分析では、過去・非過去の対立で記述される。しかし、未来形はgenericの意味を表すものの、非現実や未実現の事態を表し、非未来形は過去事態だけでなく習慣や現在の状態を表すため、過去形と呼ぶのはふさわしくないと判断する。Hale and Shrestha（2006）などの伝統的な分析との対応は、以下の通り。FC＝Nonpast Conjunct（NC）、FD＝Nonpast Disjunct（ND）、NFC＝Past Conjunct（PC）、NFPD＝Past disjunct（PD）、NFND＝Stative（ST）。

8 Hale and Shrestha（2006：197）には、登場人物の特徴説明（elaboration of theme）や背景事情の説明（retelling prior events）に＝gu文が使用されている例を挙げている。本章では、紙幅の関係で例は割愛する。

9 間主観的な意味は主観的な意味の後に生じるという考え方（Traugott and Dasher 2002）もある。現段階では、=gu makhu の持つ間主観的な意味が、主観的な意味の後に現れたのかどうかは不明であるが、主観的な一般論提示用法から間主観的な用法の柔らかな禁止へ拡張した可能性は高いと思われる。

10 日本語では勧誘と依頼は異なった表現で表されるが、英語では Would you like to 〜? という疑問文は両方の発話の力を持ちうる（Leech 1980：85）。その点、英語とネワール語は似ている。

グロス中の略号一覧

CLF：classifier（類別詞）、CM：concatenation marker（接合辞）、
COM：commutative（共格）、COP：copula（コピュラ）、
CP：conjunctive participle（連接辞）、DAT：dative（与格）、
DIM：dimunitive（指小辞）、ERG：ergative（能格）、
FC：future conjunct（未来順接形）、FD：future disjunct（未来離接形）、
FP：focusing particle（とりたて助詞）、GEN：genitive（属格）、
HON：honorific（上位待遇）、IMP：imperative（命令）、INF：infinitive（不定形）、
INTJ：interjection（間投詞）、LOC：locative（所格）、NEG：negation（否定）、
NFC：nonfuture conjunct（非未来順接形）、
NFND：nonfuture neutral disjunct（非未来中立形）、
NFPD：nonfuture perfective disjunct（非未完了相離接形）、
NMLZ：nominalizer（名詞化辞）、Q：question particle（疑問）、
PL：plural（複数）、PN：proper noun（固有名詞）、SG：singular（単数）、
1：一人称、2：二人称、-：接辞境界、=：接語境界

現代語テクストと略号一覧

- [AJ] *Āju:jaya*［アズーザヤ］Kathmandu、Elohan Publication、2011
- [CA] Cākugu ā:gur［甘いブドウ］[CKAG] 所収、pp. 1-2
- [CKAG] *Cākugu ā:gur (bākhā: munā)*［甘いブドウ（物語集）］Kathmandu: Ratna Prashidhā Pitanā、1996
- [CL] Cikaṃlāpā［コウモリ］[CKAG] 所収、pp. 15-17
- [CT] *Cyāpā tutī: cu:mha bāhā*［8本足で歩く生贄］*Elohan: macāyā lae pau*［イーロハン：子供向け月刊誌］90: pp. 31-36、2007、Kathmandu: Elohan Publication
- [DC] Masinu Māyā Śākya さんの語る物語 *dhwā:cwalecā*［ジャッカル頭の山羊］の録音データ、2006
- [DS] *Dharma he kha: sadā: dhaigu*［宗教こそ永遠と言えるもの也］*Elohan: macāyā lae pau*［イーロハン：子供向け月刊誌］118: pp. 41-42、2009、Kathmandu: Elohan Publication
- [JB] *Jigu lumātiyā bākhā:*［私の思い出話］Kriṣṇadevī Bajrācārya. Lalitapur: Nepāl Bhāṣā Misa Khalaḥ、2009
- [KH] *Khācā wa hāecā*［鶏とアヒル］*Elohan: macāyā lae pau*［イーロハン：子供向け月刊誌］113: pp. 30-32、2009、Kathmandu: Elohan Publication
- [L3] *Lū:hiti (swadhā:)*（ネワール語教科書3年生読本）、VS2057（AD2001）

Bhaktapur: Śrī 5 ko Sarakāra Śikṣa tathā Khelakuda Mantrālaya, Pāṭhyakrama Vikāsa Kendra
- [L4] Lū:hiti (pyadhā:) (ネワール語教科書4年生読本)、VS2057 (AD2001) Bhaktapur: Śrī 5 ko Sarakāra Śikṣa tathā Khelakuda Mantrālaya, Pāṭhyakrama Vikāsa Kendra
- [MJ] Mā̃:ji [母と私] [AJ] 所収、pp. 13-14
- [NC] 『ネワール語会話』Kansakar、Tej R.、石井溥、桐生和幸 編、東京外国語大学アジアアフリカ言語文化研究所、2002
- [SH] Sahid [殉国者] Elohan: macāyā lae pau [イーロハン：子供向け月刊誌] 115：pp. 30-31、2009、Kathmandu: Elohan Publication
- [TK] Tuyumha khwa: [白い鳥] [CKAG] 所収、pp. 4-5
- [TT] Tya:chī: tya: [トョーチン・トョー] [AJ] 所収、pp. 16-19

参考文献

- 桐生和幸（2002）『ネワール語文法』東京外国語大学アジア・アフリカ言語文化研究所
- 桐生和幸（2004）「ネワール語の類別詞」西光義弘・水口志乃扶 編『類別詞の対照』pp. 185-216、くろしお出版
- 野田春美（1997）『の(だ)の機能』くろしお出版
- 三上章（1953）『現代語法序説——シンタクスの試み』刀江書院（くろしお出版復刻刊1972）
- HALE, AUSTIN, and SHRESTHA, KEDĀR. P. (2006) Newār (Nepāl Bhāṣā) [Languages of the World / Materials 256]. Muenchen: LINCOM EUROPA.
- JØGENSEN, HANS. (1939) Batīsaputrikākathā: The tales of the thirty-two statuettes, a Newārī recension of the Siṃhāsanadvātriṃśatikā [Historisk-filologiske Meddelelser. XXIV, 2]. København: Ejnar Munksgaard.
- JØRGENSEN, HANS. (1941) A Grammar of the Classical Newari [Historisk-filologiske eddelelser XXIII / I]. Copenhagen: Levin and unksgaard.
- KIRYU, KAZUYUKI (1999) A Contrastive Study of Aspectual Auxiliary verbs in Newari and Japanese, with Special Reference to cwane and taye, Nepalese Linguistics (16), pp. 41-53.
- KIRYU, KAZUYUKI. (2009) On the Rise of the Classifier System in Newar, Senri Ethnological Studies 75: pp. 51-69.
- KIRYU, KAZUYUKI. (2013) Mermaid Construction in Kathmandu Newar. In Tasaku Tsunoda (ed.) Adnominal Clauses and the 'Mermaid Construction': Grammaticalization of Nouns, pp. 376-417. Tokyo: National Institute for Japanese Language and Linguistics.
- KÖLVER, URLIKE. (1977). Nominalization and Lexicalization in Modern Newari. Arbeiten des Kölner Universalien-Projekts Nr. 30. Köln: Kölner Universalien.
- LEECH. GEOFFREY N. (1980). Explorations in Semantics and Pragmatics. Amsterdam: John Benjamins.
- LIENHARD, SIEGFRIED. (1963). Maṇicūḍāvadānoddhṛta: A bhuddhist re-birth story

in the Newārī language [Stockholm Oriental Studies 4]. Stockholm: Almqvist & Wiksell.
- Siṃha, Tulsilāl. (2009). *Tantrākhyāna (Nesaṃ 638 yā mūlapāṭayā sampādana, anuvāda va vivecanā)*［タントラーキャーナ：ネパール暦638年（AD1518）の本文の編集・翻訳・解題］Yala: Nepāl Bhāṣā Kendrīya Vibhāga.
- Traugott, Elizabeth Closs. (2004). Historical Pragmatics. In Laurence R. Horn and Gregory Ward (eds.) *The Handbook of Pragmatics*, pp. 295–309. Oxford: Blackwell.
- Traugott, Elizabeth Closs.（2011）「文法化と（間）主観化」高田博行・椎名美智・小野寺典子 編『歴史語用論入門』pp. 60–70、大修館書店
- Traugott, Elizabeth Closs and Richard B. Dasher. (2002). *Regularity in Semantic Change*. Cambridge: Cambridge University Press.
- Vajracharya, Nisthananda, Pt. (1978). *Lalitavistara Sūtra*［方広大荘厳経］. Edited by Min Bahadur Sakya. Lalitpur: Young Buddhist Publication.

文献解題

- HALE, AUSTIN, and SHRESTHA, KEDĀR. P. (2006). *Newār (Nepāl Bhāṣā)* [Languages of the World / Materials 256]. Muenchen: LINCOM EUROPA.

    本書は、現代ネワール語の文法研究には必携の書である。ネワール語の文法は、拙著2002年の文法書もあるが、語学学習用資料として作成したものでデーヴァナーガリー文字が読めなければ使えない。本書は英文ではあるが、体系的に音韻から統語まで詳細に記述がなされている。

- JØRGENSEN, HANS. (1941). *A Grammar of the Classical Newari* [Historisk-filologiske eddelelser XXIII / 1]. Copenhagen: Levin and unksgaard.

    サンスクリット語の研究者だったJørgensenは、欧州で手に入るネワール語マニュスクリプトを集め、一度もネパールを訪れることなく古典ネワール語の文法書と辞書とを作成した。その分析力は驚異的なもので、現在に至るまで古典ネワール語文法について体系的に書かれた質の高い唯一の文法書である。

- JØRGENSEN, HANS. (1939). *Batīsaputrikākathā: The tales of the thirty-two statuettes, a Newārī recension of the Siṃhāsanadvātriṃśatikā* [Historisk-filologiske Meddelelser. XXIV, 2]. København: Ejnar Munksgaard.

    18世紀中ごろと推察される物語で、Siṃhāsanadvātriṃśatikāというサンスクリット語の物語をもとに話を拡張した内容のもの。Jørgensenが校訂編纂し、本文のローマ字転写、英語訳、注釈、簡易語彙集、英訳の名前と事項索引をつけた。本研究で取り上げたMVよりも古い時代のことばで書かれており、古典ネワール語の分析には重要な1冊である。

第9章

ドイツ語の前置詞 wegenの歴史的変遷

文法化と規範化

佐藤恵

キーワード	書きことば、話しことば、文法化、規範化、言語変化、言語意識
本章の概要と方法論について	本章は、「人の顔と姿が見える」社会語用論的なドイツ語史研究の試みである。ドイツ語のwegen［英：because of］が前置詞として文法化し規範化されてゆく歴史を追うことにより、言語変化のプロセスの一端を言語意識という観点から明らかにする。書きことば、話しことばの両面から過去の書き手（話し手）たちの言語意識を再構成する目的で、言語使用の歴史、およびメタ言語的発言（文法書、辞書における記述）の歴史を分析する。書きことばの資料としては、筆者自身の作成による「書きことばコーパス 1520–1870」（ドイツ語書籍140冊、全2,500万語）を用いる。このコーパスをもとに計量的分析を行うと、18世紀には属格支配と拮抗していた与格支配が1800年を境に激減し、属格支配が圧倒するということがわかる。この劇的な変化の原因としては、wegenの格支配は「属格が正しく与格は誤り」とした文法家アーデルング（1781年）による文法規範が19世紀に入り、学校教育を通じて文章語の書き手たちの言語意識に大きな影響を与えたことが想定される。19世紀の話しことばの実態を再構成する資料として、ベートーヴェンおよび周囲の人々の擬似的会話が記録されている筆談帳（1818–1827）をしてみると、属格支配という異形に、正しさのほかに敬意もしくは疎遠な距離を表すネガティブ・ポライトネスの方略が読み取れる。

1 はじめに

　ジャーナリストのBastian Sickによる『与格は属格の死を意味する──ドイツ語の迷路を通り抜けるための案内書』は、2004年にドイツでベストセラーとなった本である。このなかで著者のSickは、原因・理由を表すドイツ語の前置詞wegen［英：because of］をwegen des Dialekts「方言ゆえに」のように属格ではなく、wegen dem Dialekt「方言のために」のように与格と結合させる用法は「ますます頻繁に耳にされる」(Sick 2004: 15)ため、「もはや方言として片付けられない」(Sick 2004: 15)現象であると主張している。このSickの発言は、wegenは「最近では与格（3格）を支配することが増えてきている」(ヘンチェル・ヴァイト 1994: 262)という記述と一致し、またwegenの与格支配は「まさに話しことばにおいて許容される」(Duden 2009: 612)、「話しことばにおいてはまだ許容されることが［書きことばにおいてよりも］多い」(Duden 2016: 624)という記述とも一致している。
　このwegenの場合に明らかであるように、言語の各歴史的段階において、同じ言語的機能を果たす言語形式にさまざまな異形（バリエーション）が存在する。どの異形が主要（もしくは標準的）であるかは、時代によって異なる。その際、主要ではない異形（または形成過程にある異形）の方がしばしば誤りとみなされる（Milroy 1992: 3)。ある特定の歴史的段階における異形の並存状況を説明するためには、その状況に至る歴史的変遷を明らかにする必要がある。
　本章は、前置詞wegenの語形と格支配がどのように変化してきたのか、言い換えると、前置詞wegenの語形と格支配に関してどのような異形が存在し、入れ替わってきたのかについて、ルターが活躍した時期である1520年から、ドイツ帝国誕生直前の1870年までの350年間を対象時期として通時的調査を行うものである。

2 前置詞としての文法化の歩み

2.1 場所の表現から理由・原因の表現へ：14世紀-

前置詞wegenは、〈von＋名詞（属格）＋wegen〉（「～の側から」[英：from the ways [sides] of]）という中高ドイツ語の構造から生じたものである（Szczepaniak 2011：98）。この構造におけるwegenは、「道、側」という意味の名詞wegの複数与格形となっている。Hopper and Traugott（1993）も、前置詞wegenが「屈折した名詞」（ホッパー・トラウゴット 2003：130、Hopper and Traugott 1993：110）に由来することに注目している。また、「機能語がもともと内容語から来ている例」はよくあり、「内容語が機能語の持つ文法的性質を帯びるとき、その形式は「文法化された（grammaticalized）」という」（ホッパー・トラウゴット 2003：6、Hopper and Traugott 1993：4）と述べている。さらにHopper and Traugott（1993）は、「通時的観点から文法化を見たとき、それは一方向的現象であると考えることができる」（ホッパー・トラウゴット 2003：115、Hopper and Traugott 1993：99）とし、文法化していく過程において観察されるという「一般化（generalization）、脱範疇化（decategorialization）、文法的度合いの増加（increase in grammatical status）」（同上）は前置詞wegenの歴史的発展のなかにも認められる。この節では、名詞（内容語）から前置詞（機能語）へとドイツ語のwegenが文法化していった道筋を跡づけていきたい。

　Grimm（1922）によれば、「この前置詞の基礎にあるvon wegen（側から）は、おそらく低地ドイツ語に由来し、官庁語を通じて高地ドイツ語に到達した」（Grimm 1922：3091）。Grimmは、〈von＋名詞（属格）＋wegen〉の初期の例として、1262年のシュトラースブルクの古文書に書かれたvon unsers herren des bischoves wege「われわれの司教殿の側から」という用例を挙げている（Grimm 1922：3091）。〈von＋名詞（属格）＋wegen〉という構造における名詞weg(en)は、本来の「道、側」という意味を次第に失って、「脱意味化」（Szczepaniak 2011：98）していった。すなわち、この構造は、由来する場所を表す意味「～の側から」の意味から、たど

ってきた経緯・ゆかりを表す「〜を起源として」という意味へ変化し、そこからさらに関与を表す意味「〜に関して」を経由し、「〜のゆえに」という理由・原因を表す意味を獲得した（Szczepaniak 2011：98）。この意味用法は、「14、15世紀に現れた」（Szczepaniak 2011：99）とされる。このようにwegenが文法化するなかで起こった意味変化においても、「古い具体的な意味の喪失」と「新しい抽象的な意味の発展」（ホッパー・トラウゴット 2003：117、Hopper and Traugott 1993：101）が観察され、「一般的な語彙項目が文法機能を持つようになるとき、何度も何度も使われて一般化する、つまり別の意味が加わり多義語となる」（ホッパー・トラウゴット 2003：119、Hopper and Traugott 1993：102）というHopper and Traugott（1993）の記述と一致する。

　筆者自身が調査したところ、「中高ドイツ語期」（11世紀中頃−14世紀中頃）の最後の時代に当たる14世紀中頃に書かれた『プルカヴァの年代記』（Pulkava Chronik）には、理由・原因の意味と考えられる〈von＋名詞（属格）＋wegen〉が比較的多く確認できる。例えば、次のような例である。

> von lones wegen「報いゆえに」、von des geldes wegen「その代償ゆえに」、von seins pruders wegen「彼の兄ゆえに」、von rechtz wegen「法ゆえに」

　その際、〈von＋名詞（属格）＋wegen〉のvonとwegenとの間に置かれる名詞として特によく出現しているのは、

> von welcher sache wegen, von der sach wegen, von welches dinges wegen

のように、「事柄」（Sache、Ding）という一般的な意味の名詞であり、前に述べたことを受けて、「その事柄のゆえに」、つまり「それゆえに」という副詞的な意味で用いられている1。

2.2　名詞（属格）後置の出現：遅くとも15世紀−

〈von＋名詞（属格）＋wegen〉という構造に続いて、名詞（属格）が後置された〈von＋wegen＋名詞（属格）〉という異形もほどなく現れる。Grimm（1922）によれば、「15世紀において、属格の後置もまれではない（例：von wegen syner koniglichen durchluchtikeit「国王殿下のゆえに」）。ルターの著作においては、すでにこの後置が普通のものになっていた。」（Grimm 1922: 3092）。その後、さまざまな異形がさらに登場することとなる。

以下では、筆者自身が取りまとめた「書きことばコーパス 1520−1870」2（ドイツ語書籍140冊）の調査結果に基づいて、ルターの時代以降にwegenがどのように発展していくのかを見ていきたいと思う。「書きことばコーパス 1520−1870」に基づく調査結果は、次頁の表1のように示すことができる。表1からわかることは、16世紀においては〈von＋名詞（属格）＋wegen〉と〈von＋wegen＋名詞（属格）〉とが拮抗していて、どちらが主要な異形とは言えないということである。

2.3　vonの脱落、そして〈wegen＋名詞（属格）〉の台頭：16世紀後半−

16世紀後半には、〈von＋名詞（属格）＋wegen〉と〈von＋wegen＋名詞（属格）〉からそれぞれvonが脱落した〈名詞（属格）＋wegen〉と〈wegen＋名詞（属格）〉とが登場する（des ewigen worts wegen（Mosheim 1542: 39）「不変の言葉ゆえに」、wegen des Katholischen glaubens（Laurentius 1576: 246）「カトリックの信仰ゆえに」）。このうち〈wegen＋名詞（属格）〉が、17世紀において最も主要な異形に躍り出る。

この一連のプロセスは、wegenという語が名詞としての機能を脱して、前置詞として機能し始めている、つまり「脱範疇化」（decategorialization）したことを示している。wegenが前置詞として文法化する道を歩むに際して必要であった条件としては、とりわけ次の3点が挙げられる（Di Meola 2000: 139、143、173）。

	von+属格+wegen	von wegen+属格	属格+wegen	um+属格+wegen	wegen+属格	wegen+与格	von wegen+与格	wegen+対格	計
1520-1529	66.66% (2)	33.33% (1)	0	0	0	0	0	0	3
1530-1539	64.70% (11)	35.29% (6)	0	0	0	0	0	0	17
1540-1549	41.17% (7)	47.05% (8)	5.88% (1)	5.88% (1)	0	0	0	0	17
1550-1559	50.00% (8)	50.00% (8)	0	0	0	0	0	0	16
1560-1569	32.22% (29)	63.33% (57)	3.33% (3)	1.11% (1)	0	0	0	0	90
1570-1579	28.20% (11)	69.23% (27)	0	0	2.56% (1)	0	0	0	39
1580-1589	23.28% (17)	64.38% (47)	1.36% (1)	0	10.95% (8)	0	0	0	73
1590-1599	28.28% (43)	38.15% (58)	1.31% (2)	0	29.60% (45)	1.97% (3)	0.65% (1)	0	152
1520-1599	128	212	7	2	54	3	1	0	407
1600-1609	9.45% (7)	27.02% (20)	0	0	59.45% (44)	2.70% (2)	1.35% (1)	0	74
1610-1619	45.32% (92)	11.82% (24)	5.41% (11)	0	35.96% (73)	0.98% (2)	0.49% (1)	0	203
1620-1629	18.51% (5)	0	3.70% (1)	3.70% (1)	74.07% (20)	0	0	0	27
1630-1639	40.44% (36)	12.35% (11)	0	1.12% (1)	44.94% (40)	1.10% (1)	0	0	89
1640-1649	6.45% (8)	4.03% (5)	14.51% (18)	2.41% (3)	70.16% (87)	2.41% (3)	0	0	124
1650-1659	0.53% (1)	0	2.15% (4)	0.53% (1)	96.23% (179)	0.53% (1)	0	0	186
1660-1669	5.74% (5)	5.74% (5)	8.04% (7)	0	78.16% (68)	2.29% (2)	0	0	87
1670-1679	4.45% (7)	1.27% (2)	1.91% (3)	0.63% (1)	91.71% (144)	0	0	0	157
1680-1689	3.48% (6)	1.74% (3)	7.55% (13)	0	86.04% (148)	1.16% (2)	0	0	172
1690-1699	0.89% (1)	2.67% (3)	3.57% (4)	0	74.10% (83)	18.75% (21)	0	0	112
1600-1699	168	73	61	7	886	34	2	0	1231
1700-1709	3.44% (2)	0	3.44% (2)	0	51.72% (30)	41.37% (24)	0	0	58
1710-1719	3.06% (5)	0.61% (1)	5.52% (9)	0	52.14% (85)	37.42% (61)	0	1.22% (2)	163
1720-1729	2.28% (4)	4.00% (7)	6.28% (11)	0	58.28% (102)	29.14% (51)	0	0	175
1730-1739	2.32% (2)	0	3.48% (3)	0	50.00% (43)	43.02% (37)	0	1.16% (1)	86
1740-1749	8.07% (13)	5.59% (9)	3.10% (5)	0	47.82% (77)	35.40% (57)	0	0	161
1750-1759	6.07% (11)	0	0.55% (1)	0	48.61% (88)	44.75% (81)	0	0	181
1760-1769	2.48% (4)	1.86% (3)	3.10% (5)	0	51.55% (83)	40.99% (66)	0	0	161
1770-1779	11.20% (14)	5.60% (7)	9.60% (12)	0	31.20% (39)	42.40% (53)	0	0	125
1780-1789	8.18% (14)	0	1.75% (3)	0	33.33% (57)	56.72% (97)	0	0	171
1790-1799	4.22% (6)	1.40% (2)	11.97% (17)	0	34.50% (49)	47.88% (68)	0	0	142
1700-1799	75	29	68	0	653	595	0	3	1423
1800-1809	19.16% (23)	0.83% (1)	12.50% (15)	0	47.50% (57)	19.16% (23)	0	0.83% (1)	120
1810-1819	16.77% (25)	0	6.71% (10)	0	59.06% (88)	17.44% (26)	0	0	149
1820-1829	4.25% (4)	0	13.82% (13)	0	72.34% (68)	9.57% (9)	0	0	94
1830-1839	3.36% (4)	9.24% (11)	20.16% (24)	0	53.78% (64)	13.44% (16)	0	0	119
1840-1849	8.92% (10)	3.57% (4)	15.17% (17)	0.89% (1)	54.46% (61)	16.96% (19)	0	0	112
1850-1859	0	0	5.47% (4)	0	78.08% (57)	16.43% (12)	0	0	73
1860-1870	1.09% (3)	0	2.56% (7)	0	93.04% (254)	3.29% (9)	0	0	273
1800-1870	69	16	90	1	660	114	0	1	951
計	440	330	226	10	2253	746	3	4	4012

表1 「書きことばコーパス 1520-1870」におけるwegenの出現状況 (全4012例)

1. wegen（vonが付いた場合も含む）が頻繁に使用されること
2. wegenが単独化すること（vonの消失）
3. wegenが前置される（名詞の前に置かれる）こと

　まずは「使用頻度の高い前置詞ほど、文法化の度合いが高い」（Di Meola 2000：173）ということが言える。Hopper and Traugott（1993）においても「文法的資格が強まることと脱範疇化との関係」（ホッパー・トラウゴット 2003：125、Hopper and Traugott 1993：106）、さらには使用頻度との関係についても言及されており、「ある形式がテキストで起れば起るほど、それはより文法的になる」（同上）とされている。Di Meola（2000）は、成立が歴史的に新しい新参の前置詞として、使用頻度の高い順に、wegen、gegenüber、auf Grund／aufgrund、trotz、währendを挙げており、wegenは新参の前置詞のなかでも最上位の使用頻度を持っている。そして、wegenの文法化（前置詞化）の程度は、前に付いているvonが消失してwegenが単独化することでさらに確実になっていく[3]。
　さらにまた、〈von＋名詞（属格）＋wegen〉のように名詞がwegenより前に来る配置関係では、属格の名詞がwegen「側」を修飾していて（「〜の側」）、wegenはまだ名詞の機能を有する。wegenが名詞の後に置かれる限りは、wegenには名詞という機能が大幅に残り、前置詞としての機能を果たすことができないのである。一方、〈von＋wegen＋名詞（属格）〉のようにwegenが名詞よりも前に置かれる異形の場合には、von wegenという語群が何度も使用されることを通じて（例えばin Folgeという語群から前置詞infolge「〜のために、〜によって（原因）」が生じたのと同様に）、全体でひとつの前置詞であるかのような意識が生まれる。このようにしてドイツ語のwegenは、本来の名詞としての形態論的・統語論的特性を失い、「大きな文法範疇（名詞）」から「小さな文法範疇（前置詞）」へと文法化していったのである（ホッパー・トラウゴット（2003：126）、Hopper and Traugott（1993：107）を参照）。

2.4 〈wegen＋名詞（与格）〉の登場と台頭：18世紀−

表1で明らかなように、17世紀後半までは圧倒的に優勢であった〈wegen＋属格〉が、18世紀に入る頃から次第に相対的に減少している。これは、1700年代から〈wegen＋与格〉が台頭するからである。18世紀において〈wegen＋属格〉と〈wegen＋与格〉はほぼ拮抗している。

「新参の前置詞（中略）はたいてい属格支配であるが、文法化が進むにつれて属格だけでなく与格も支配するようになる」(Szczepaniak 2011: 94)。Grimm (1922) の表現によれば、「(von) wegenはますます共通語に浸透し、名詞の後置が普通になってきたので、wegenは古参の前置詞の影響を受けて与格と結びつくことが多くなった」(Grimm 1922: 3100)。与格支配の登場が文法化のさらなる段階であるというこの指摘を考慮すると、「書きことばコーパス 1520−1870」において1590−1619年に1例ずつ（計3例）ではあるがvon wegenのあとに与格の名詞が続く例が存在する（von wegen dem Stifft（Hund 1598: 152）「修道院のために」）ことはきわめて興味深い。このことは、von wegenという語群が文法化し、前置詞化していった確実な証拠であると言えるだろう。

2.5 〈wegen＋名詞（与格）〉の激減：19世紀−

ところが、1800年直前を境として属格と与格の競合状態に大きな変化が見られる。18世紀に入って減少傾向にあった〈wegen＋属格〉という異形が1800年直前を境に再び勢力を取り戻すのである。そしてその一方で、〈wegen＋与格〉は18世紀以降増加傾向にあり、19世紀初頭まで属格と拮抗していたにもかかわらず、1800年代に入って減少しているのである。対数尤度比（Log-Likelihood: LL）[4]による有意差検定に基づいて〈wegen＋与格〉の用例数を18、19世紀で比較してみると、次のような結果になる[5]。

Item	O1	%1	O2	%2	LL	%DIFF	Bayes	ELL	RRisk	Log Ratio	Odds Ratio
Word	114	11.99	595	41.81	−192.33	−71.33	184.55	0.01434	0.29	−1.80	0.19

表2 〈wegen＋与格〉の出現頻度の有意差検定：19世紀（O1）vs 18世紀（O2）

　表2が示す通り、対数尤度比LL：−192.33は、棄却限界値である10.83（p＜0.001：0.1％水準）をはるかに超えているので、〈wegen＋与格〉の出現は18世紀と19世紀において有意差をもって変化している、つまり〈wegen＋与格〉は19世紀に入って激減していることは統計学的にも明らかである。

2.6　補節：währendにおける与格支配（wegenとの平行性）

　während［英：during］6は、「währendes Krieges（続く戦争で、戦争が続いて）といった属格の絶対的用法に由来するとされ、17、18世紀に前置詞になった」（Paul 2002：1141-1142）。筆者の「書きことばコーパス 1520-1870」においても実際に、währendはwegenよりも歴史が新しく、〈während＋属格〉の初出は1728年（während eines Stillstands der Waffen「武力を停止している間」：Mercurii Relation 1728）、〈während＋与格〉の初出は1740年（während Ihrem fast 6. Monatlichen Auffenthalt「あなたがおよそ6ヶ月滞在している間」：Mercurii Relation 1740）である。それぞれの初出時期は全体に数十年ずれるが、このwährendの異形の変遷は、wegenの場合に観察された変遷と酷似している。表3は「書きことばコーパス 1520-1870」に見られたwährend、wegenにおける属格支配と与格支配の競合（1700-1870）を示したものである。左側にはwährendの異形の変遷を、右側にはwegenにおける〈wegen＋属格〉と〈wegen＋与格〉の変遷を示した。

　「書きことばコーパス 1520-1870」（währendの総用例数：480例）におけるwährendの歴史的変遷を観察すると、〈während＋与格〉は1740年頃から増加し、一時期は属格と拮抗していたにもかかわらず、1820年頃を境にして激減するという変化が確認できる。
　wegenの場合と同じく、18世紀と19世紀における〈während＋

与格〉の出現頻度を対数尤度比の有意差検定に基づいて比較すると、表4のような結果になる。

wegenの場合（LL：-192.33）ほど顕著ではないものの、対数尤度比の値（LL：-30.51）は0.1％基準（p＜0.001）の棄却限界値10.83を上回っているので、18世紀と19世紀における〈während＋与格〉の出現頻度には有意な差が見られる。つまり、wegenの場合と同様、währendについても、19世紀に入って与格が減少しているということが統計学的にも裏付けられる。

書きことばコーパス　1700-1870

	während			wegen		
	während＋属格	während＋与格	計	wegen＋属格	wegen＋与格	計
1700-1709	0	0	0	55.55％ (30)	44.44％ (24)	54
1710-1719	0	0	0	58.21％ (85)	41.78％ (61)	146
1720-1729	100.00％ (1)	0	1	66.66％ (102)	33.33％ (51)	153
1730-1739	100.00％ (1)	0	1	53.75％ (43)	46.25％ (37)	80
1740-1749	33.33％ (1)	66.66％ (2)	3	57.46％ (77)	42.53％ (57)	134
1750-1759	20.00％ (1)	80.00％ (4)	5	52.07％ (88)	47.92％ (81)	169
1760-1769	64.93％ (50)	35.06％ (27)	77	55.70％ (83)	44.29％ (66)	149
1770-1779	33.33％ (6)	66.66％ (12)	18	42.39％ (39)	57.60％ (53)	92
1780-1789	63.15％ (12)	36.84％ (7)	19	37.01％ (57)	62.98％ (97)	154
1790-1799	51.38％ (37)	48.61％ (35)	72	41.88％ (49)	58.11％ (68)	117
1700-1799	109	87	196	653	595	1248
1800-1809	30.77％ (4)	69.22％ (9)	13	71.25％ (57)	28.75％ (23)	80
1810-1819	53.33％ (40)	46.66％ (35)	75	77.19％ (88)	22.80％ (26)	114
1820-1829	100.00％ (32)	0	32	88.31％ (68)	11.68％ (9)	77
1830-1839	100.00％ (24)	0	24	80.00％ (64)	20.00％ (16)	80
1840-1849	92.10％ (35)	7.89％ (3)	38	76.25％ (61)	23.75％ (19)	80
1850-1859	100.00％ (42)	0	42	82.60％ (57)	17.39％ (12)	69
1860-1870	98.33％ (59)	1.66％ (1)	60	96.57％ (254)	3.42％ (9)	263
1800-1870	236	48	284	649	114	763
1700-1870	345	135	480	1302	687	1989

表3　währendとwegenにおける属格支配・与格支配の競合（1700-1870年）

Item	O1	％1	O2	％2	LL	％DIFF	Bayes	ELL	RRisk	Log Ratio	Odds Ratio
Word	48	16.90	87	44.39	-30.51	-61.92	24.33	0.01585	0.38	-1.39	0.25

表4　〈während＋与格〉の出現頻度の有意差検定：19世紀（O1）vs 18世紀（O2）

3 　　　　　　　文法化を阻止する要因——言語の規範化

　この節では、属格支配の前置詞が与格支配へと進展するという、文法化（前置詞化）の流れに逆らうような現象がなぜ生じたのかについて考察したい。

3.1 　　　　　　　与格支配に対する烙印

　その謎を解くために、まずはwegenの与格支配が激減するに至った1800年前後に焦点を当て、当時の文法書および辞書において前置詞の格支配についてどのような記述がなされていたのかを見てみよう。

　18世紀半ばにはすでに〈wegen＋与格〉の頻度が高くなっていたにもかかわらず、Gottsched（1748）とAichinger（1754）は、「wegenは属格支配である」という記述しかせず、wegenが与格を支配する可能性については言及していない。筆者が調査した限りにおいて、wegenの与格支配が誤りであると否定的な評価を最初に述べたのは、18世紀末のHeynatz（1777）である：「anstatt、längst、während、wegenを属格の代わりに与格と置くのは正しくない」（Heynatz 1777：245）。その4年後にAdelung（1781）も、wegenの与格支配について「wegen seinem Fleisseのように与格と結ぶのは、標準ドイツ語では誤り」（Adelung 1781：349）とした。このアーデルングの『プロイセン王国の学校で使用するためのドイツ語文法』（1781）は、アーデルングがプロイセンの文部省の委託を受けて学校教育のために書いたものである。これ以降、19世紀に入ってからもさまざまな文法家によってwegenの与格支配は誤りであるという否定的な価値づけがなされた。筆者が調べた42冊のうち7冊の文法書・辞書において、〈wegen＋与格〉は正しくない、あるいは南ドイツの方言であるという判断が下されていた。Heynatz（1777）とAdelung（1781）のほかには、次の通りである。「wegenを与格と結ぶのは誤りである」（Adelung 1800：140）、「南ドイツの非常によくある間違い」（Siebenkees 1808：111）、「上部

ドイツ（南部ドイツ）におけるように与格と用いるのは正しくない」(Campe 1810: 612)、「wegenの後に決して与格が来てはいけない」(Adelung and Schade 1824: 539)、「上部ドイツ（南部ドイツ）の統語法によれば、wegenは与格と結ばれることがある（しかし正しくない）」(Brentano 1870: 63-64)。このように〈wegen＋与格〉に対しては、地域性（方言性）が根拠として烙印が押された。〈während＋与格〉についての記述には、「währendを与格と結ぶのはまったく正しくない」(Pölitz 1804: 359)、「正しくないのはwährendを与格と使用すること」(Campe 1810: 545)、「与格と用いるのは誤り：während dem Winter（冬のあいだ）のように。」(Rumpf 1831: 146) などがある。

3.2　補節：規範化（属格化）の進展──前置詞trotzの場合

19世紀初頭の属格支配への揺り戻しという現象に関連して、前置詞trotz［英：instead of］をめぐっては、さらに興味深い現象が観察される。trotzはwegenと同じく名詞由来の前置詞であるが、元来属格支配ではなく与格支配である。Dal and Eroms (2014) によると、「trotzは16世紀に名詞Trotz（反抗・抵抗）から前置詞になり（Trotz sei ihm geboten「彼に逆らいあれ」という形からsei「あれ」が省略されてtrotz ihm「彼に逆らい」と短縮）、本来は与格と結びつく」(Dal and Eroms 2014: 61)。このDal and Eroms (2014) の発言と一致して、「書きことばコーパス 1520-1870」においても前置詞としてのtrotzの用法は16世紀に確認でき、その〈trotz＋与格〉の初出は1559年 (trotz dem Gesetz「法に逆らって、法にもかかわらず」(Luther, Poach, and Rörer 1559: 65)) である。trotzの「属格支配が現れたのは18世紀半ば」(Paul 2002: 1026) であるとPaul (2002) が指摘する通り、「書きことばコーパス 1520-1870」における〈trotz＋属格〉の初出は、1777年である (trotz des Beyworts Ewig「永遠ewigという形容詞にもかかわらず」(Neue europäische Zeitung 1777))。「書きことばコーパス 1520-1870」における〈trotz＋属格〉と〈trotz＋与格〉の出現状況は表5の通りである。

	trotz＋属格	trotz＋与格	計
1520-1529	0	0	0
1530-1539	0	0	0
1540-1549	0	0	0
1550-1559	0	100％ (1)	1
1560-1569	0	0	0
1570-1579	0	100％ (2)	2
1580-1589	0	0	0
1590-1599	0	0	0
1520-1599	0	100％ (3)	3
1600-1609	0	0	0
1610-1619	0	0	0
1620-1629	0	0	0
1630-1639	0	0	0
1640-1649	0	0	0
1650-1659	0	0	0
1660-1669	0	0	0
1670-1679	0	100％ (1)	1
1680-1689	0	0	0
1690-1699	0	0	0
1600-1699	0	100％ (1)	1
1700-1709	0	0	0
1710-1719	0	0	0
1720-1729	0	0	0
1730-1739	0	0	0
1740-1749	0	0	0
1750-1759	0	0	0
1760-1769	0	100％ (2)	2
1770-1779	50％ (1)	50％ (1)	2
1780-1789	0	100％ (2)	2
1790-1799	100％ (1)	0	1
1700-1799	28.57％ (2)	71.42％ (5)	7
1800-1809	0	0	0
1810-1819	50％ (2)	50％ (2)	4
1820-1829	50％ (3)	50％ (3)	6
1830-1839	53.84％ (14)	46.15％ (12)	26
1840-1849	100％ (2)	0	2
1850-1859	100％ (5)	0	5
1860-1870	78.37％ (29)	21.62％ (8)	37
1800-1870	68.75％ (55)	31.25％ (25)	80
計	62.63％ (57)	37.36％ (34)	91

表5 「書きことばコーパス 1520-1870」におけるtrotzの出現状況

表5の18世紀と19世紀における〈trotz＋与格〉の出現頻度をパーセントで比較してみると、18世紀は71.42％、19世紀は31.25％となっており、〈trotz＋与格〉も、wegenとwährendの場合と同様に、19世紀に入って減少しているように見える。しかし、対数尤度比の有意差検定で18世紀と19世紀における与格の出現頻度を比較してみると、19世紀（コーパス1）と18世紀（コーパス2）の間の差（LL：－2.36）は、0.1％水準の棄却限界値（p＜0.001；critical value＝10.83）を下回っている。したがって、〈trotz＋与格〉の頻度に関して18世紀と19世紀の間に有意な差があるとは言えない。つまりtrotzに関してはwegen、währendの場合のような1800年頃を境とした与格の減少は（0.1％水準：p＜0.001では）、統計学的に裏付けられないことになる。

18世紀末以降、文法家たちはtrotzの格支配に対してどのような評価を述べていたのであろうか。

アーデルングは『高地ドイツ語の完全なる文法的・批判的辞書の試み』（1780）のなかでwegenやwährendの場合に見られたような正誤に関する規範的な評価は下さずに、次のように説明している。

> ungeachtet（〜にもかかわらず）の意味を表すときは、属格の方がよく用いられる。Trotz allen Einwendungenの代わりにTrotz aller Einwendungen「いかなる反論にもかかわらず」、Du wirst den Prozeß（Trotz deinem vielen Geldeの代わりに）Trotz deines vielen Geldes nicht gewinnen.「多くの出費にもかかわらず、君は訴訟では勝てないだろう」のように。
>
> (Adelung 1780：1082)

アーデルングがこのような記述的な立場を取ったのは、trotzが本来与格支配であったため、属格が正しいという判断を明確に述べることに、ためらいがあったからかもしれない。

筆者がtrotzの格支配についてアーデルング以降の19世紀の文法書と辞書を調査したところ、「属格が正しく、与格は誤り」と一貫して述べられていたwegenとwährendの場合とは対照的に、trotzの場合は判断が分かれている。圧倒的多数の文法書と辞書は、trotzを属格支配としている。Pölitz（1804：359）、Adelung and Schade

(1824：509)、Heinsius（1825：151)、Roth and Schmitthenner（1825：206)、Heinsius（1830：397)、Salzmann（1836：122)、Lhomond（1837：65)、Roth（1837：65)、Zeidler（1847：27)、Berthelt（1854：90)、Kehr（1867：191)、Götzinger（1870：144)の12冊がそうである。trotzを与格支配と定めているものはCampe（1810：897)、Zeheter（1837：102)の2冊のみで、属格あるいは与格支配と定めているものがRumpf（1831：154)、Becker（1836：352)、Brentano（1870：65)の3冊であった。ただし、trotzを属格支配と指定したいずれの文法書と辞書にも、trotzの与格支配を誤りと明言するものはまったくなかった。またtrotzについては、「属格は正しくない」（Campe 1810：897)とするCampe（1810)を唯一の例外として、支配する格について正誤の価値判断はされていない。

　このように、本来trotzは与格支配の前置詞であるにもかかわらず、表5のように19世紀には属格支配も並存し、多数の文法書・辞書では属格支配が指定されていった。この流れに関する説明としては、ちょうど19世紀に入ってwegen、währendといった「新しい」前置詞が圧倒的に属格支配になったこととの類推で、同じく「新しい」前置詞trotzについても属格が正規であるという言語意識が書き手たちに生じたのではないかと考えられる。本来与格支配だったものが、他の属格支配の前置詞の影響を受けて、主要な異形が最終的に属格支配になっていく様子は、書き手たちによる過剰修正とも言えよう。このtrotzの属格支配化という修正は、属格支配への揺り戻しという規範化の影響が二次的に生み出した言語変化であるとも言える[7]。

3.3　地域的な傾向性と南部における規範意識の高まり

　地域性に関して、出版地がドイツ南部かドイツ中部・北部かという観点で「書きことばコーパス 1520-1870」における前置詞wegenのデータをさらに分析してみると、次の2点が明らかになった（詳しくは佐藤（2015：113)を参照)。

1) 著しく高い有意差をもって（LL：＋68.79）、ドイツ南部に〈wegen＋与格〉が多い[8]。
2) 〈wegen＋与格〉の出現頻度が18世紀と19世紀とで異なる程度は、ドイツ南部の印刷書籍のほうが圧倒的に高い（LL：−171.49）。

　第1点めについて言うと、アーデルングをはじめとする文法家がwegenの属格支配を文法規範とした際の理由であった地域性は「書きことばコーパス 1520−1870」の分析結果から実証できる。つまり、文法家たちの耳に南部ドイツ的に響く、方言色の否定できない異形は退けたいという思いがあったのかもしれない。最初にwegenの与格支配に烙印を押したハイナッツ、アーデルング、カンペは共にドイツ北部の出身であった（Jellinek 1913: 269、329）。同じく与格支配を誤りとしたPölitz（1804）はドイツ中部の出身であり、（著者が調べた中で）唯一南部出身なのは『ドイツ語正書法の規則とバイエルンの作家による語法上の間違いについて』（1808）を著したSiebenkeesである。
　第2点めについて言えば、出版地を考慮せずに算出したときに見えた1800年直前を境にしての〈wegen＋与格〉の激減（→ 2.5）の最大の要因は、南部ドイツ語圏において〈wegen＋与格〉が劇的に減少したことにある。つまり、南部ドイツの書き手たちが、19世紀に入ってから、wegenの与格支配を明確に避け始めたことになる[9]。

3.4　ベートーヴェンをめぐる人々の「話しことば」における状況

　では、19世紀前半の話しことばにおいては、wegenの格支配はどのような様相を呈していたのであろうか。この時代の話しことばを知るための恰好の資料が存在する。それは、晩年に聴覚を失ったベートーヴェンが会話のために用いた筆談帳（1818−1827）である[10]。この筆談帳は、南部ドイツ語圏であったウィーンにおけるベートーヴェンをめぐる人びとの擬似的話しことばが記録されている貴重な資料である。

話し手（書き手）	属格支配	与格支配	計	ベートーヴェンとの関係
ベルナルト	100％ (8)	0	8	1780年頃ボヘミア生まれ、1800年にウィーンに移住、ウィーン新聞の編集者 (1819-1847)
カール・ファン・ベートーヴェン（甥）	72.09％ (31)	27.90％ (12)	43	1806年ウィーン生まれ、ベートーヴェンの甥
フランツ	58.33％ (7)	41.66％ (5)	12	1786年ベートーヴェンの親友、1810年から秘書のような役割
ホルツ	53.84％ (7)	46.15％ (6)	13	ベートーヴェンの友人、ヴァイオリン奏者、オーストリア収入局（ウィーン）の会計官
シンドラー	23.68％ (9)	76.31％ (29)	38	1795年チェコ生まれ、ヴァイオリン奏者、ベートーヴェンの秘書 (1822-)
ルートヴィヒ・ファン・ベートーヴェン	8.69％ (2)	91.30％ (21)	23	1770年ボン生まれ
シュパンツィク	0	100％ (3)	3	1776年ウィーン生まれ、ヴァイオリン奏者、ベートーヴェンの友人
ヨハン・ファン・ベートーヴェン（弟）	0	100％ (12)	12	1776年ボン生まれ、ベートーヴェンの弟、1795年に兄を頼ってウィーンに移住、薬剤師
その他の人々	61.53％ (8)	38.46％ (5)	13	Janschikh（属格1、与格0）、Czerny (0、1)、Wähner (1、0)、Schickh (1、0)、Unbekannter (1、1)、Lichnowsky (1、0)、Braunhofer (1、0)、Verwalter (0、1)、Haslinger (1、0)、Breuning (1、0)、Artaria (0、1)、Wawruch (1、0)
計	43.63％ (72)	56.36％ (93)	165	

表6　筆談帳における属格と与格の使い分け〈発言者別〉

　ウィーンが南部ドイツ語圏であることもあり、筆談帳に登場する人々の多くは与格を使用している[11]。全用例中165例中、属格72例〈43.63％〉、与格93例〈56.36％〉（以下詳しくは、Sato（2015）を参照）。表6は、筆談帳でベートーヴェン、および周囲の人々が属格と与格とをどのような割合で使っていたかを集計したものである（例：ジャーナリストのベルナルト[12]は8回発言しておりそのすべてが属格、友人のシュパンツィクは3回発言したうち、すべてが与格）。

　表6でわかるように、ベートーヴェンは筆談帳で圧倒的にwegenの与格支配を使用している。それに対して、wegenの属格支配のみを使用しているのがジャーナリストのベルナルトである。この好対照な使用法の違いが典型的に現れている場面として、以下にベルナルトとベートーヴェンの会話を示しておこう。

ベルナルト：Es ist **wegen des van**
wenn er von Adel ist, muß es erst an die Hofstelle
〔それはvanということばゆえです。
彼が貴族ならば、まずは宮廷の位にそのvanは付くはずです。〕
ベートーヴェン：soll ich sagen **wegen dem Nicht adel?**
〔貴族でないがためにと私は言っておきましょうか?〕

(『筆談帳』第1巻：p. 56)

より詳しく分析をするために、ベートーヴェンに対してなされた会話だけを集計し直したのが、表7である。主な発言者はベートーヴェンの友人、知人であるが、表7の中にはベートーヴェンの身内が2人いる。つまりベートーヴェンの甥カールとベートーヴェンの弟ヨハンである。

話し手（書き手）	属格支配	与格支配	計	ベートーヴェンとの関係
ベルナルト	100 %（8）	0	8	1780年頃ボヘミア生まれ、1800年にウィーンに移住、ウィーン新聞の編集者（1819–1847）
カール・ファン・ベートーヴェン（甥）	92.85 %（26）	7.14 %（2）	28	1806年ウィーン生まれ、ベートーヴェンの甥
フランツ	58.33 %（7）	41.66 %（5）	12	1786年ベートーヴェンの親友、1810年から秘書のような役割
ホルツ	50 %（6）	50 %（6）	12	ベートーヴェンの友人、ヴァイオリン奏者、オーストリア収入局（ウィーン）の会計官
シンドラー	20 %（6）	80 %（24）	30	1795年チェコ生まれ、ヴァイオリン奏者、ベートーヴェンの秘書（1822–）
シュパンツィク	0	100 %（3）	3	1776年ウィーン生まれ、ヴァイオリン奏者、ベートーヴェンの友人
ヨハン・ファン・ベートーヴェン（弟）	0	100 %（10）	10	1776年ボン生まれ、ベートーヴェンの弟、1795年に兄を頼ってウィーンに移住、薬剤師
その他の人々	61.53 %（8）	38.46 %（5）	13	Janschikh（属格1、与格0）、Czerny（0、1）、Wähner（1、0）、Schickh（1、0）、Unbekannter（1、1）、Lichnowsky（1、0）、Braunhofer（1、0）、Verwalter（0、1）、Haslinger（1、0）、Breuning（1、0）、Artaria（0、1）、Wawruch（1、0）
計	52.58 %（61）	47.41 %（55）	116	

表7　筆談帳における属格と与格の使い分け〈ベートーヴェンに対して〉

弟ヨハンはベートーヴェンに対して10回中10回（つまり毎回）与格を用いているのだが、ヨハンが兄であるベートーヴェンに対し

て話しことば的な与格を使用するのは自然なことと言える。一方、甥のカールを見てみると、ベートーヴェンに対して圧倒的に属格を多く使用している。そこで、この甥カールの言語使用に注目し、カールが属格と与格をどう使い分けているのかを示したものが次の表8である。

	属格支配	与格支配	計
甥カール → ベートーヴェン	92.85％（26）	7.14％（2）	28
甥カール → ヨハン（ベートーヴェン弟）	33.33％（2）	66.66％（4）	6
甥カール → その他の人々	33.33％（3）	66.66％（6）	9
計	72.09％（31）	27.90％（12）	43

表8　筆談帳における属格と与格の使用割合〈甥カールの場合〉

　甥がベートーヴェンに対して属格、与格を使用している例を1例ずつ挙げておく。

　　甥カール → 伯父ベートーヴェン 〈属格の例〉
　　甥：Eine hölzerne Uhr, meint sie, wäre sehr gut, weil sie nicht schlagen hören; **wegen des Kochens**.〔彼女は木製の時計だったらいいと言っています。料理ゆえに、時計の音が聞こえないので。〕
　　　　　　　（1824（甥当時18歳）、『筆談帳』第7巻：p. 36）

　　甥カール → 伯父ベートーヴェン 〈与格の例〉
　　甥：**Wegen dem Rock** kann ich täglich um ½ 3 komen.〔上着のことで、ぼくは毎日2時半に来ることができます。〕
　　　　　　　（1822（甥当時16歳）、『筆談帳』第2巻：p. 50）

　しかも、甥がベートーヴェンに対してwegenを与格支配で使用している用例は1823年（当時、甥は17歳）以降、確認されない。（甥はベートーヴェン以外の人に対しては、1823年以降であっても、wegenの与格支配を使用している。）この甥は、ベートーヴェンの

弟ヨハン、つまり彼のもう一人の伯父に対しては、全6例中4例でwegenの与格支配を使用している。1例を挙げる。

> 甥：**Wegen dem Clavier.** Er fragt, wan sie es haben könen.〔ピアノのためです。彼はいつ彼らがピアノを使えるかと訊ねています。〕
> （1825（甥当時18歳）、『筆談帳』第7巻：p. 260）

　生粋のウィーンっ子であった甥カールは、もう一人の伯父にあたるヨハン（ベートーヴェンの弟）を含む他の人物に対しては与格をはるかに優先して用いているが、伯父ベートーヴェンに対してだけは、ほぼ毎回属格を使用している。甥カールが身内であるはずの伯父ベートーヴェンに対して、これほどまでに属格を多く用いているのは、血縁者という観点から見ると極めて不自然であると言える。
　カールが伯父ベートーヴェンの過干渉を憂い、自殺未遂をおこし、ベートーヴェンに心理的に距離をとっていたことが史実として知られている。これを踏まえると、ベートーヴェンに対する属格の使用は偶然ではなく、カールの抱いた心理的な距離が反映されたものと考えることが可能である。つまり、カールは、ベートーヴェンに対して属格で語ることによって、ベートーヴェンに対する《敬意》（もしくは《疎遠な距離》）を表す、ネガティブ・ポライトネスの方略を用いたという解釈ができる。「正しい」異形である属格を用いることで聞き手との《距離》を広げることになったという捉え方である。その際、カールはそもそもその属格が正しいという（18世紀末に文法家アーデルングの示した）標準ドイツ語の規則をどこから仕入れたのであろうか。学校教育において習い、そのようにして形成された言語意識（規範意識）に基づいて、ベートーヴェンを前にして属格支配という異形を多用したという解釈が成り立つであろう。筆談帳に記録された1818年から1827年にちょうど就学年齢（12-20歳）にあった甥カールが、文法家アーデルングによって定められた中部・北部ドイツ的、プロイセン的な言語規範を学校教育を通して学び取ったという仮定が可能である。
　ベートーヴェン自身がwegenを属格支配で用いた例は2回しかないが、そのうちの1回が甥のカールとの会話に出ていることは、ベートーヴェン自身も、この疎遠な言葉遣いのカールに対して疎遠な

ことばで応酬したと見ることができるかもしれない。

> ベートーヴェン：vieleicht wäre es doch beßer gewesen des Kochens wegen die andere Haußh. [älterin] zu nehmen,...〔料理ゆえ、他の家政婦を雇った方がもしかしたらいいかもしれんな。〕
> 甥：Ich habe zu der Geschicklichkeit dieser Frau weit mehr Zutrauen, als zu d [er] Andern.〔僕は他の人よりも、この女性の方がずっと手際がいいと信じています。〕
> （1825（甥当時18歳）『筆談帳』第8巻：p.194）

4　結論：「上からの変化」と「下からの変化」

　アーデルングが規範を定めた18世紀末は地域性を超越するべきドイツ文章語が確立する時代であり、19世紀はヨーロッパで学校教育が広く行われるようになった時代である。19世紀に入って、「教師たちはアーデルングの決めた標準に従い、（中略）それを授業に取り入れ」（Bahner and Neumann 1985：252）、「1830年頃までは、規範文法が文法教育において支配的であった」（ibid.：253）。したがって、「属格と結ぶのが正しく、与格は誤りである」とする文法家アーデルングの規範的発言が直接あるいは間接的に19世紀の（とりわけ南部ドイツの）書き手に影響を与えた可能性がある。つまり、書き手の心に前置詞の格支配に関する正誤の問題が意識化されたこと、つまり（特に南部における）規範意識の高まりが、「書きことばコーパス 1520-1870」で観察された19世紀以降の〈wegen＋与格〉、〈während＋与格〉の激減の要因であるという解釈が可能である。その場合は、文法家が定めた規範による影響が学校教育を通じて言語変化のメカニズムとして働いた事例であり、支配的な社会階層に端を発する「上からの変化」であると言うことができる。

　「上からの変化」とは、言語変化の進展において「言語的要因と社会的要因とが密接な相関関係にある」（Weinreich, Labov, and

Herzog 1968：188）と考えるLabovの概念である13。Labovは1994年の著書のなかで、言語変化を社会的観点で「上から」と「下から」というふたつのベクトル（方向）から起こるものとして捉えている14。

> 上からの変化とは、支配的な社会階層に端を発する変化で、多くの場合、世間一般に十分に意識されている。上からの変化は普通、威信がより高いと支配的な階層が見なす言語共同体から取り入れが起こることを指す。（中略）下からの変化とは、まず初めに日常語（vernacular）に現れる体系的な変化のことである。（中略）その変化は、初めは、また多くの場合その進展の途上においても、社会一般に意識されることが全くない状態で進行する。（中略）変化が完結する間近になって初めて、言語共同体の成員はこの変化に気づく。　　　（Labov 1994：78）

この意味において、19世紀におけるwegen、währendの与格支配の激減という減少は、「支配的な社会階層に端を発する」「上からの変化」の一例であると見なすことができると思われる。一方、18世紀におけるwegen、währendの与格支配の増加は、話しことばにおいて「社会一般に意識されることが全くない状態で進行」した「下からの変化」として捉えることができる。そして筆談帳に見られたベートーヴェンの甥カールの言語使用は、「上からの変化」は書きことばの世界だけではなく、話しことばにおいても起こっていたという興味深い事例であると言える。

　本章で明らかになったように、wegenが他の古参の前置詞との類推で与格支配化してゆくプロセスが、近世の言語規範化という要因によって阻まれた。ここには、文法化というプロセスと「上からの」言語規範化というプロセスの相克が見て取れると言うことができよう。

注

1 „von welches dinges wegen beruf er dy freyen menn vund dy alten des volckes" (Pulkava Chronik, Seite 57, Kapitel 7, Zeile 5, Handschrift Blattseite 2 - Zeile 11, Handschrift Blattseite 2) のように、この前置詞句全体が現代ドイツ語の副詞deswegen「それゆえに」のように用いられている用法と、von welcher sache wegen ein ytzlicher durstiger des gesprochen landes eynen tzu flucht het als gleich tzu eynem verlewmunten artzt zu der selben Bielam（Pulkava Chronik, Seite 54, Kapitel 3, Zeile 27, Handschrift Blattseite 1 - Zeile 33, Handschrift Blattseite 1）のように、この前置詞句全体が現代ドイツ語の関係副詞weswegen「そのために、その理由で」のような働きをしている用法がある。

2 筆者は1520年から1870年までの350年間について、10年ごとに4冊（地域に偏りが出ないよう、ドイツ南部とドイツ中部・北部で出版された書籍をそれぞれ2冊）、合計140冊（文学を除く、宗教書、哲学書、新聞などのテクスト）の印刷書籍を選び出し、調査を行った。このデータを、「書きことばコーパス 1520-1870」と呼ぶことにする（総語数：約2,500万語）。wegenの用例数4,012例、そして8つの異形が確認された。なお、調査の対象とする語形は、属格形と与格形が明確に判別可能な男性・中性単数名詞と結びついたものに限定した。

3 本章では対象としなかったが、前置詞statt「～の代わりに［英：instead of］」も構造的にwegenと成立過程が似ている。stattも属格によって修飾される名詞Statt「場所」と前置詞anとが結び付いた前置詞句an＋属格＋Statt「～の場所で」から成立している。an Stattが一語で書かれてanstattとなり、さらに17世紀にはanが消失した形であるstattが現れ（Szczepaniak 2011：95）、18世紀に入って前置詞としてのstattが広く使われるようになった（Dal and Eroms 2014：64）とされている。上記のような先行研究における記述は、「書きことばコーパス 1520-1870」における調査結果と一致する。つまり、18世紀前半まで〈an＋属格＋statt〉、〈an＋statt＋属格〉というan付きのstattが主要な異形であったが、1760年代から単独の〈statt＋属格〉に取って代わられるという、wegenと同様の現象が確認された（Sato 2015：42-44）。また格支配に関してDi Meola（2000）は、「前置されたanstattは与格も取ることができる」（Di Meola 2000：115）と述べている。確かに「書きことばコーパス 1520-1870」において5例だけではあったが、〈anstatt＋与格〉という異形（anstatt dem Worte「その言葉の代わりに」（Goffiné 1808：21））が確認できた。

4 対数尤度比とは、ある現象が2つの別個の母集団で出現するときに、その2つの出現頻度の差が有意な差であると推測するもっともらしさ（尤度）を統計学的に検定するために用いる関数である。0.1％水準の場合、つまり、有意な差があるという判断が誤りである可能性が0.1％以下しかないという水準の場合（p＜0.001）、その判断を棄却する限界値となる対数尤度比は10.83である（99.9th percentile；0.1％ level；p＜0.001；critical value＝10.83）。つまり対数尤度比が10.83を上回る場合、2つの出現頻度には有意な差があると言える。この対数尤度比の数値が高いほど、2つの出現頻度の差はより有意で顕著である。

5 この表は、Paul Raysonによる対数尤度比（LL）の計算式を利用したものである：Rayson, Paul（2016）：Log-likelihood and effect size calculator. http://ucrel.lancs.ac.uk/llwizard.html. 上段の〇1とはコーパス1（19世紀）における調査項目の

総用例数、%1はコーパス1（19世紀）における調査項目の出現頻度を示している。同様に、O2とはコーパス2（18世紀）における用例数、%2はコーパス2（18世紀）における調査項目の出現頻度を表している。LLは対数尤度比の値であり、マイナスがついた値はコーパス1（19世紀）においての方がコーパス2（18世紀）より調査項目の出現頻度が低いことを表している。

6 「duringという前置詞は、かつては「続く」とか「耐える」とかいう意味の古い動詞の-ing形であった」（ホッパー・トラウゴット 2003：129、Hopper and Traugott 1993：109）という記述からわかるように、英語のduringとドイツ語のwährendは共に動詞という範疇から発展した前置詞である。

7 「書きことばコーパス 1520–1870」が対象とした1870年より後の時代の文法家がtrotzの格支配について行った指定を見ておこう。Bauer-Dudenの第2版（1882）においてtrotzは、「属格、与格と共に用いられる前置詞」（Bauer-Duden 1882：81）に分類されている。しかし、Bauer-Dudenの最終版であるBauer-Duden（1912）では、「trotzにおいては与格が優先されるべき」（Bauer-Duden 1912：83）とされ、この記述がDuden Grammatik（1935：131）に引き継がれている。これに対してベハーゲルは1924年の時点で、「trotzの場合、最近属格と結ぶのが普通になってきた。それはstattとwegenの場合、方言に見られる与格は下品すぎるように感じられるようになったからである」（Behaghel 1924：51）と述べている。Behaghel（1924）に依拠するならば、trotzの場合は文法家による〈wegen＋属格〉の強い推奨の影響で《新しい前置詞＋与格》という異形が「下品」という文体的な有標化を被り、この文体的意識が〈trotz＋属格〉へと推移させた要因となったことになる。

8 規範的・標準ドイツ語文章語の定着は、南部が一番遅かった：「すでに中部ドイツ、北ドイツ、そしてスイスに浸透していた標準的なドイツ語が18世紀中頃には南ドイツ全域に浸透を完了した」（高田・新田 2013：29–30）。

9 筆者によるその後の調査（「新聞コーパス1750–1850」：総語数約8,610万語）において、ドイツ南部の『ミュンヘン新聞』、オーストリアの『ウィーン新聞』で1800年頃を境としたwegenの与格支配の激減が確認できた（佐藤（2017：22–26）を参照）。

10 ベートーヴェンが筆談帳を使い始めたのは1817年頃であったとされている。しかし、それはベートーヴェンが実際にまったく音が聞こえないからではなく、大声で話したのでは周りに迷惑がかかるという心遣いと（滝本2002：27–29）、「時おり他人に聞かれたくない場合には、彼（ベートーヴェン―筆者注）も紙に返答を書いた」（ロックウッド 2010：284）ということによる。筆談帳はベートーヴェンの死後に、3分の2が破棄されてしまったものの、幸い廃棄を免れたテクストが今日では書籍の形で公刊されている。公刊された『筆談帳』全11巻には、1818年2月から1827年3月までの「擬似的会話」が収められている。

11 ちなみに、属格と与格の他に、『筆談帳』には話しことば的な「疑似対格的な与格」（Akkudativ）の用法も5例確認できた。いずれも出版業者、家政婦見習いによるものであるが、そのうち1例（wegen meinen Engl.（ischen）Klavier（sic!）「私のイギリス製のピアノのために」、『筆談帳』第5巻：p.191）はベートーヴェンによるものであった。このような一見対格に見えるAkkudativは、meinemと

いう音韻がルースに発音されて、meinenとなったものである。しかし実際には与格であるので、このようなAkkudativを筆者は与格の用例として数えた。

12 ベルナルトは1800年にウィーンへ移住し、1815年から『ウィーン新聞』の編集に携わっており、遅くとも1819年には『ウィーン新聞』の編集長（Hauptredakteur）となって活動していた人物である（Frimmel 1926、Bd. 1：36を参照）。

13 Weinreich, Labov, and Herzog（1968）の言語変化理論については高田（2009a：35）、高田（2009b：25）を参照。

14 Labov（1994）では主に現代英語における音韻上の言語変化が扱われているが、Elspaß（2015）は、この「上からの言語変化」「下からの言語変化」という概念を通時的な言語変化、そして文法形式の言語変化に適用している。本章は、このElspaß（2015）の考え方に依拠している。

データ

使用テキスト
- *Ludwig van Beethovens Konversationshefte*. (1968–2001), herausgegeben im Auftrag der Deutschen Staatsbibliothek Berlin von Karl-Heinz Köhler, Grita Herre und Dagmar Beck. Leipzig. [Band 1, Hefte 1–10 (1972); Band 2, Hefte 11–22 (1976); Band 3, Hefte 23–37 (1983); Band 4, Hefte 38–48 (1968); Band 5, Hefte 49–60 (1970); Band 6, Hefte 61–76 (1974); Band 7, Hefte 77–90 (1978); Band 8, Hefte 91–103 (1981); Band 9, Hefte 104–113 (1988); Band 10, Hefte 114–127 (1993); Band 11, Hefte 128–139 mit Registern zu den Bänden 1, 4, 5 und 6 (2001).]
- Mittelhochdeutsche Begriffsdatenbank, Middle High German Conceptual Database: http://www.mhdbdb.sbg.ac.at:8000/

「書きことばコーパス 1520–1870」より本稿で参照した書籍（出版年順）
- Mosheim, Ruprecht von. (1542) *Microsynodvs Ratisbonen(sis) germanica*. Köln.: Luther, M., A. Poach, and G.Rörer. (1559) *Haußpostill*. Jena.: Laurentius, Surius. (1576) *Kurtze Chronick Unserer zeit*. Bd. 3. Köln.: Hund, Wiguleus. (1598) *Bayrisch Stammen-Buch*. Ingolstadt.: *Mercurii Relation*. (1728) München.: *Mercurii Relation*. (1740) München.: *Neue europäische Zeitung*. (1777) Hanau.: Goffiné, L. (1808) *Festtäglicher Theil*. Augsburg.

一次文献
- Adelung, Johann Christoph. (1774 / 1775 / 1777 / 1780 / 1786) *Versuch eines vollständigen grammatisch-kritischen Wörterbuches der Hochdeutschen Mundart*. 5 Teile. Leipzig.
- Adelung, Johann Christoph. (1781) *Deutsche Sprachlehre zum Gebrauche der Schulen in den Königlich Preußischen Landen*. Berlin.
- Adelung, Johann Christoph. (1800) *Auszug aus der Deutschen Sprachlehre für Schulen*. 3. Aufl. Berlin.

- ADELUNG, JOHANN CHRISTOPH and KARL BENJAMIN SCHADE. (1824) *Kleines deutsches Wörterbuch*. Leipzig.
- AICHINGER, KARL FRIEDRICH. (1754) *Versuch einer teutschen Sprachlehre*. Frankfurt und Leipzig.
- BECKER, KARL FERDINAND. (1836) *Ausführliche deutsche Grammatik*. Frankfurt am Main.
- BERTHELT, AUGUST. (1854) *Praktische anweisung zum deutschen sprachunterrichte in dem mittleren und unteren klassen einer volksschule*. Leipzig.
- BRENTANO, HEINRICH. (1870) *Deutsche Grammatik und Stilübungen, zunächst für Gewerb- und Realschulen: In 3 Kursen*. Nürnberg.
- CAMPE, JOACHIM HEINRICH. (1810) *Wörterbuch der Deutschen Sprache*, Band 5. Braunschweig.
- GOTTSCHED, JOHANN CHRISTOPH. (1748) *Grundlegung einer deutschen Sprachkunst*. Leipzig.
- GÖTZINGER, MAX WILHELM and ERNST GÖTZINGER. (1870) *Anfangsgründe der deutschen Sprachlehre in Regeln und Aufgabe*. Leipzig.
- HEINSIUS, THEODOR. (1825) *Der Deutsche Rathgeber*. Berlin.
- HEINSIUS, THEODOR. (1830) *Vollständiges Wörterbuch der deutschen Sprache*, 4. Band. Wien.
- HEYNATZ, JOHANN FRIEDRICH. (1777) *Deutsche Sprachlehre zum Gebrauch der Schulen*. 3. Aufl. Berlin.
- KEHR, KARL. (1867) *Theoretisch-praktische Anweisung zur Behandlung deutscher Lesestücke*. Gotha.
- LHOMOND, CHARLES-FRANÇOIS. (1837) *Anleitung zur gründlichen Erlernung der deutschen Sprache*. Bamberg.
- PÖLITZ, KARL HEINRICH LUDWIG. (1804) *Allgemeine deutsche Sprachkunde*. Leipzig.
- ROTH, GEORG MICHAEL and FRIEDRICH SCHMITTHENNER. (1825) *Anfangsgründe der teutschen Sprachlehre und Orthographie*. Gießen.
- ROTH, KARL. (1837) *Anleitung zur gründlichen Erlernung der deutschen Sprache*. Bamberg.
- RUMPF, JOHANN DANIEL FRIEDRICH. (1831) *Der deutsche Secretär*. Berlin.
- SALZMANN, W. F. (1836) *Alphabetisches Hülfs-Wörterbuch*. Kitzingen.
- SIEBENKEES, JOHANN CHRISTIAN. (1808) *Über das Hauptgesetz der Teutschen Rechtschreibung, und über Sprachfehler Baierischer Schriftsteller*. Nürnberg.
- ZEHETER, MATTHÄUS. (1837) *Anleitung zur methodischen Behandlung des Unterrichtes in der deutschen Sprache für deutsche Schulen*. Regensburg.
- ZEIDLER, J. M. (1847) *Das Wissenswertheste aus der Sprachlehre*. Neustadt a. d. H.

参考文献

- 佐藤恵（2015）「前置詞wegenの格支配の変遷――言語変化に関わる言語意識をめぐって」『学習院大学ドイツ文学会研究論集』19：pp. 95-133、学習院大学ドイツ文学会

- 佐藤恵（2017）「18・19世紀の上部ドイツ語圏における言語規範意識──新聞と書簡・筆談帳における前置詞wegenの格支配を例にして」『学習院大学ドイツ文学会研究論集』21：pp. 19–43、学習院大学ドイツ文学会
- 高田博行（2009a）「歴史社会言語学の拓く地平──人の姿が見える言語変化」、『月刊言語』特集：ことばの変化を捉える──言語研究における通時的視点、38 (2)：pp. 34–41、大修館書店
- 高田博行（2009b）「言語意識史から見た枠構造──17・18世紀の文法家による評価をめぐって」、『ドイツ文学』140：pp. 25–40、日本独文学会
- 高田博行・新田春夫 編（2013）『講座ドイツ言語学第2巻 ドイツ語の歴史論』ひつじ書房
- 滝本裕造（2002）『偉大なる普通人──ほんとうのベートーヴェン』KB社
- ヘンチェル、エルケ・ヴァイト、ハラルト、西本美彦・高田博行・河崎靖 訳（1994）『ハンドブック現代ドイツ文法の解説』同学社
- BAHNER, WERNER and WERNER NEUMANN. (1985) Sprachwissenschaftliche Germanistik. Ihre Herausbildung und Begründung. Berlin: Akademie.
- BAUER, FRIEDRICH. (1882[19]) Grundzüge der Neuhochdeutschen Grammatik für höhere Bildungs-Anstalten und zur Selbstbelehrung für Gebildete, bearbeitet von KONRAD DUDEN. NÖRDLINGEN: BECK. (= Bauer-Duden 1882)
- BAUER, FRIEDRICH. (1912[27]) Grundzüge der Neuhochdeutschen Grammatik für höhere Bildungsanstalten und zur Selbstbelehrung für Gebildete, bearbeitet von KONRAD DUDEN. NÖRDLINGEN: BECK. (= Bauer-Duden 1912)
- BEHAGHEL, OTTO. (1924) Deutsche Syntax. Band 2. Die Wortklassen und Wortformen. Heidelberg: Winter.
- DAL, INGERID and HANS-WERNER EROMS. (2014) Kurze deutsche Syntax auf historischer Grundlage. 4., neu bearbeitete Aufl. Berlin / Boston: de Gruyter.
- Der Große Duden. Grammatik der deutschen Sprache. Eine Anleitung zum Verständnis des Aufbaus unserer Muttersprache (1935), bearbeitet von Otto Basler. LEIPZIG: BIBLIOGRAPHISCHES INSTITUT. (= Duden-Grammatik 1935)
- DI MEOLA, CLAUDIA. (2000) Die Grammatikalisierung deutscher Präpositionen. Tübingen: Stauffenburg.
- DUDEN. (2009) Die Grammatik. Unentbehrlich für richtiges Deutsch, 8., überarbeitete Auflage. Mannheim u.a.: Dudenverlag.
- DUDEN. (2016) Die Grammatik. Unentbehrlich für richtiges Deutsch, 9., vollständig überarbeitete und aktualisierte Auflage. Berlin: Dudenverlag.
- ELSPAß, STEPHAN. (2015) Grammatischer Wandel im (Mittel-) Neuhochdeutschen – von oben und von unten. Perspektiven einer Historischen Soziolinguistik des Deutschen. In Zeitschrift für germanistische Linguistik 43, pp. 387–420.
- FRIMMEL, THEODOR. (1926) Beethoven-Handbuch. Bd. 1, Bd. 2. Leipzig: Breitkopf & Härtel. (Nachdruck: Hidesheim: Olms 1968).
- GRIMM, JACOB and WILHELM GRIMM. (1922) Deutsches Wörterbuch. Bd. 27. Leipzig: Hirzel.
- HOPPER, PAUL J. and ELIZABETH CROSS TRAUGOTT. (1993) Grammaticalization.

Cambridge: Cambridge University Press.（ホッパー、P. J.・E. C. トラウゴット、日野資成 訳（2003）『文法化』九州大学出版会）
- JELLINEK, M. H. (1913) *Geschichte der neuhochdeutschen Grammatik von den Anfängen bis auf Adelung*. Erster Halbband. Heidelberg: Winter.
- LABOV, WILLIAM. (1994) *Principles of linguistic change*. Volume 1: Internal Factors. Oxford: Blackwell.
- ロックウッド、ルイス・土田英三郎・藤本一子・沼口隆・堀朋平 訳（2010）『ベートーヴェン――音楽と生涯』春秋社
- MILROY, JAMES. (1992) *Linguistic Variation and Change. On the Historical Sociolinguistics of English*. Oxford: Blackwell.
- PAUL, HERMANN. (2002 [1897]) *Deutsches Wörterbuch: Bedeutungsgeschichte und Aufbau unseres Wortschatzes*. 10. überarbeitete und erweiterte Aufl. Tübingen: Niemeyer.
- RAYSON, PAUL. (2016) *Log-likelihood calculator*. http://ucrel.lancs.ac.uk/llwizard.html（2016年7月20日閲覧）
- SATO, MEGUMI. (2015) ‚Wegen dem Clavier'. Die Beethovens und der Rektionswandel der Präpositionen *wegen, statt* und *während* im Zeitraum 1520–1870. In *Muttersprache. Vierteljahresschrift für deutsche Sprache* 125: pp. 22–55.
- SICK, BASTIAN. (2004) *Der Dativ ist dem Genitiv sein Tod. Ein Wegweiser durch den Irrgarten der deutschen Sprache*. Folge 1. Köln: Kiepenheuer & Witsch.
- STERBA, EDITHA and RICHARD STERNA. (1964) *Ludwig van Beethoven und sein Neffe. Tragödie eines Genies. Eine psychonalytische Studie*. München: Szczesny Verlag.（シュテルバ、エディッタ・シュテルバ、リヒャルト、武川寛親 訳（1970）『ベートーヴェンとその甥――人間関係の研究』音楽之友社）
- SZCZEPANIAK, RENATA. (2011) *Grammatikalisierung im Deutschen. Eine Einführung*. 2. überarbeitete und erweiterte Auflage. Tübingen: Narr.
- WEINREICH, URIEL, WILLIAM LABOV, and MARVIN I. HERZOG. (1968) Empirical foundations for a theory of language change. In Lehmann, Winfred P. and Yakov Malkiel. (eds.): *Directions in Historical Linguistics*: A Symposium. Edited by W. P. Lehmann and Malkiel. Austin, pp. 97–195.

付記　　本章は、科学研究費補助金（特別研究員奨励費）による研究課題「言語意識史から見た言語変化――17世紀から19世紀のドイツ語の文法形式を例として」（佐藤恵、課題番号14J10892）による研究成果の一部である。ここに記し、謝意を表する。

文献解題
- Elspaß, Stephan (2005) *Sprachgeschichte von unten. Untersuchungen zum geschriebenen Alltagsdeutsch im 19. Jahrhundert.* Tübingen: Niemeyer.

    『下からの言語史』というタイトルをもつこの本では、19世紀初頭以降にドイツからアメリカへ渡った移民の手紙を分析することで、当時の「庶民」の日常語を復元しようとする試みがなされている。エルスパスは手紙の書き手を教育の程度で分類しており、現代ドイツ語で非標準とされている構文が、小学校教育のみ受けた者による手紙に多く見られるということが報告されている。

- Szczepaniak, Renata (2011) *Grammatikalisierung im Deutschen. Eine Einführung.* 2. überarbeitete und erweiterte Auflage. Tübingen: Narr.

    セパーニャクの『ドイツ語における文法化入門』は2部構成になっている。第1部では文法化理論について述べられており、第2部では否定語nicht［英：not］、名詞領域における文法化（例：冠詞や前置詞の発達）、動詞領域における文法化（例：動詞tun［英：do］から過去形語尾-teへの発達）、さらに文レベルを超えた文法化現象（例：談話標識としてのweil［英：because］）など、さまざまな言語現象が扱われている。

- Labov, William (1994) *Principles of linguistic change.* Bd. 1: Internal Factors. Oxford: Blackwell.

    本書は、どのようにして言語変化が起こるのかという問いを出発点として書かれた、社会言語学者ラボフによる3巻本のうちの第1巻である。「言語内的な要因」という副題が添えられているが、この巻では、年齢・性別・社会階層・職業・教育レベルといった社会的変数や地域差を考慮して採取したデータをもとに、実証的な音韻研究が紹介されている。

第10章

副詞「ちょっと」の感動詞化

行為指示文脈における用法を契機として

深津周太

キーワード	ちょっと、副詞、感動詞化、配慮表現、呼びかけ
本章の概要と方法論について	本章では、近世以降に定着した《量・程度の小ささ》を表す副詞「ちょっと」が呼びかけ感動詞へと変化するプロセスの解明を試みる。変化の契機として着目するのは、行為指示表現中に用いられた「ちょっと」（[ちょっと＋行為指示]）である。 　近世前期における［ちょっと＋行為指示］は、行為指示部に「くれる／くださる」を含む受益型の依頼文脈に出現しやすい。そのような状況下で当表現は「〜だから、ちょっと（Ｖてくれ）」のような「ちょっと」自体が行為指示を果たす語用論的表現（[ちょっと＋φ]）を派生する。その中でも特に〈呼び出し〉の場面に用いるタイプは独立した一語文的な発話として現れることが多く、意味的にも統語的にも感動詞に近似するものであった。 　近世後期頃、この〈呼び出し〉タイプが「〜さん、ちょっと」のように呼称と共起しながらひとまとまりの呼びかけ表現を構成する段階を経て、次第に「ちょっと」が行為指示の機能を失いつつ感動詞的性質を強めたと考えられる。「ちょっと」が感動詞化したことは、それまで発話末に出現するという限定的な振る舞いを見せていたものが発話頭に現れるようになることや、疑問表現を後続させる（＝「ちょっと」自体が行為指示を果たしていない）ものの出現によって確かめられる。

1 はじめに

　日本語史上、ある語彙項目が本来の品詞の枠を超えて感動詞へと変化する現象がしばしば確認される。本章ではこれを"感動詞化"と呼ぶ。例えば動詞「申す」が「モウシ（＞モシモシ）」へ、名詞「これ」が「コレ」へと変化を遂げるように、感動詞化する語彙項目の品詞は様々である。

　近世前期に《量・程度の小ささ》を表す副詞として定着を見る「ちょっと」は、近世後期以降に呼びかけ感動詞として使用されるようになる1。なお、ここでの"呼びかけ"とは、聞き手の注意をひく機能のことを指す。

(1)
a. 万「<u>一寸</u>お澤殿（下女の名）、姉さんは宅かへ」　下女「先刻何所へか御出被成ました」〔万「ちょっとお澤殿、姉さんは家かい」下女（澤）「先ほどどこかへお出かけになりました」〕
　　　　　　　　　　　　（春色恋廼染分解、四37オ 1860-1862）2
b. お崎「あのう　<u>ちょっと</u>、お松つぁん　姐ちゃん。お松つぁん姐ちゃん。」　お松「何やね。」　お崎「いや　わて　あんたに話せんならんことがあるの。……」（落語SP・長屋議会 1923）

　本章ではこれを感動詞化の一例と見て、そのプロセスがいかなるものであったかについて論じる。この変化は、聞き手への働きかけという面で呼びかけ感動詞との連続性を有する"行為指示表現中に用いられる副詞「ちょっと」"を介して起こったと予測される。

(2)
a. こなたも<u>ちよつと</u>いかしやれ〔あなたもちょっとお行きなさい〕
　　　　　　　　　　　　　　　　　　（心中宵庚申、下 1746）
b. 弥次さん〳〵、たいへんだ<u>ちよつと</u>きてくんな
　　　　　　　　　　　　　　　（東海道中膝栗毛、初編 1802-1814）

　近世日本語は、対人配慮を言語形式に反映させる要求に応じて行

為指示表現が多様化する傾向にあるが、本章で扱う「ちょっと」の感動詞化もその視点の中で適切に説明づけられるものと考える。

　以下、まず2節で本章が調査対象とした近世期口語資料について概観する。続く3節ではそれら資料から得られたデータをもとに、変化の契機となった用法に関する仮説を立てる。4節ではその仮説に基づいて近世期を通観し変化の様相を把握する。5節では本章の主張の反例となりそうなものについて検証し、改めて仮説の妥当性を確認する。最後に6節で全体のまとめを行う。

2　調査資料

　調査の対象とした近世期口語資料は以下のとおりである。結果として本章の範囲では地域差は問題とならなかったが、前期は上方資料（浄瑠璃／1703-1722、絵入狂言本／1688-1719、前期噺本／1681-1744）のみを、後期は上方資料（後期噺本／1752-1848、洒落本／1757-1826年、滑稽本／幕末-明治初期）、および江戸資料（洒落本／1770-1798、滑稽本／1802-1849、噺本／1772-1864、人情本／1832-1860）をそれぞれ扱った。

　行為指示表現や感動詞を問題とする論の性質上、用例はセリフ部分に現れるもののみである。

3　行為指示表現中の「ちょっと」

3.1　［ちょっと＋行為指示］

　量程度副詞「ちょっと」は、そのふるまいの多様さからつとに注目されてきた語である。そのうち、基本的用法である《量・程度の小ささ》の周縁にあるものとして、「ちょっと待って」のような行為指示表現中に用いられる「ちょっと」がある。以下、このような表現を［ちょっと＋行為指示］と呼ぶ[3]。

　従来、現代語の当用法については、具体的数量や程度の表示ではなく"聞き手への配慮"を示すものとする見方が大勢を占めてきた。つまりこの表現では、行為指示において生じる聞き手の負担を小さく感じさせるために「ちょっと」が用いられているということである[4]。これは《量・程度の小ささ》そのものを表してはいないものの、それを基本的意味とする「ちょっと」だからこそ派生しえた用法であると言えよう。

　文献資料に目を向けると、［ちょっと＋行為指示］は「ちょっと」が定着を見る近世以来、上方語・江戸語を問わず確認されるようになる。

(3)
a. なつかしさによりましたちよつとよふできて下され〔懐かしくて寄りました。ちょっと呼んできてください。〕
　　　　　　　　　　　　　　　　　　　　　　　　　　（冥途の飛脚、下 1711）
b. コレちよつとこちらむきや　　　　　（色深狹睡夢、下 1826）
c. ヲヤちよつとみや。手めへのかほはなんといふざまだ
　　　　　　　　　　　　　　　　　　　　　　　　　　（傾城買四十八手 1790）

　(3a)の場合、「呼んでくる」ことの依頼にあたって具体的な量（人数や時間）や呼び方の程度を「ちょっと」で表しているとの解釈は成り立ちがたく、(3b)(3c)の「ちょっと」にしても、「向き方／見方」の量や程度を限定しているとは考えられない。これら近世の［ちょっと＋行為指示］の「ちょっと」が持つ機能も、現代語

同様に"聞き手への配慮"にあったと見られる。

なお、このような《量・程度の小ささ》を表す副詞を行為指示表現中に用いて配慮を示す方法は、「ちょっと」が成立する以前から現代語に至るまで時代を問わず広く見られる。まず、中世・近世を通じて生産的に使用される「ちっと」の例を挙げよう。(4)が中世、(5)が近世の例である。

(4)
 a. コナタヘモチツト御出アレ〔こちらへもちっとおいでなさい〕
   (四河入海、十五ノ一25オ 1534)
 b. さらはちとたつてみさせられひ〔それならばちと立ってごらんなさい〕
   (虎明本・かみなり、中15 1642)
(5)
 a. まづちとあの音をおきゝなされ　(鹿の子餅、55ウ 1772)
 b. わたいにもちつと借ておくれんカ〔私にもちっと貸してくれないか〕
   (穴さがし心の内そと、二ノ十一 1860頃)

中世の「そっと」、近世後期の「ちょいと」にも同様の用法が認められる。

(6) ソツト御ヤスミアレト云テ〔「そつとお休みなさい」と言って〕
   (玉塵抄、四283 1563)
(7) モシ吉さん、寝てかへ。まアちょいと起なさらんか〔もし吉さん、寝ているのですか。まあちょいとお起きください〕
   (諺臍の宿替、第12編9 1861-1864頃)

以上、配慮の表示を目的とした行為指示表現中への出現は、この類の副詞全体に共通するふるまいであると言えよう。

3.2　[ちょっと＋φ]

近世期において、「ちょっと」が行為指示文脈に用いられたものの中には、肝心の行為指示が明示されないものがある。

(8)
a.「忝い御情此上はあこぎながら、とてもの事に今爰で、ちよつと〳〵」とすがりしを「聞わけなや」と逃まはる〔このようになったからには図々しいことではありますが、いっそ今ここで、ちょっとちょっと（思いを遂げさせてください）」とすがるのを「聞き分けのないことだ」と逃げ回る〕　　　　　　　（堀川波鼓、上 1707）
b. ゑて「これ幸さん。おまはんいまの返事を聞切るまでは。どこへもいごかしやせんわいな」　幸「それでも奥からよぶによつて鳥渡」　ゑて「いやでおます」〔ゑて「これ幸さん。あなた、今の返事をきちんと聞くまではどこへも行かせはしませんよ」　幸「そうは言っても奥から呼んでいるのでちょっと（行かせてください）」〕

（北川蜆殻、下 20オ 1826）

　呼びかけ感動詞としての「ちょっと」の機能が聞き手の注意をひくことにある（実際の行為指示は後続発話によって果たされる）のに対し、当表現は「ちょっと」自体が行為指示を果たすものである。両者は形の上では似たものであるが、その点で決定的に異なっている。
　各時期の具体的な例は次節で挙示するが、近世後期までの当表現は（8a、b）のようにその出現位置が発話末（一語文含む）に限られる。これは「ちょっと」自体が行為指示表現である以上、そこで発話が完結しているためと考えられる。以下、このタイプの行為指示表現を［ちょっと＋φ］と呼ぶ。
　具体的な使用文脈を見ると、（8a）は「〜とすがりしを」とあることから懇願の様子が窺われ、（8b）も「奥から呼ぶによって（行かせてください）」と理由提示による補強を行い行為要求の正当性を主張する場面である。これらが話し手利益の依頼表現であることは明白であろう。近世における［ちょっと＋φ］は概ねこのような依頼文脈に用いられている。ここから、［ちょっと＋φ］は［ちょっと＋行為指示］の行為指示部を明示しないことで、相対的に強い配慮を示す行為指示表現であったと見られる。野田（2014：9）は、「もう少し小さいのがほしいんですけど」のように直接行為指示を行わない"間接的な表現"を配慮表現のタイプとして数えているが、［ちょっと＋φ］もその一種とみなせる。

3.3 仮説

注目すべきことに、このような間接的表現は同時期の類似表現である「ちっと」には見られない。次例は［ちっと＋φ］であるようにも見えるが、実際は［ちっと＋行為指示］の枠内におさまるものである。

(9)
　a. サアサアおまいさんもちとあちらへ
　　　　　　　　　　　　（東海道中膝栗毛、五編追加 1802–1814）
　b. モウお床(とこ)にいたしませぬ。チトあつちらへ
　　　　　　　　　　　　（東海道中膝栗毛、後編 1802–1814）

これらは、［ちっと＋行為指示］の行為指示部を非表示としたものではなく、「あちらへ（いらっしゃい）」というそもそも述語を表示しない行為指示と「ちっと」が共起したものである。移動場所を指し示す行為指示の場合、以下のような行為指示がなされることがあるのである。

(10)
　a. 御遠慮なさいませんで、どうぞこちらへ〔遠慮なさらず、どうぞこちらへ（おいでください）〕　（春色梅児誉美、巻八 1832–1833）
　b. モシ、そのしびんこちらへ〔もし、その尿瓶をこちらへ（寄越してください）〕　　　　　　（東海道中膝栗毛、六編上 1802–1814）

「ちょっと」が［ちょっと＋φ］という配慮表現を生むにも拘わらず、類似表現である「ちっと」に［ちっと＋φ］が見られない理由については、近世期における［ちょっと＋行為指示］および［ちっと＋行為指示］の行為指示部のあり方が示唆的である。

森（2016：107–108）によれば、行為指示表現は大きく「受益型」（「くれる／くださる」を含むもの）と「直接型」（それ以外）とに分けられる。この観点から、「ちょっと」「ちっと」がそれぞれ共起する行為指示部を分類したものが次頁の表1・2である。参考として、［ちょっと＋行為指示］以外の「ちょっと」「ちっと」の用

例数も示す。

　まず全体的な傾向として、「ちっと」より「ちょっと」の方が受益型と共起しやすいと言える。

　当時の受益型は話し手利益の依頼表現を中心に使用されるものであるから（森2016：110-111）、その意味で「ちょっと」は相対的に強い配慮を要する文脈に用いられやすかったということになろう5。このような環境下にあってこそ、［ちょっと＋行為指示］は新たに間接的表現［ちょっと＋φ］を獲得する方向へ進んだと見ることができる。それに対し、「ちっと」は配慮の程度に左右されず使用されたことが読み取れる6。そのため、［ちっと＋行為指示］はより強い配慮を示す間接的表現への発達を見せず、［ちっと＋φ］が生み出されることがなかったのではないか。

	[＋行為指示] ちょっと 受益型	[＋行為指示] ちょっと 直接型	[＋行為指示] ちっと 受益型	[＋行為指示] ちっと 直接型	[＋行為指示] 以外 ちょっと	[＋行為指示] 以外 ちっと
虎明本（1642）				18		91
昨日は今日の物語（17C前半）			2	2		12
浄瑠璃（1703-1722）	9	4	6	11	97	148
絵入狂言（1688-1719）		1	1	5	11	12
前期噺本（1681-1744）	1			9	4	46
後期噺本（1752-1848）	11	5	6	33	49	107
洒落本（1757-1826）	8	23	5	22	71	93
滑稽本（幕末－明治初期）	13	6	1	5	61	53

表1　上方語の［ちょっと／ちっと＋行為指示］

	[＋行為指示] ちょっと 受益型	[＋行為指示] ちょっと 直接型	[＋行為指示] ちっと 受益型	[＋行為指示] ちっと 直接型	[＋行為指示] 以外 ちょっと	[＋行為指示] 以外 ちっと
洒落本（1770-1798）	3	16	6	29	12	55
後期噺本（1772-1864）	20	17	16	94	98	303
滑稽本（1802-1849）	17	13	11	46	65	253
人情本（1832-1860）	3	22	4	20	37	96

表2　江戸語の［ちょっと／ちっと＋行為指示］

ここで注意したいのは、「ちょっと」は感動詞化するが、「ちっと」は通史的に感動詞化しないという点である。類似表現のうち一方だけが感動詞化したという事実を重視すれば、変化した形式（＝「ちょっと」）独自の用法（＝［ちょっと＋φ］）がその契機となったと考えるのが蓋然的であろう。
　上記をふまえ、改めて（11）のような仮説を立てることとしたい。以下ではこの仮説に基づき「ちょっと」の感動詞化を捉えていく。

(11) 話し手利益の行為指示を行う際に用いる［ちょっと＋φ］という配慮表現を介して、「ちょっと」の感動詞化が起こった。

　なお、（11）のほかに想定しうる変化の道筋として、たとえば再分析による感動詞化という可能性が挙げられよう。つまり、［ちょっと［よふできて下され］］のような連用修飾の構造をなしていた一文が、"前置き的な感動詞「ちょっと」＋依頼の一語文「よふできて下され」"という連続した二文からなる発話へと分析され直したとする見方である。しかし本稿では、以下の諸点を根拠にこの見方を採らない。

1. ［＋行為指示］という条件は類似表現である「ちょっと／ちっと」がともに満たしている（→用例（3）（4）（5）、表1・2）。
2. 近世を通じて、［＋行為指示］タイプもそれ以外も「ちょっと」より「ちっと」の方が優勢である（→表1・2）。
3. 以上の状況にも拘わらず、「ちっと」は感動詞化せず「ちょっと」だけが感動詞化する（本節）。
4. なぜ近世前期から見られる［ちょっと＋行為指示］に対する再分析が近世後期まで下る（→後述4.2-4.3）かが説明できない。

4 ［ちょっと＋φ］の展開

4.1 近世前期：［ちょっと＋φ］の2タイプ

　以下では3.3で示した仮説に従い、［ちょっと＋φ］に焦点を当てて論をすすめる。まず、このタイプの行為指示表現が確認されはじめるのは18Cである。3.2で述べたとおり、当期の［ちょっと＋φ］の出現位置は発話末に限定されている。

(12)
a.「忝い御情此上はあこぎながら、とてもの事に今爰で、<u>ちよつと〳〵</u>」とすがりしを「聞わけなや」と逃まはる
　　　　　　　　　　　　　（堀川波鼓、上 1707）＊(8a)再掲
b.「忝ない〳〵とてものことに今爰で。<u>ちよつと〳〵</u>」と云ければ〔「忝い、こうなったからには今ここで（思いを遂げさせてください）」と言ったところ〕
　　　　　　　　　　　　　（小野小町都年玉、一ノ二十20ウ 1713–1714）
c.「……一せ一どの御ねがい<u>ちよつと〳〵</u>」とのぞむにぞ
　　　　　　　　　　　　　（曽我姿富士、七十69ウ 1714）

　［ちょっと＋φ］は、さまざまな行為指示を孕みうるものである。その中には、聞き手に対し、話し手のもとに「（出て）来る」ことを要求するものもあり得よう。(13)のようなものがそれにあたると考えられる。

(13) かうしほそめに白ゐかを「<u>ちょっと〳〵</u>」と小声によぶ。たのもの介「扨こそ」とかうしによりそい「たれ殿じや」〔格子を細めに開けて白い顔を出し「ちょっとちょっと（来てください）」と小声に呼ぶ。（それを受けて）たのもの介は「はたして」と格子に寄り添い「どなたですか」〕
　　　　　　　　　　　　　（三井寺開帳、九23ウ 1712）

　この例は一語文であるが、発話末であることに変わりはなく、［ちょっと＋φ］の一種と見ることができる。換言すれば、それ自

体が行為指示を果たしているからこそ一語文として成り立つのである。ここではまず、(13)のようなものを特に〈呼び出し〉タイプとして、(12)を含む他の行為指示をするものとは別に扱うこととしたい7。これは、「呼ぶ」という意図に基づく点で、感動詞「ちょっと」がもつこととなる"呼びかけ"の機能と意味的に連続するものである。しかし、〈呼び出し〉タイプは「ちょっと」自体が「(出て)来てくれ」という行為指示を孕む点で、呼びかけ感動詞とは異なっている(感動詞「ちょっと」と[ちょっと+φ]の違いについては3.2を参照)。

〈呼び出し〉タイプ以外の[ちょっと+φ]については広く〈頼み〉タイプとして一括する。〈頼み〉は(12)のように懇願する場面に用いるものが多いが、配慮の度合いに拘わらず幅広く用いられるものである。

〈呼び出し〉と〈頼み〉とは構造的には異なるところがなく、両者の異なりは単なる文脈差に過ぎないと言ってよかろう。そのように理解した上でここであえて〈呼び出し〉をひとつのタイプとして卓立させるのは、上記のとおりそれが意味的に呼びかけ感動詞に通ずるものであり、特にこの文脈に用いられたものが感動詞との接点を有すると予測されるためである。

4.2　近世後期：〈呼び出し〉から呼びかけ感動詞へ

当期は、上方語・江戸語を問わず、前期同様に[ちょっと+φ]の2タイプが確認される。(14)に〈頼み〉、(15)に〈呼び出し〉の例を挙げるが、やはりその出現位置は発話末に集中している。

(14)
a. 幸「おそなはつて。誠にお気のどくじやが。談宇(だんう)へなんぞとりにやつておくれんか」(略)幸「……こゝのうちにもお邪まじやしわたしもちつと心いわひのこともあるさかいどふぞ一寸(ちょっと)」
〔幸「遅くなってまことに申し訳ないが、談宇に何か取りにやってくれませんか」(略)幸「……ここの家にも迷惑をかけてしまうし、私自身ちっと心祝いのこともあるのでどうかちょっと(取りにやってくださ

b. ゑて「これ幸さん。おまはんいまの返事を聞切るまでは。どこへもいごかしやせんわいな」幸「それでも奥からよぶによつて鳥渡(ちょっと)」　　（北川蜆殻、下20オ 1826）＊(8b) 再掲
c. 母「ハイ御めんなさいまし。あなたにわたくしどもの、卒八は居りませんか」（略）母「左様なら卒八が居りますなら、どふぞ一寸(ちょっと)〔母「ごめんください、そちらに私どもの息子の卒八はおりませんか」母「卒八がおりますなら、どうぞちょっと（会わせてください）」〕　　　　　　　　　　（花暦八笑人、三編追加 1820-1840）

(15) 初かつほを奢らんと、一盃しかけるところへ、近所から、「急に御目ニ懸(かか)りたい。ちよつと〳〵」と呼にくる〔初鰹をふるまおうと、一杯飲みかけるところへ、近所から「急いでお目にかかりたい。ちょっとちょっと（出てきてください）」と呼びにくる〕
　　　　　　　　　　　　　　　　　　　　　（聞上手、12オ 1773）

　〈頼み〉の場合、(14) の「～さかい／～によって／～なら」のように条件節に後続することが少なくない8。このことは、［ちょっと＋φ］が述部相当のもの（＝それ自体が行為指示表現）であるという位置づけの明示につながっている。
　一方〈呼び出し〉の場合は、基本的に (15) や先掲 (12) のように文として独立した形で実現される9。(15) の場合、［ちょっと＋φ］の直前にある「～たい」は意味的には条件節に等しいが、統語上、2つの文となっている点が重要である。発話末でありつつも、文レベルではその頭に位置しやすいという点が〈呼び出し〉の特徴のひとつであるといえよう。つまり、〈呼び出し〉は意味面（呼び出し ↔ 呼びかけ）のみならず統語的にも感動詞に近いと言え、このタイプが感動詞化の直接の契機となった可能性は非常に高い。
　この時期には、〈呼び出し〉を相手への呼びかけ要素（感動詞や呼称）と共起する形で用いたものが見られ始める。

(16)
a. さつ「……鳥渡(ちょっと)幸さんをよんで。そういふておくれんか」花車「そんならおたこに。よばしましやう。」トいねむりをして

ゐる小めろをおこしいひつける、小めろふすまのわきから顔をいだし「もうし〳〵幸さん鳥渡(ちょっと)」〔さつ「ちょっと幸さんを呼んでそう言ってくれませんか」 花車「それならおたこ(＝小めろ)に呼ばせましょう」といねむりをしている小めろを起こして言いつける。小めろは襖の脇から顔を出して「もうしもうし幸さんちょっと（来てください）」〕

(北川蜆殻、下20オ 1826)

b. わる者「アイモシ五四郎さんチヨツト」ト以前の男をよびいだす

(春色梅児誉美、巻9 1832-1833)

　(16)では、呼びかけは感動詞「モ(ウ)シ」や呼称「幸さん／五四郎さん」によって果たされており、その後に置かれる［ちょっと＋φ］は〈呼び出し〉という行為指示を請け負っていると見ることができる。発話が後続しない（＝発話末位置である）点も、ここまで見てきた［ちょっと＋φ］と異なるところはない。

　しかし反面、「もうし〳〵幸さん」「アイモシ五四郎さん」はそれだけで十分に〈呼び出し〉としても機能しうるものであり、このような発話では［ちょっと＋φ］の行為指示としての役割が希薄であることも確かであろう。

　こうした発話全体で〈呼び出し〜呼びかけ〉を未分化に表すような用法を通して、［ちょっと＋φ］は次第に行為指示としての〈呼び出し〉の機能を失い、単なる〈呼びかけ〉だけを表すようになると考えられる。もともと形の上では一語文として感動詞に接近していた［ちょっと＋φ］が上記の意味変化とともにその性質を強めることで、感動詞化が果たされていったと見たい。

4.3　幕末期：感動詞化の裏付け

　当期は、先掲(16)のように発話全体で〈呼び出し〜呼びかけ〉を表すような例が続けて見られる一方で、感動詞の確例と呼べるものが現れはじめる。

　まず、〈呼び出し〜呼びかけ〉の例を挙げる。これらは従来どおり、発話末に現れている。

(17)
a. 源「小金さん鳥渡（ちょっと）」　金「アイ」ト返事して門口へ行ば耳に口よせ何やらさゝやく

(春色恋廼染分解、初33オ 1860-1862)

b. タカ「もしおゐらん鳥渡（ちょっと）」　重「アイ」ト返答（いらえ）て

(春色恋廼染分解、三32ウ 1860-1862)

　次に、この時期に「ちょっと」が感動詞化したことを裏付ける、従来は見られなかった「ちょっと」のふるまいを見よう。(18) は感動詞の確例と考えられるものである。

(18)
a. 夏「一寸（ちょっと）小金さん何だへ来たのかへ」　金「ハア」

(春色恋廼染分解、初34ウ 1860-1862)

b. 万「一寸（ちょっと）お澤殿、姉さんは宅かへ」　下女「先刻何所へか御出被成ました」

(春色恋廼染分解、四37オ 1860-1862) ＊(1a) 再掲

　ここまで見た［ちょっと＋φ］の例は必ず発話末に現れ、その後に発話が後続することがなかった。これは、それ自体が行為指示を表す［ちょっと＋φ］で発話が完結することによるものであった（→3.2）。しかし (18) のような例は「ちょっと」が発話頭に現れ、さらに発話を後続させている。さらに、これらは疑問表現と共起しており、「ちょっと」はその問いかけのために単に聞き手に呼びかけたものとみなさざるを得ないのである。

4.4　小結

　以上に述べた［ちょっと＋φ］から感動詞「ちょっと」への道筋は、以下のようにまとめられる。

(19)
a.［ちょっと＋φ］は近世前期以降に出現し、それらは大きく

〈頼み〉と〈呼び出し〉という2通りのタイプに分けることができる。
b. とりわけ〈呼び出し〉タイプは一語文的性格が強く、意味的にも呼びかけ感動詞との連続性を有していた。
c. 〈呼び出し〉タイプが感動詞や呼称といった従来の呼びかけ要素と共起し、〈呼びかけ〜呼び出し〉を未分化に表すひとまとまりの表現を構成する中で、次第に明確な行為指示機能を喪失し感動詞化した。

5　仮説の検証

　以上、[ちょっと+φ]を契機とするという仮説に沿って、副詞「ちょっと」の感動詞化プロセスを見てきた。ここで、この論の反例となりそうなものについて説明を加えておく。

(20)
a. チヨツトてまへ、聞テ来てくれろ〔ちょっとあなた、来てください〕　　　　　　　　　（いかのぼり、24ウ 18C後-19C前）
b. ちよつと子僧、とつてきや
　　　　　　　　　　　　　　（身振噺寿賀多八景、19オ 1814）

　この「ちょっと」は前節で感動詞の確例とみた(18)のように呼称の前に出現しており、一見感動詞であるようにも見える。仮にこれらを感動詞と認めると、(16)(17)のような呼称との共起例が増加しはじめる前に既に感動詞化が起こっていたということになり、本論の妥当性が揺らぐこととなる。
　しかし結論から述べれば、(19)は感動詞「ちょっと」の例ではなく、副詞「ちょっと」と行為指示の間に呼びかけ相手の呼称が間投詞的に挿入されたものと考えるべきであろう。
　副詞と行為指示表現の間に呼称が挿入されることは、当時の表現

として十分ありえるものであった。例として、副詞「まあ」のケースを挙げよう。

(21)
 a. マアおまへ、ござりませ　　　　　　（聞上手三篇、37ウ 1773）
 b. マアお<ruby>の<rt>きい</rt></ruby>ぶさん、聞ておくれ　　（庚申講、7オ 1797）

 (20) も同様に、「チヨツト聞テ来てくれろ」「ちよつととつてきや」という［ちょっと＋行為指示］タイプの行為指示表現に呼称が挿入されているにすぎず、副詞「ちょっと」の範疇におさまるものと見るのが妥当である。

6　おわりに：感動詞化の事例として

 本稿は、副詞「ちょっと」が感動詞化するプロセスを、配慮を伴う行為指示表現の一展開として捉えたものである。副詞自体が行為指示の機能を果たす用法は「ちょっと」特有のものであり、それを変化の契機的用法として位置付けることで類似表現である「ちっと」は感動詞化しないということを同時に説明づけた。
 最後に、感動詞化という現象の一例として当変化を捉えなおしてみたい。筆者の考えによれば、感動詞化とは単なる意味変化（原義＞詠嘆、呼びかけ、応答……）にとどまるものではなく、元の語彙項目が本来有していた統語的特徴を喪失し、感動詞的特徴（文構成において他の要素との関係をもたない）を獲得する一種の文法変化である。よって感動詞化は、一定の統語的条件の下で当該の要素が感動詞として文中から取り出される段階を必要とする。
 その取り出され方としては、典型的には2つのパターンが考えられよう。1つは、ある構文に対して構造の読み替えが起こり、文中の語が感動詞として再分析されるというものである。たとえば深津 (2010b) では、指示詞「これ」の感動詞化をそのような変化とし

て説明づけている。具体的には、「これを見よ」という表現を格助詞「を」非表示で実現した「これ見よ」が多く用いられる中世末期において、"ヲ格相当名詞句「これ」+述部「見よ」"であった「これ」と「見よ」の関係が、"感動詞「コレ」+行為指示一語文「見よ」"へと再分析されたとする。本章では「ちょっと」の感動詞化がこのような再分析によって起こった可能性を否定した（3.3 参照）。その理由は、同様の意味的・統語的条件を有する「ちっと」が感動詞化しないことを説明できないためであった。

　もう1つの感動詞化のパターンとして、その語が一語文的用法を定着させることが契機となる場合がある。深津（2013）で扱った「申す」の感動詞化がこれにあたる。中世以降、動詞「申す」は、自身の発言意図を表示するため、一語文的に用いられることがあった。

(22)
a. 僧一人来りて、「申(もう)べき事あり」といひけれども、競馬(くらべうま)の乗尻(のりじり)は、その日はことに物忌(ものいみ)をして、法師などにはあはぬ事にて、下人どもゝきゝ入ざりけり。〔僧が一人来て「申したいことがある」と言ったが、競馬の騎手はその日は特にけがれを避けるようにしており、法師などには会わないことにしていたため、下人どもも（僧の言葉を）聞き入れなかった。〕

（古今著聞集・秦久清賀茂明神の冥護を蒙る事）

b. いかに申し上げ候、暫らくこの所におん休みあらうずるにて候
〔申し上げます、しばらくここでお休みになるのがよいでしょう。〕

（謡曲、安宅）

　一語文的用法が生み出される動機はそれぞれ異なると考えられるが、この場合、聞き手への呼びかけに際して感動詞だけでは上位待遇性を表せない（(22b)の「いかに」は待遇を問わず用いられる呼びかけ感動詞）という時代背景の下、謙譲語である動詞「申す」による発話を添えることで敬意を明示するためである。当表現では、「申す」の項であるガ格・ヲ格名詞句が表示されない場合が多い。そのため、次第にこの「申す」は動詞としての性質を失い、感動詞としての性質を強めていったと考えられる。

　「ちょっと」の感動詞化は、このケースに近いものだと言えよう。

「ちょっと」の場合、一語文的表現を生む動機は行為指示における"聞き手への配慮"であった。それによって生じた［ちょっと＋ϕ］が、特に〈呼び出し〉タイプにおいて述部の連用修飾要素である副詞としての性質を希薄化させ、感動詞化を推進したのである。

おそらく感動詞化の仕組み自体はさほど複雑なものではない。むしろ重要なのは、当該の語が感動詞化するための意味的・統語的条件がいかなるもので、それがなぜそのような条件下に置かれるようになるかという点である。その意味では、種々の感動詞化プロセスを現象として解明するにあたって歴史語用論的なアプローチは欠かせないものとなるであろう。本章の成果はその一端を担うものだと考える。

注

1 深津（2010a）によれば、中世まで様態副詞であった「ちょっと」は近世初期頃に量程度副詞化し、そのまとまった例が見られはじめるのは近世前期以降である。
2 以下、本稿では挙例にあたって私に句読点や括弧を補う場合がある。
3 現代語における「ちょっと」という形式が有する機能・用法はきわめて多様だが、それに関する研究においても両用法の関係は重視される（周（1994）、小出（2012）など）。なお、咎め・非難を表す感動詞「ちょっと」や、いわゆるフィラーの「ちょっと」などは、呼びかけ感動詞「ちょっと」成立以後の近代以降に発達するものであるため感動詞化のプロセス解明を命題とする本稿では触れない。
4 岡本・斎藤（2004）、秋田（2005）など。笹本（2006）は「ちょっと」が特に配慮を必要としない文脈においても用いられるという事実を根拠にこれを退け、話し手の要求を通すためにその"要求度を下げる"ことこそ「ちょっと」の機能であるとする。木村（1987）の「控えめな姿勢を示し、それによって円滑な依頼行為の遂行を促す」という見方もこれに近いと言えそうである。しかしこの2つの見方は必ずしも矛盾するものではなく、視点を話し手の意図に置くか、その発話によって得られる効果に置くか、という差であるようにも思われる。
5 上方・江戸ともに洒落本の分布が問題となるが、全体が見せる"「ちっと」より「ちょっと」の方が受益型との共起率が高い"という傾向を重視する。また、敬語表現でない命令形での行為指示は「ちょっと」に見られないが、「ちっと」には確認されるという事実からも、「ちょっと」と配慮を要する表現との相性の良さが窺える。
　　　ちとたしなめと云ければ　　　　　　　　（軽口片頬笑、五1オ 1769）
　　　そちもちと和歌をよめといはるゝによつて　（軽口はるの山、巻二 1768）
6 ここでは事実のみを重視し、その理由は問わないこととするが、問題の整理だけはしておく。「ちょっと」定着以前は配慮の程度を問わずもっぱら「ちっと」だけが使われていたわけであるから（表1参照）、その後の「ちっと」に使用上の制限がない（「ちょっと」出現前の状態を踏襲している）ことは頷ける。よって検討すべきは新規形式である「ちょっと」が相対的に配慮を要する文脈に用いられやすいという点に絞られよう。
7 結論を一部先取りすると、感動詞「ちょっと」の確例が出現するのは近世後期から幕末期にかけてである。そのため、一見すると呼びかけ感動詞にも見える（13）のような例も副詞として理解する。
8 当時、「どうぞ」が共起する行為指示表現が話し手利益の《依頼》に偏ることは、川瀬（2015）によって指摘されている。
9 条件節に後続しない〈頼み〉もなくはないが、今回の調査範囲では以下の一例にとどまる。
　　　弥次「…イヤ屁のついでに、尾篭（びろう）ながら、御ていしゆさん、手水にゆきたい。おうらをちよつと」ていしゆ「ハイ⌒雪隠（せついん）へお出かいな」〔弥次「いや屁のついでに、汚いことだが、お亭主さん、手洗いに行きたい。厠をちょっと（貸してください）」 亭主「はいはい、厠へおいでですか」〕
　　　　　　　　　　　　　　　　　　　　（東海道中膝栗毛、七編上 1802-1814）

使用テキスト　　中世
- 四河入海：『抄物資料集成』（清文堂出版）
- 玉塵抄：『抄物大系』（勉誠社）
- 虎明本：『大蔵虎明本狂言集の研究　本文篇』上・中・下（表現社）

近世前期上方
【浄瑠璃】
- 近松世話浄瑠璃24曲：『近松世話物全集』上・中・下（冨山房）
- 紀海音浄瑠璃16曲：『紀海音全集』巻1-2（清文堂）
【絵入狂言本】
- 大隅川源左衛門、連理松、傾城二見の浦、福寿梅、傾城ならみやげ、新小町栄花車、傾城元女塚、傾城竹生嶋、成相観音縁起：『翻刻絵入狂言本』上・下（般庵野間光辰先生華甲記念会）
- おしゅん伝兵衛十七年忌：『上方狂言本5』（古典文庫）
【前期噺本】
- 全28作（作品名略）：『噺本大系』（東京堂出版）

近世後期上方
【後期噺本】
- 全37作（作品名略）：『噺本大系』（東京堂出版）
【洒落本】
- 聖遊廓、新月花余情、陽台遺編、斐閣秘言、郭中奇譚、短華蘂葉、臍のすじ書、十界和尚話、南遊記、粋の曙、色深狹寝夢、北川蜆殻：『洒落本大成』（中央公論新社）
【滑稽本】
- 穴さがし心の内そと：『近代語研究』第4集（武蔵野書院）
- 諺臍の宿替：『諺臍の宿替』（太平書屋）

近世後期江戸
【洒落本】
○ 遊子方言、辰巳園、軽井茶話道中粋語録、卯地臭意、通言総籬、青楼昼之世界錦之裏、傾城買四十八手、傾城買二筋道
【噺本】
- 全149作：『噺本大系』（東京堂出版）
【滑稽本】
- 花暦八笑人：『花暦八笑人』（岩波文庫）
○ 浮世風呂
○ 東海道中膝栗毛
【人情本】
○ 春色梅児誉美
○ 春色辰巳園
- 春色恋迺染分解：『春色恋迺染分解』（おうふう）

近代

【落語SP】

真田信治・金沢裕之編『二十世紀初頭大阪口語の実態──落語SPレコードを資料として』大阪大学文学部社会言語学講座

＊○で示したものはすべて『日本古典文学大系』（岩波書店）を参照した。
＊用例の挙示にあたって一部表記を改めた箇所がある。また、ルビは筆者によるものであり、現代仮名遣いに従った。
＊一部の用例には筆者による現代語訳を付した。

参考文献

- 秋田恵美子（2005）「現代日本語の「ちょっと」について」『創価大学別科紀要』17：pp. 72–89、創価大学
- 岡本佐智子・斎藤シゲミ（2004）「日本語副詞「ちょっと」における多義性と機能」『北海道文教大学論集』5：pp. 65–76、北海道文教大学
- 川瀬卓（2015）「副詞「どうぞ」の史的変遷──副詞からみた配慮表現の歴史、行為指示表現の歴史」『日本語の研究』11（2）：pp. 16–32、武蔵野書院
- 木村英樹（1987）「依頼表現の日中対照」『日本語学』6（10）：pp. 58–66、明治書院
- 小出慶一（2012）「フィラーとしての「ちょっと」について」『埼玉大学紀要 教養学部』48（1）：pp. 59–71、埼玉大学教養学部
- 笹本明子（2006）「「ちょっと」の発話機能について──行為要求文に現れる「ちょっと」を中心に」『同志社女子大学大学院文学研究科紀要』6：pp. 115–136、同志社女子大学大学院文学研究科
- 周国龍（1994）「要求行為における「ちょっと〜」の機能に関する一考察」『名古屋大学人文科学研究』23（1）：pp. 167–178、名古屋大学
- 野田尚史（2014）「配慮表現の多様性をとらえる意義と方法」『日本語の配慮表現の多様性』pp. 3–20、くろしお出版
- 深津周太（2010a）「室町期における副詞「チョット」の意味──抄物資料を中心に」『名古屋言語研究』4：pp. 31–43、名古屋大学
- 深津周太（2010b）「近世初期における指示詞「これ」の感動詞化」『日本語の研究』6（2）：pp. 1–15、武蔵野書院
- 深津周太（2013）「動詞「申す」から感動詞「モウシ」へ」『国語国文』82（4）：pp. 19–36、中央図書出版社
- 森勇太（2016）『発話行為から見た日本語授受表現の歴史的研究』ひつじ書房

付記

本稿はJSPS科研費（15K16759）の助成を受けたものである。

文献解題

- 森勇太（2016）『発話行為から見た日本語授受表現の歴史的研究』ひつじ書房

　本書は、日本語史上の各時代における授受表現と敬語の相互関係とその変遷を、聞き手に対して何らかの行為の実行を求める発話行為（「策動」）に用いる言語表現の分析を通じて論じたものである。単なる形式の変遷ではなく、言語運用の規則そのものに変化があったことを明らかにした点に特徴がある。

- 濱田敦・井出至・塚原鉄雄（1991）『国語副詞の史的研究』新典社

　種々の副詞の歴史的変化に関する論集である。単に時代ごとの用法を記述するにとどまらず、その変化の道筋の解明が自覚的に行われている。収められた各論からは、著者の一人である濱田が述べるように、副詞は「一つ一つが極めて数奇な経歴の持主である」ことが垣間見え、その歴史的研究が多くの可能性をもつことを感じさせられる。

- 青木博史 編（2011）『日本語文法の歴史と変化』くろしお出版

　日本語における文法変化について現象としての「説明」を与えることに取り組んだ論を収めた論集。文献資料を主対象としたデータの収集・分析を行い、当該現象の歴史的変遷を動的に描くという方法論が貫かれている。扱われる対象は多岐にわたるが、各論によって指し示される現在の文法変化研究が向かうべき方向はきわめて明確である。

第 3 部

通時的語用論 2

《機能―形式の対応づけ》

第11章

前置き表現から見た
行為指示における配慮の歴史

川瀬卓

キーワード	配慮表現、恐縮・謝罪、状況確認、「よかったら」類、定型化
本章の概要と方法論について	本章は行為指示における配慮を機能と捉え、前置き表現の運用がどのように歴史的に変化したのかという点から、行為指示における配慮の歴史的変化を考察した。具体的には〈恐縮・謝罪〉(例「すみませんが」)、〈状況確認〉(例「よかったら」)という2タイプの前置き表現の定型化に注目した。とくに従来手薄だった〈状況確認〉についてやや詳しく記述した。相手の状況を確認する前置き表現は古代語からすでにあったが、聞き手の判断に委ねることを示して押しつけを避ける定型的前置き表現「よかったら」類は明治期から大正期にかけて成立し、その後定着していく。 　〈恐縮・謝罪〉〈状況確認〉いずれのタイプの前置き表現も明治期から大正期にかけて定型化し、行為指示における配慮が型によって示されるようになる。行為指示における前置き表現の定型化には、型のコミュニケーションを指向する標準語の影響があると考えられる。その他の配慮表現の定型化ともあわせて、この時期は配慮表現の歴史における転換点の一つといえる。また、「よかったら」類の成立と定着から、近代以降、行為指示において聞き手への押しつけを避けるという配慮の仕方が確立したこと、さらには、比較的聞き手に負担をかけない聞き手利益の事態においても押しつけを避けるという配慮がなされるようになったことが示唆される。

1　はじめに

　私たちが日常行うコミュニケーションでは、さまざまな場面で人間関係を調整するための配慮が求められる。たとえば、行為指示（命令、依頼、勧めなど、聞き手に行為を要求する言語行動）は、話し手が聞き手を動かそうとするものであるため、さまざまな場面に応じてその場面に適した言い方が選択される。以下のような定型的前置き表現もその例である。

(1)
a. <u>すみませんが</u>、この書類に署名をお願いします。
b. お菓子を作ってきました。<u>よかったら</u>お召し上がりください。

　こういった表現は狭い意味での敬語には収まらないが、対人配慮を示すものとして重要な表現の一つである。さまざまな言語行動において、対人配慮がどのように示されるか、それが歴史的にどのように変化したのかということは歴史語用論的に興味深い問題であろう。
　近年の研究によって、対人配慮を示す前置き表現は古代語において存在しておらず、近代語において発達したということが明らかにされつつある（青木2012、高山2012、藤原2014、米田2014、木村2014等）。しかし、前置き表現に注目した歴史的研究において主要な考察対象とされてきたのは、逆接（注釈）的形式による〈恐縮・謝罪〉（例「すみませんが」）についてであった。前置き表現には、条件表現による〈状況確認〉（例「よかったら」）もある。このようなものも含めて歴史的変化を考察することが必要だろう。
　前置き表現の運用を見ることで、行為指示における配慮の示し方についてどのような歴史が描けるだろうか。本章ではとくに前置き表現の定型化に注目して、行為指示における配慮の歴史的変化を考察する。本章の構成は次のとおりである。2節で近年の配慮表現研究に至るまでの流れを確認し、現代語の行為指示に見られる配慮表現について整理することで、本章の問題意識と方法を示す。次に3節で先行研究の知見を利用して〈恐縮・謝罪〉の前置き表現の歴史を整理し、そのあとで従来の研究では手薄だった〈状況確認〉の前

置き表現の歴史を記述する。それを受けて4節で、前置き表現の定型化が歴史的にどのように位置づけられるか、〈状況確認〉の定型的前置き表現の成立と定着から行為指示における配慮を示すストラテジーにどのような変化が読み取れるかということを論じる。最後に5節で今後の課題を述べる。

2　本章の問題意識と方法

2.1　敬語史から配慮表現史へ

　これまでの伝統的な国語学、日本語学の研究においても、歴史語用論的研究、あるいは歴史社会言語学的研究と呼べるものは盛んに行われてきた。とくに敬語史、待遇表現史で扱われてきた問題がそれにあたる。人称代名詞や敬語動詞などを中心に、各時代の敬語について話し手の性別や社会階層、話し手と聞き手の社会的関係に基づいた整理がなされており、相当な記述の厚みがある。

　ただし、これまでの研究は敬語にばかり注目が集まっていたきらいがある。もちろん対象を限定するのは一概に悪いことではない。敬語が重要であることは疑いないところであるし、まず対象を絞り、あえて他は扱わないことによって研究が進んだという面も当然ある。しかし、対人コミュニケーションの歴史を探るには、狭い意味での敬語に限られない、人間関係をうまく調整するための表現についても、視野に入れる必要がある[1]。

　このような問題意識のもと、近年は配慮表現（敬語に限らない、配慮を示すための言語形式全般）の歴史的研究が進められている。これは特定の敬語形式の記述を出発点とするものから、言語行動を出発点とするものへという転換である。と同時に、述部形式にのみ注目するのではなく、述部以外の要素にも注目して談話的観点に立った研究への転換でもある。野田・小林・高山 編（2014）はその代表であり、談話的観点からの歴史語用論的研究が並ぶ[2]。

配慮表現が問題となる言語行動としては、行為指示、申し出、勧誘、受諾、断り、感謝、謝罪などさまざまなものがあげられる。そのうち、本章では行為指示について見ていく。

2.2　現代語の行為指示に見られる配慮表現

対人配慮を歴史的に考察するには、内省のきく現代語でどのような配慮がなされるのかをふまえたうえで、それと対照させつつ、歴史的変化を記述することが有効であろう[3]。

まず小説において見られた行為指示場面の具体例を以下に示す[4]。

(2)《ごめん下さい》
　　シソの葉を見ると、太郎はつかつかと、その家の玄関まで歩いて行った。
　　《まことに申しわけありませんが、お宅の入口の所に生えている、シソの葉を二枚ほど頂けないでしょうか》
　　《シソ?》
　　相手はびっくりしたようだった。
　　《ええ、そうなんです。今日、夕飯に僕が胡瓜の酢のもの作ることになってるんですけど、新しいシソの葉があったら、どんなにおいしいだろう、と思ったもんですから。すみません》
　　《あんなもんでよかったらよ、いくらでも取って行きなさいよ》
　　農家の奥さんは、びっくりしたように言った。
　　　　　　　(曽野綾子1931年生、太郎物語大学編1976、第5章)

二重下線部「ごめん下さい」できりだし（上記の例は訪問時のあいさつ）を行い、下線部「まことに申しわけありませんが」で謝罪の前置きをしたうえで、依頼の提示を行っている。さらには点線部「〜と思ったもんですから」のように状況説明をし、補足的に再び謝罪している。このような一連の流れによる依頼のあとで、農家の奥さんは下線部「あんなもんでよかったらよ」と前置きをしたうえで勧めの提示を行っている。このように、波線部「頂けないでしょうか」「取って行きなさいよ」のような述部形式だけでなく、さま

ざまな要素によって対人配慮が示されていることがわかる。

　行為指示における配慮を分析する観点としては、熊谷・篠崎（2006）で示されているように、配慮を示すためにどのような要素が用いられているか、配慮を示す要素がいくつ用いられているか、配慮を示す要素がどのように組み合わされているかということがあげられる。ただし、これら全てについて歴史的変化を見ていくことは容易ではない。そこで、本章では配慮を示すためにどのような要素が用いられているかという点に注目して、行為指示における配慮の歴史的変化を見ていきたい5。具体的には前置き表現、とりわけ定型的前置き表現によって配慮が示されるかという点に注目する。

　「前置き表現」については、高山（2012）にならい、「行為要求の場面において、述部形式に先だって現れる、対人配慮を表すための節形式の表現」と規定する6。この定義に当てはまるものとして、〈恐縮・謝罪〉（例「すみませんが」）、〈状況確認〉（例「よかったら」）の2タイプがあげられよう。〈恐縮・謝罪〉は聞き手の負担に対する申し訳なさを表明することで配慮を示すものである。〈状況確認〉は行為指示に際して何らかの状況を確認することで配慮を示すものである。なお、状況説明も節形式であり、行為指示における配慮との関わりもあるが、ことがらの内容面に関わるという点を重視して、ここでいう前置き表現とは別のものと考えておく。

　いずれのタイプの前置き表現も現代語では定型的なものがあるという点が特徴である。〈恐縮・謝罪〉では「すみませんが」「申し訳ありませんが」などの謝罪が定型的前置き表現として用いられる。〈状況確認〉では聞き手の判断に委ねることを示して押しつけを避ける「よかったら」類が定型的前置き表現として用いられる（以下、「よかったら」「よろしければ」など、「よい」「よろしい」の条件表現に由来する定型的前置き表現をまとめて「よかったら」類と呼ぶ）。〈状況確認〉といっても、「よかったら」類は聞き手の判断に委ねることを示すのみで、具体的な状況は必ずしも問題にしていない。以下、先行研究の知見も利用しながら、定型的前置き表現の発達について見ていく。

3 行為指示における前置き表現の歴史

3.1 〈恐縮・謝罪〉

　藤原(2014)、米田(2014)、木村(2014)等によって、依頼における前置き表現の発達が示されている。これらは〈恐縮・謝罪〉の前置き表現の歴史について考察したものといえる。
　中古(平安時代)の依頼においては、依頼の理由を表す状況説明(事情説明)は見られるものの、現代語のような前置き表現はなく、聞き手への配慮は主に文末表現(たとえば敬語)によって示されている(藤原 2014)[7]。中世(鎌倉時代、室町時代)から前置き表現の萌芽が見られ、時代が下るにしたがって、前置き表現が使われるようになる(米田 2014)。

(3)「憚りながら、有待の身は思はずなるものぞ。跡の事など、かねて定め置き給へがし」〔失礼ですが、人の命というものは意外にはかないのです。お亡くなりになった後のことなどを今のうちに決めておいて下さいまし〕　　　(発心集 1214 頃、第 4-8 或る人、臨終に言はざる遺恨の事 臨終を隠す事:米田 2014 (12))

(4) もつともなれども、今夜上して明日の間に合せねば。きつう叶はぬ大事の用。無心ながら、まそつとしてま一度寄つてくださんせ。頼みまする〔もっともですが、今夜送って明日に間に合わねば、とても役に立たない大事な用です。無理な頼みですが、もうちょっとしてもう一度寄ってみてください。頼みます〕
　　　　　　　　　　　(心中重井筒 1707、中:米田 2014 (28))

　近世(江戸時代)後期においては、上方語、江戸語ともに前置き表現が発達している(米田 2014)。以下に示すのは、江戸語の例である。

(5) これ五郎どん、太(たい)ぎながらも一艘こいで下され。〔これ五郎どん。大変だけれども、もう一艘こいで下さい〕
　　　　　　　　　　　(遊子方言 1770、発端:米田 2014 (36))

このように、定型的な謝罪の前置き表現はまだ成立していないが、近世頃には導入としての前置き表現が成立しているとされる（青木2012）。

定型的な謝罪の前置き表現の成立は近代以降であり、「すみませんが」は明治時代中期から大正時代（19世紀末から20世紀初頭）にかけて定型化し、定着していくという（木村2014）。

(6)
a.「和尚さん甚だ済みませんが、二三日の中におかへししますから、五十銭ほど貸してください」
（田山花袋1872年生、田舎教師1909、15：木村2014（22））
b.「父さん、済みませんが、この鞄を解いて見て下さいな。」
（島崎藤村1872年生、家1911、下、3：木村2014（23））

以上、〈恐縮・謝罪〉は中世から前置き表現の萌芽が見られ、近世には導入としての前置き表現が成立し、明治期から大正期にかけて謝罪の定型的前置き表現が成立するという流れが見てとれる。

3.2　〈状況確認〉

3.2.1　近世までの文学作品における〈状況確認〉

〈恐縮・謝罪〉と異なり、「よかったら」のような〈状況確認〉の前置き表現の歴史はまだ十分に考察されていない。その中にあって、命令・依頼、断りにおける配慮表現の歴史について大きな流れを整理した青木（2012）では、談話の型について考慮され、行為指示における配慮として、「すみませんが」などの「恐縮」（本章の〈恐縮・謝罪〉）だけでなく、「できれば」「よかったら」など条件表現による「緩和」（本章の〈状況確認〉）にも言及されている。ただし、中古の書簡文例集や中世前期の説話集に「緩和」と見られる例があることが指摘されているにとどまり、まだ考察の余地がある。

それでは、まず文学作品を資料として〈状況確認〉の歴史について見ていこう[8]。森野（2009）や青木（2012）では、比較的早い時代のものとして、中世前期の説話集である『宇治拾遺物語』の例が

取り上げられている。

(7)「……その経を書かずして遂に失せにし罪によりて、たとふべき方もなき苦を受けてなんあるを、もし哀れと思ひ給はば、その紙尋ね取りて、三井寺にそれがしといふ僧にあつらへて書き供養せさせて給べ」といひて、大きなる声をあげて泣き叫ぶ
〔「……その経を書かずにとうとう死ぬことになってしまった。その罪で、たとえようもない苦しみを受けているが、もし哀れとおぼし召すなら、その料紙を捜し出して、三井寺にいるこれこれという僧に頼んで書写供養させてほしい」と言って、大きな声をあげて泣き叫ぶ〕
(宇治拾遺物語1221頃か、巻8-4敏行朝臣の事)

　これは藤原敏行が、紀友則の夢に現れて、生前に自身が用意していた紙を探しだし、三井寺にいる何々という僧に頼んで四巻経をその紙に書写教養させてほしいと懇願している場面である。
　この用例について、森野は現代語の「もしよろしければ」「もし時間があれば」などの前置きを伴う依頼に通じるものであり、依頼の強制感をやわらげる配慮の表現であると指摘している。たしかに、これは聞き手がどう思うかという点を確認して、それが満たされる場合に限り、行為することを要求しているという点で配慮があるといえる。しかし、「よかったら」類とは性質が異なるという点に注意しておく必要がある。
　現代語の「よかったら」類は〈状況確認〉といっても、具体的な状況は必ずしも問題にせず、聞き手の判断に委ねることを示して押しつけを避けるものである。したがって、行為するか否かについて選択の余地を想定しにくい場合に用いるのは不自然である。たとえば懇願する場合に「よかったら命をお助けください」などとは言わないだろう。(7)は聞き手へ依頼するにいたった切実な事情を述べたうえで、聞き手にすがる姿勢で懇願しているものであり、そこで用いられている条件表現は、押しつけを避ける「よかったら」類とは性質が異なることがわかる。
　なお、行為指示において条件表現が用いられている例としては、次のようなものもある。

(8) おのれ、もし命ありて帰り上りたらば、その時返し得させ給へ。上らざらん限りはかくて居給へれ。〔自分がもし命あって京に帰り上ったら、その時に返してください。戻って来ない限りは、続けてお住みなさい。〕（宇治拾遺物語1221頃か、巻7-5長谷寺参籠の男、利生にあづかる事）

　これは田舎に出かける際に、家の持ち主が男に家を預ける場面の発話である。このようなものは、ある出来事が発話時以降に生じた場合のことを述べているだけで、配慮とは関係ない。
　その後の時代においても、近世までの文学作品において見られるのは、行為の成立条件を確認するものばかりである。中世後期については、本書森論文（第12章）で、大蔵虎明本狂言台本の依頼における談話で条件節が用いられることはあるが、対人配慮として機能しているのではなく、いずれも依頼の成立条件の確認と捉えられるものであるということが指摘されている。
　近世前期、近世後期においても、本章の調査範囲で見られたのは、行為の成立条件の確認と見なせそうなものであった。近世前期の例と近世後期の例をそれぞれあげる。

(9)
a. 為のよい事あるならば今でも暇をくれといや。〔お前のためによいことがあるなら、今すぐにでも暇をくれと言いなさい〕
　　　　　　　　　　　　　　　　　　　　（心中重井筒1707、上）
b. 酒が御気に入ったらば。一つあがって下さんせ〔酒が気にいったのなら、一つ召し上がってください〕　　（堀川波鼓1707、上）

(10)
a. かる何ハア、さぶい折に呑と、一倍さぶくなり申スよ。伊さむかアもつとこつちイ寄なせへ。〔寒いならもっとこっちへ寄りなさい〕　　　　　　　　　　　　　　　　　（道中粋語録1779頃）
b. よね「藤さん、それほど憎けりやアぶつとも殺ともおしな。」〔藤さん、それほど憎いならぶつなり殺すなりしな〕
　　　　　　　　　　　　　　（春色梅児誉美1832-1833、後編、巻4）

　これらはいずれも行為することにつながりそうな状況であるかを

確認している。有無を言わさず行為を要求するのではなく、行為の成立条件について確認しつつ行為を要求するという意味では配慮を示しているといえるが、聞き手の判断に委ねることを示して押しつけを避けるものとは異なる。なお、後で見る書簡文と異なり、近世までの文学作品においては、聞き手の都合、予定を確認する（相手にとって不都合がないかどうかを確認する）ようなものは見出しにくかった。

3.2.2　定型的前置き表現「よかったら」類の成立と定着

それでは、聞き手の判断に委ねることを示して押しつけを避ける定型的前置き表現はどのように成立したのであろうか。行為指示以外で用いられているものも含めて、「よい（よし）」「よろしい（よろし）」が条件節の述語となっているものを取り上げ、「よかったら」類の成立と定着の過程を見ていく。

近世までにおいても「よい（よし）」「よろしい（よろし）」の条件表現を行為指示で用いている例がないわけではない。しかし、いずれも実質的意味を持ち、具体的な状況確認にとどまるもので、定型的なものとはいえない。条件節の構文に注目して整理すると、(11)のように主格相当の語句があるタイプ、(12)のように譲歩を表す「て（も）よい」「で（も）よい」が条件表現となっているタイプの2つに限られる。

(11) こりゃ女子ども。お料理がよくば早う御膳出しませ〔こりゃ女子ども。お料理が準備できているなら早く御膳を出しなさい〕
　　　　　　　　　　　　　　　　　　（大経師昔暦 1715、上）
(12)「モシ、わつちがやうなもんでもよくば、おせわなすつて下さりませ〔もしもし、私のようなものでも良ければ、お世話なさってくださいませ〕　　（東海道中膝栗毛 1802-1814、8編、下）

近代に入っても、明治期、大正期では、主格相当の語句があるタイプ、譲歩を表す「て（も）よい」「で（も）よい」が条件表現となっているタイプの2つが多い。これらは以下のように行為指示以外で用いられるのが普通である。

(13)私達は時間の同じ日には連れ立つて宅を出ます。都合が可けれ
　　ば帰る時にも矢張り一所に帰りました。
　　　　　　　　　　　（夏目漱石1867年生、こゝろ1914、下、39）
(14)「ぢや失礼ですがもつと真中へ出て来て頂戴。御退屈だらうと
　　思つて、御茶を入れて持つて来たんですが、茶の間で宜しけれ
　　ば彼方で上げますから」
　　　　　　　　　　　（夏目漱石1867年生、こゝろ1914、上、16）

　　一方、近代では定型的なタイプも見られるようになる。定型的な
タイプは先に「ば」によるものが見られ、大正期に入ると「たら」
によるものが見られるようになる。定型的な「よかったら」は、先
に示した2タイプと異なり、主に行為指示において用いられている。
(16c)は勧誘（話し手が行おうとしていることについて、一緒に聞
き手も行うよう促すもの）だが、聞き手に行為を要求するという点
で広義の行為指示と見なせる。

(15)昔から懇意な者は断らず泊めて、老人夫婦が内端に世話をして
　　呉れる、宜しくば其へ、其代、といひかけて、
　　　　　　　　　　　（泉鏡花1873年生、高野聖1900、1）
(16)
　a. 画をかいて持つて来ましたから、よかつたら御批評下さい。
　　　　　　（武者小路実篤1885年生、AとB、『太陽』1917年10号）
　b. およろしかつたら、どうぞお気楽に。随分お変りになりまし
　　　ね。（武者小路実篤1885年生、AとB、『太陽』1917年10号）
　c. 「野島君か。大宮君も一緒か。いゝ処であつた。よかつたら一
　　　緒に散歩しよう」
　　　　　　　　（武者小路実篤1885年生、友情1919、上篇、17）

　　これらの定型的なタイプは具体的な状況確認をしているのではな
く、聞き手の判断のみを問題としている。具体的な状況は必ずしも
問題にせず、聞き手の判断に委ねることを示して押しつけを避ける
前置き表現といえる9。
　　「よかったら」類の成立と定着の過程を見るために、近代以降に
おける「よい」「よろしい」の条件表現での使用について、条件表

現の助詞別に従属節の形を整理すると表1のようになる。明治大正期は『太陽コーパス』と『CD-ROM版 新潮文庫の100冊』、昭和期は『CD-ROM版 新潮文庫の100冊』による。表中の「主格──」は主格相当の語句があるタイプ、「──で」は譲歩を表す「て（も）よい」「で（も）よい」が条件表現となっているタイプ、「定型」は定型的なタイプのことである。空欄は用例がなかったことを表す。

	よければ（よろしければ）			よかったら（よろしかったら）		
	主格	─で	定型	主格	─で	定型
明治	15	5	3	2	1	
大正	16	6	2	1	1	11
昭和（戦前）	3	4	1		1	8
昭和（戦後1965年まで）	8	3	3	4	1	11
昭和（戦後1966年以降）	10	6	4	4	4	34
合計	52	24	13	11	8	64

表1 「よい」「よろしい」の条件表現

「ば」において定型的なタイプが先に見られるが、その後は「たら」の使用が増え、全体として定型的表現は「たら」を用いた「よかったら（よろしかったら）」に偏っている。「よかったら」類の伸長については、テキストの分量が異なるため単純な用例数の多寡からはいいにくいが、「よかったら」類を使用する作家の割合も考慮すると、「よかったら」類の使用が増えているといえそうである。大正期において定型的「よかったら（よろしかったら）」は11例あるが、この11例は全て武者小路実篤によるものである10。一方、1966年以降では24人中9人、1976年以降に限定すれば10人中6人に用いられている。定型的「よかったら（よろしかったら）」だけでなく、定型的「よければ（よろしければ）」も含めると、1976年以降では「よかったら」類は10人中8人に用いられている。もちろん現代においても使用頻度の個人差等はあるが、初期においては限られた作家に多用されていた表現が、より一般的な表現へと変わっていったといえよう。

以上のように、「よかったら」類は聞き手への押しつけを避ける

ことで行為指示における配慮を示すものとして、明治期から大正期にかけて成立し、その後定着していった。ここにいたって、具体的な状況は必ずしも問題にせず、聞き手の判断に委ねることを示して押しつけを避ける前置き表現が確立したといえよう。

3.2.3 書簡における〈状況確認〉

ここまでは文学作品における状況を見てきた。ここで一つ注意すべき点は、文体的な問題である。平安時代後期に成立したとされる書簡文例集の『雲州往来』において、以下のような例が見られる[11]。(17a) は青木（2012）でも指摘されている例である。

(17)
a. 若事ノ次有ラバ奏達セ令メヨ〔もし機会があれば天皇に申し上げさせなさい〕　　　　　　　　　　（雲州往来、中14往状）
b. 明日ノ見物、何レノ処ヲ点ゼ被ルル哉、馬出ノ辺ニ一ツノ蝸舎有リ、若他所無クハ、光臨セ被ル可キ也〔明日の見物はどの場所を予定なさっていますか。馬出のあたりに一件の家があります。もし他にご予定がなければ、いらっしゃるべきです〕
　　　　　　　　　　　　　　　　　　（雲州往来、中36往状）
c. 貴殿若御障無クハ同道セ令メ給ヒナン哉〔あなたに、もし差し障りなければ、同行させてくださいますか〕　（雲州往来、上41往状）

これらは行為を要求するにあたって相手（読み手）の都合、予定を確認している。相手の都合、予定を確認することは、相手の事情を優先する姿勢を示すということにもなり、近世までの文学作品に見られたものよりも配慮を示す性格が強いともいえる。『雲州往来』にこういった例が見られることから、配慮性の強い〈状況確認〉の前置き表現は中古からすでにあったことになる。

ただし、これらも行為の成立条件を確認する側面があるという点で、やはり相手の判断のみを問題とする現代語の「よかったら」類とは性質が異なるだろう。(17a) はそもそも機会がなければ、天皇に申し上げるのは不可能である。また、(17b) のように、「べし」による行為指示でも使われているという点も注意される。藤原（2014）によれば、「べし」は相手の拒絶を想定しない「通達」を

表すものである。相手の選択権を考慮しない行為指示で用いられていることからすると、相手の判断に委ねることを示す現代語の「よかったら」類とは性質が異なると思われる。(17c) についても相手の都合を確認しているもので、行為の成立条件を確認するという側面がある。

　相手（読み手）の都合、予定を確認するものが見られるという質的な面も含めて〈状況確認〉による配慮は文学作品よりも書簡においてなされやすいようである。これは相手の都合、予定を確認するという書簡の内容的性質と、かなりあらたまったものであるという書簡の文体的性質によるものと考えられる。書簡は表現形式の定型化が進みやすいと考えられ、こういったところから定型的前置き表現が先に発達した可能性もある。この点について、本章では十分な議論をする用意がないが、今後考えていくべき問題の一つである[12]。

4 前置き表現の歴史から見えてくること

4.1　前置き表現の定型化と標準語

　以上、見てきたように、従来指摘されていた〈恐縮・謝罪〉だけでなく、〈状況確認〉についても、明治期から大正期にかけて定型化する。定型的前置き表現が成立し、それが一般化するということは、実質的な意味に乏しいとはいえ、〈恐縮・謝罪〉や〈状況確認〉を印づけるということが、配慮を示す手段として重要なものとなったと考えられる。だがなぜこの時期に前置き表現が定型化するのであろうか。

　1つは、高山 (2012) が指摘するように、人々の流動性が高まったというような社会的変化の影響が考えられるだろう。よく知らない相手とのコミュニケーションが増えることで、敬語以外にも、それとわかる何らかの印づけによって配慮を示そうとする傾向が生じたということである。

しかし、明治大正期という時期を考えたとき、もう1つ見逃してはならないことがある。それは標準語の問題である。よく知られるように、明治30年前後から、標準語の確立と普及がとくに問題となった。滝浦（2013）は礼儀作法としてのあいさつ、および感謝、謝罪の言語行動、敬語を例として、明治後期以降、標準語のコミュニケーションにおいて型が発展したことを指摘している。こうしたことと考え合わせれば、行為指示における前置き表現の定型化には、型のコミュニケーションを指向する標準語の影響があると考えられる13。

近世と近代の連続、非連続をどのように捉えるかが日本語史の時代区分上問題となりうるが、こういった配慮表現の定型化という点からは、江戸と明治の間ではなく、明治後期あたりに転換点があると見ることになるだろう。明治大正期は配慮表現の歴史における転換点の一つといえる。

4.2 「よかったら」類の成立と定着から見える ストラテジーの変化

型によって配慮が示されるようになるということの他に、配慮のストラテジーについて、どのようなことが見えてくるだろうか。ここでは条件表現に由来する定型的前置き表現「よかったら」類の成立と定着がどのように位置づけられるかということを考えてみたい。

まず聞き手の判断に委ねて押しつけを避ける姿勢を示すことが配慮を示すうえで重要な手段の一つとなったことがいえるだろう。もう一つ注目したいのはどのような行為指示において、押しつけ回避の姿勢を示すのかという点に関することである。「よかったら」類による押しつけ回避は聞き手に負担をかける際に限られていない。受益者（行為によって利益を受ける人物）に注目すると、「よかったら」類は話し手利益の行為指示にも聞き手利益の行為指示にも用いられる。

(18)

a.「もしよければ、あなたの方の心づもりを教えてください」《話

し手利益》（沢木耕太郎 1947年生、一瞬の夏 1981、第9章）
b.「もしよろしかったら、どうぞそちらでごゆっくりお食べください」と、一〇メートルほど離れた所にある椅子を指さした。《聞き手利益》
（藤原正彦 1943年生、若き数学者のアメリカ 1978、1）

　使用割合を見てみると、『CD-ROM版 新潮文庫の100冊』では、話し手利益、およびそれに準じる行為指示の例が18例であったのに対して聞き手利益の行為指示の例は27例であり、「よかったら」類は聞き手利益の行為指示のほうに用いられやすい傾向にあった[14]。
　聞き手に負担をかける場合にそれ相応の言語的配慮を示す必要があることは容易に想像できる。〈恐縮・謝罪〉は聞き手の負担を認識している姿勢を見せることで、聞き手の負担感を軽減させている。このことからわかるように、「すみませんが」「悪いけど」などの〈恐縮・謝罪〉は、聞き手に負担をかける話し手利益の行為指示において用いられる。「すみませんが、お菓子をお召し上がりください」のように、聞き手に何かを勧めるときにこれらの表現を使うとかえって不自然であろう。このことをふまえると、「よかったら」類は聞き手に負担をかける場合でも用いられるものの、聞き手に利益があるような場合においても用いられる点に特徴があるといえる。
　つまり、「よかったら」類の成立と定着は、近代以降、行為指示において聞き手への押しつけを避けるという配慮の仕方が確立したこと、さらには、比較的聞き手に負担をかけない聞き手利益の事態においても押しつけを避けるという配慮がなされるようになったことを示すものであると考えられる。

5 今後の課題

　本章は近年の配慮表現史研究の成果を整理しつつ、〈恐縮・謝罪〉〈状況確認〉の前置き表現の定型化に注目して、前置き表現から見た行為指示における配慮の歴史的変化について考察した。

　〈恐縮・謝罪〉〈状況確認〉いずれのタイプの前置き表現も明治期から大正期にかけて定型化することを示したうえで、前置き表現の定型化と標準語の形成との関連、「よかったら」類の成立と定着から見えるストラテジーの変化について仮説を提示した。十分に論じきれていない点もあるが、本章の考察により、問題のありかやアプローチの着眼点と方法について、ある程度見通しを良くすることはできたと思う。

　最後に今後に向けて、残された課題を少しばかり整理しておく。まず、定型化以前の前置き表現の運用に関しては素描にとどまっている。文学作品のさらなる調査を行うことはもちろん、書簡や書簡作法書など、文学作品以外のものについても調査を行うことが必要となるだろう。また、前置き表現の定型化と標準語の形成との関連についても、具体的にどのような関係があるのか考察が必要である。いずれも文体史的観点からの考察が求められよう。書きことばにおいて用いられていたものが言文一致などとも関連して話しことばに流入するということがないかなど、話しことばと書きことばの交渉といった観点も重要になってくると思われる。今後のさらなる研究に期待したい。

注

1 敬語研究の到達点、今後の方向性については菊地編（2003）が参考になる。
2 以上の研究史の整理は、高山（2012）によるものとほぼ同様である。なお、野田・小林・高山編（2014）とは異なる観点による近年の歴史語用論的研究として、佐藤（2014）や森（2016）なども重要である。
3 このような方法については、青木（2012）、高山（2012）等参照。
4 以下、例文の後に（　）で出典を示した。資料名の後の数字は、その資料の成立年代（あるいは出版年代、初演年代）である。近代以降のものについては作家とその生年も記した。なお、先行研究の例を利用した場合、その先行研究が依拠した使用テキストを確認して挙例した。
5 本書森論文（第12章）は、中世後期と現代を対照させることで、まさにこれらの三点から談話構造の歴史的変化を捉えようとしたものである。本章と相補うものとして位置づけられよう。
6 別の考え方として、木村（2014）の「発話導入部」のように範囲を広くとらえるということもありうる。「発話導入部」には、人物に対する呼びかけなども含められている。
7 「かしこし」による恐縮の表明自体は上代から見られるようである（小柳 2014）。
8 以下、〈状況確認〉の歴史については、かなり限られた資料で大まかな傾向を見たにとどまる。文学作品からは、宇治拾遺物語［中世］、近松門左衛門の世話物浄瑠璃（日本古典文学大系所収の14作品）［近世前期上方］、洒落本（日本古典文学大系所収の8作品）、人情本（春色梅児誉美）［近世後期江戸］を調査した。「よし」「よろし」の条件表現については、国文学研究資料館の本文データベース検索システムを利用して日本古典文学大系所収の作品を網羅的に調査した。
9 従属節の形と主節の文の述べ方との関係について、『太陽コーパス』と『新潮文庫の100冊』の使用状況を整理すると以下のとおりである。表中の「主格」「―で」「定型」は表1と同じである。時代による大きな変化はなかったので、年代は分けずに一括して示している。

	叙述	申し出	勧誘	行為指示	その他	合計
主格	45	4	2	8	4	63
―で	8	13	0	8	3	32
定型	1	7	15	53	1	77

表2　従属節の形と主節の文の述べ方

　定型的なタイプは77例中68例が広義行為指示（行為指示53例、勧誘15例）で用いられている。「よかったら」類が勧誘も含めた広義行為指示における配慮を示す副詞的表現として対人的意味に特化していることがわかる。

10 表の数値には含めていないが、『大正の文豪』でも、定型的「よかったら」は有島武郎、里見弴、長与善郎といった白樺派の作家による使用が目立つ。武者小路実篤の影響がうかがわれる。直木（2016）は、武者小路が「よかったら」という語を早くから使っていることに、他人の自我の尊重という彼の思想が現れている

と指摘している。
11 『雲州往来』の行為指示表現については、仁科（2010）や藤原（2014）で、文末形式に関して分析がなされている。
12 古文書を用いた国語学的研究として、たとえば、仮名文書の〈実用的対話性〉について論じた辛島（2003）では、書状、あるいは書状と同様の形式で書かれた文書において〈口頭語や会話文〉との共通性が顕著であることや、仮名文書において形容詞の定型表現としての使用が目立つことなど、配慮表現の歴史にとっても興味深い指摘が数多くなされている。
13 定型化の問題については、日本語学会2016年度秋季大会ワークショップの指定討論者であった青木博史氏のコメントに大きな示唆を得た。
14 話し手利益に準じる例とは、話し手と聞き手両方に利益がある例や、第三者に利益がある例のことである。ただし、このような例は多くない。
　　また、聞き手利益が多いというのは、文学作品による結果、すなわち会話文における使用の場合であり、手紙などの使用においては異なる可能性がある。

使用テキスト
- 雲州往来（三保忠雄・三保サト子編『雲州往来享禄本本文』和泉書院）
- 宇治拾遺物語（『新編日本古典文学全集』小学館）
- 国立国語研究所 編『太陽コーパス──雑誌『太陽』日本語データベース』博文館新社（翻訳作品を除く）
- 『CD-ROM版 大正の文豪』新潮社
- 『CD-ROM版 新潮文庫の100冊』新潮社（翻訳作品を除く）
- ＊引用に際して、ルビの省略、旧字体を新字体にするなど、表記を私意に改めた箇所がある。
- ＊その他は日本古典文学大系（岩波書店）による。なお、『太陽』の記事を除く明治大正期の用例掲出に際しては『漱石全集』岩波書店、『現代日本文学全集』筑摩書房によった。

参考文献
- 青木博史（2012）「コミュニケーションと配慮表現──日本語史の観点から」光藤宏行 編『九州大学文学部人文学入門3コミュニケーションと共同体』pp. 45-59、九州大学出版会
- 辛島美絵（2003）『仮名文書の国語学的研究』清文堂
- 菊地康人 編（2003）『朝倉日本語講座8敬語』朝倉書店
- 木村義之（2014）「明治・大正時代の配慮表現」野田・高山・小林 編（2014）所収、pp. 185-202、くろしお出版
- 熊谷智子・篠崎晃一（2006）「依頼場面での働きかけ方における世代差・地域差」国立国語研究所『言語行動における「配慮」の諸相』pp. 19-54、くろしお出版
- 小柳智一（2014）「奈良時代の配慮表現」野田・高山・小林 編（2014）所収、pp. 57-74、くろしお出版
- 佐藤志帆子（2014）『近世武家社会における待遇表現体系の研究──桑名藩下級

武士による『桑名日記』を例として』和泉書院
- 高山善行（2012）「日本語の配慮言語行動の歴史的研究——これからの発展に向けて」三宅和子・野田尚史・生越直樹 編『「配慮」はどのように示されるか』pp. 113–129、ひつじ書房
- 滝浦真人（2013）『日本語は親しさを伝えられるか』岩波書店
- 直木孝次郎（2016）『武者小路実篤とその世界』塙書房
- 仁科伸康（2010）「『雲州往来』における行為指定表現の研究」『白門国文』27：pp. 1–22、中央大学国文学会
- 野田尚史・高山善行・小林隆 編（2014）『日本語の配慮表現の多様性——歴史的変化と地理的・社会的変異』くろしお出版
- 藤原浩史（2014）「平安・鎌倉時代の依頼・禁止に見られる配慮表現」野田・高山・小林 編（2014）所収、pp. 75–92、くろしお出版
- 森勇太（2016）『発話行為から見た日本語授受表現の歴史的研究』ひつじ書房
- 森野崇（2009）「『宇治拾遺物語』の配慮表現——依頼・受諾・感謝の場合」『日本語の対人配慮表現の多様性』pp. 199–208、平成17年度–平成20年度科学研究費補助金（基盤研究（B）課題番号17320072）研究成果報告書
- 米田達郎（2014）「室町・江戸時代の依頼・禁止に見られる配慮表現」野田・高山・小林 編（2014）所収、pp. 131–148、くろしお出版

付記　本章は第263回筑紫日本語研究会（2015年12月28日、於九州大学）、および日本語学会2016年度秋季大会ワークショップ「行為指示表現の歴史語用論」（2016年10月30日、於山形大学）での発表をもとに加筆修正したものである。本研究はJSPS科学研究費（課題番号16K16840）による研究成果の一部である。

文献解題

- 菊地康人 編（2003）『朝倉日本語講座8 敬語』朝倉書店

　　敬語について様々な観点からバランス良く解説されており、刊行時点における研究の到達点と研究の方向性を知ることができる。敬語の捉え方や考え方に関する理論的なもの4章、社会言語学的観点からのもの3章、敬語史に関するもの4章、外からの目で論じたもの1章からなる。敬語や配慮表現の研究を始めるにあたって、まず参照すべき書といえる。

- 佐藤志帆子（2014）『近世武家社会における待遇表現体系の研究──桑名藩下級武士による『桑名日記』を例として』和泉書院

　　桑名藩の下級武士、渡部平太夫による『桑名日記』を資料として、近世武家社会の待遇表現体系を考察したもの。歴史史料も活用して人間関係や生活実態を浮き彫りにし、待遇表現の運用実態を明らかにするとともに、それと社会構造との関わりや歴史的位置づけまでも提示する。伝統的な方法を受け継ぎつつ、社会言語学的観点を積極的に取り入れた本書は、歴史社会言語学的研究の見本の一つとなろう。

- 滝浦真人（2013）『日本語は親しさを伝えられるか』岩波書店

　　コミュニケーションの観点から標準語を捉え直し、明治後期以降、日本語が遠・敬を示すための「型」を発展させ、「安心」の言葉と所作を作ってきたことについて論じている。江戸時代の日本語、中国語、韓国語との対照も行うことで標準語の特徴を浮かび上がらせ、これからの日本語コミュニケーションのあり方についても話が及ぶ。ユニークな語用論の入門書である。

第12章

中世後期における依頼談話の構造

大蔵虎明本狂言における依頼

森勇太

キーワード	コミュニケーション機能、機能的要素、負担、対人配慮、選択性
本章の概要と方法論について	本章では、中世後期の口語を反映していると考えられる『大蔵虎明本狂言』(1642、書写)の依頼について、談話の構造という観点から分析した。狂言台本はもともと即興劇であったこと、台本形式で書かれていることなど、談話資料と並行的に考えられる部分がある。本章では、狂言台本から依頼の言語行動部分を抽出して、当時の依頼のあり方を現代のものと対照させることを試みた。描かれた言語行動は狂言特有のものである可能性は否定できないが、他の資料との対照などで検証を積み重ねることによって、言語行動の歴史をより詳細に理解していくことは可能である。 　依頼の型について、現代語には、「すみませんが」等の、話し手の非礼や聞き手の負担に対する注釈が多く見られるが、『大蔵虎明本狂言』にそのような要素は少なく、"状況説明＋行動の促し（依頼の述部）"が基本的な型といえる。 　『大蔵虎明本狂言』の依頼が現代語と異なる点として、聞き手に対して負担を与えるような表現をとることがある点が挙げられる。また、「よかったら」のような、聞き手の選択性を高く見積もる表現は全く見られない。負担を与えても、相手に"すがる"ことを通して、心理的にも聞き手にへりくだって、聞き手が依頼を受諾しやすくすることを意図していると考えられる。

1 はじめに

　現代語の依頼には一定の型があり、先行研究では、依頼を遂行する際に、いくつかの要素（機能的要素、熊谷・篠崎2006）を組み合わせて、相手との対人関係を良好に保ちながら、効果的に目的を達成していることが明らかになっている。

(1)
　a. 荷物預けの依頼＝すいません［きりだし・注目喚起］、ちょっと用があるので［状況説明・事情］自転車と荷物預かってもらえますか？［行動の促し・預かりの依頼］

（熊谷・篠崎20061：22）

　b. 釣銭確認＝すいません［きりだし・注目喚起］、今いただいたおつりなんですが［状況説明・買い物の経緯］、○○円おわたししたんですが［状況説明・買い物の経緯］、これだけもらったんですが［状況説明・買い物の経緯］、ちょっとちがってるようなんですが［状況説明・釣銭不足］、ちょっと確認していただいていいですか？［行動の促し・再計算の要求］　（同：25）

　このような型はどの時代にも存在するものと思われるが、一定のものなのだろうか。それとも時代ごとの差異が見られるものなのだろうか。

　これまでの"依頼表現"研究は主に述部形式にかかわるものが多かった。それは、日本語には対人関係を良好に維持するための重要なツールとして、敬語が存在していたためであろう。敬語は古代語から存在し、歴史的に運用上重要な機能を果たしてきた。日本語史研究においても大きな注目を集めてきた分野であり、その成果は枚挙にいとまがない。

　一方で、日本語で対人関係を良好に保つための手段は敬語のみではない。歴史上どのような言語表現が対人関係を良好に保つために使われてきたかを調査するには、なるべく等質な場面を取り上げ、その中で用いられる言語表現が何かを探していくことが必要となる。それによって、コミュニケーションのあり方の時代差・地域差・言

語差が対照可能となる。

　本章では、依頼がどのような談話上の構造のもとに組み立てられるのかという点に着目し、中世後期の言語資料である『大蔵虎明本狂言』（以下、『虎明本狂言』）の言語を分析する。

　以下、本章の構成を述べる。2節では、依頼表現の歴史的研究を概観し、中世後期の位置づけについて述べる。3節では『虎明本狂言』の依頼表現について、どのような要素があり、どのように組み合わされているのかについて述べる。4節では『虎明本狂言』の特徴といえる要素について考察する。5節では、負担と選択性の観点から、『虎明本狂言』の依頼談話に見られる現象と日本語史研究で指摘されている他の現象を比較する。最後の6節はまとめである。

2　中世後期の依頼表現の位置づけ

2.1　依頼表現の歴史的研究

　依頼表現の歴史的研究についてはさまざまな観点から研究がおこなわれてきている。まず、述部形式についての研究を見ると、古代語（平安時代）では、命令形が中心的に用いられている。もちろん「〜したまへ」等の形で敬語も用いられるが、その使い分けは、主に固定的身分関係に基づくことが指摘されている（藤原2014）。中世期（鎌倉・室町時代）に受益表現、つまり「〜てくれる」「〜てくださる」といった話し手へ利益があることを示す表現が形成され、依頼で用いられるようになる。近代（明治期以降）では、上位者への依頼においては受益表現の使用が必須になり（森2016）、また、「〜してくれませんか」「〜していただきたい」等、多くの間接的依頼形式が近代以降に成立した（工藤1979）。このように依頼表現に新しい表現が増加していることは、命令表現と区別される依頼専用表現が"分化"したものと捉えられる（青木2012：52）。

　これらはいずれも述部表現の構造に着目した研究であり、談話的

な観点に立った研究はほとんどなかった。しかし、野田・高山・小林編（2014）に収載される一連の論考は談話的な観点に立ち、通時的に広範囲の発話行為が扱われている点で重要である。その中でも、『虎明本狂言』を含む中世後期・近世の依頼・禁止を扱った米田（2014）では、依頼・禁止に先立つ"前置き表現"について述べられており、それらが古代語では発達していなかったこと、中世期は「憚りながら」「恐れながら」などが見られる萌芽的な状態だったことが明らかにされた（米田 2014）。米田氏の扱った"前置き表現"とは、行為指示談話で慣用的に用いられる"定型的前置き表現"のことを指すと思われるが、"前置き"を広く捉えれば、話し手が心情を表明したり、事情を説明したりするものも"前置き"といえる。なぜ、多くの表現の可能性がある中で、これらの形式が定型化したのだろうか。それを明らかにするには、状況説明も含めて、当時の行為指示がどのように組み立てられていたか、という点を網羅的に研究していくことが必要になる。

　中世～近世期には、受益表現が依頼で用いられるようになる、定型的前置き表現が形成されるなど、依頼表現の変化が見られる時期である。この時代の依頼表現を明らかにすることにより、変化のありようが詳細に見えてくるものと思われる。

2.2　狂言の資料性

　狂言は、もと能の合間に演じられた即興劇から出てきたものであり、その台本は対話として書かれている。これまでの日本語史研究でも狂言は重要な口語資料として扱われてきている。本章の調査に関する点で重要なのは、『虎明本狂言』が対話形式であるということである。『虎明本狂言』の言語が反映しているとされる中世後期は、比較的口語的な資料に恵まれた時代であり、歴史書や漢籍等の講義録である抄物、および当時来日した宣教師によって記されたキリシタン資料も当時の重要な口語的文献として挙げられる。ただし、抄物は講義の場面における語りであり、またキリシタン資料の物語類は何らかの典拠に基づいて（例えば、『天草版平家物語』は『平家物語』に基づいて）書かれているため、前時代のコミュニケーシ

ョンのあり方が反映されている可能性もある。以上のような状況から、当時の依頼談話の構造を探る資料として、最も優先して分析されるべきは狂言であると考えられる。

　しかし、当時の口語を考えるうえで、狂言がまったく問題のない資料かというと、そうともいえない。書記されている時点ですでに一定の規範的な型を持っていたであろうことが想定される。また、狂言は笑劇であるため、笑わせる意図があっての談話構造である可能性もある。また、話の内容が個々に違うために、計量的な比較が難しいことには留意しなければならない。そもそも歴史的な資料に見られる状況は作者個人やテキストという"閉じられた世界"の現象という可能性は否定できず、その一般化は当時の状況を理解する上での仮説にすぎない（青木2010）。3節以降で考察する狂言の状況も、まずは狂言の言語行動の特徴として理解すべきものである。

　ただし、他の資料での考察や他の言語を参照するなど、仮説の検証を積み重ねることによって、当時の言語行動のあり方をより詳細に理解していくことは可能であろう（青木2010、2014）。もちろん、資料の考察に加えて、語用論で積み重ねられてきた知見も生かすべきである。本章の範囲でいえば、Brown and Levinson（1987）等のポライトネス理論は重要である。これまで記述されているさまざまなポライトネス・ストラテジーと照らし合わせ、ありうる運用や、その変化の仮説を立て、検証していくことが必要となる。

3　『虎明本狂言』の依頼の構造

3.1　要素の分類

　まず、狂言資料の依頼表現に、どのような要素を認めることができるか、分析していく。分析の枠組みは、基本的に熊谷・篠崎（2006）に従い、発話内の要素をコミュニケーション機能に分類した後、そこから帰納的に機能的要素を設定した。熊谷・篠崎

(2006) では、機能的要素は以下のように定義されている。

(2)
a. きりだし：まず話を始める
b. 状況説明：相手に事情を知らせ、依頼の必要性などの状況認識を共有してもらう
c. 効果的補強：相手の承諾を引き出すような働きかけをする
d. 行動の促し：依頼の意を表明する
e. 対人配慮：相手の負担に対する恐縮や遠慮の気持ちを表明する
(熊谷・篠崎 2006：22-23)

　この中で、"効果的補強"と"対人配慮"については、研究者の着眼点によっていくつかの分類の可能性がありうると思われる。"効果的補強"については、依頼を受諾してもらうために話し手がすること、負担したことを述べているもの、聞き手に受諾を求めるような情報（縁や聞き手の資格）を述べて聞き手に受諾を促すものを相手の承諾を引き出すような働きかけと見て分類した。また、"対人配慮"に関して、コミュニケーション上の対人配慮は熊谷・篠崎（2006）に分類される"対人配慮"の要素に限られるものではなく、上記の型をどのように用いていくか、という依頼表現全体に関わる問題である。本章では、熊谷・篠崎（2006）の"対人配慮"に当たる要素は"恐縮表明"と呼ぶことにし、"話し手の行動が非礼であることを注釈する（表1 [5-1]）"ものと"聞き手の負担が重いことを述べる（同 [5-2]）"ものの2つを分類した。
　どこからを依頼と認めるかについては、ザトラウスキー（1991）の"話段"の考えを援用した。"話段"とは"談話の内部の発話の集合体（もしくは一発話）が内容上のまとまりをもったもの（同：84-85）"であり、"前後の発話集合（もしくは一発話）がそれぞれの参加者の「目的」となんらかの距離と連関を持つことによって区分される（同：85）"ものである。前後の展開から区別されるひとまとまりの依頼場面を認め、その部分を（2）のコミュニケーション機能によって分類した。その結果を表1に示す。

第12章　中世後期における依頼談話の構造

C機能	現代語・"荷物預け"場面 (熊谷・篠崎 2006)	虎明本狂言に見られる機能的要素（主要なものを挙げた） （カッコ内数字は用例数）
[1] きりだし	A. 注目喚起 （スイマセン／○○サン） B. 用件 （タノンデイーデスカ？）	[1-1] 呼びかけ (15) (茶や／やいやい) [1-2] 重要さの表明 (14) (別なる事では御ざなひ) [1-3] 発話開始の表示 (9) (それならばいふてきかせう) [1-4] 聞くこと・理解の要求 (9) (まづようきかせられひ)
[2] 状況説明	C. 事情 （ヨソエ マワリマスカラ） D. 不都合 （オモタイ／カサバルカラ）	[2-1] 経緯の説明 (55) (それがしが自身太刀をもつた程に／ あまりひさひさあひまらせぬと思ふて、みまひに参つた) [2-2] 話し手の心情・感覚の表明 (30) (くたびれた程に／かほがいたふてたまらぬ) [2-3] 依頼の目的 (21) (此かさをあづけたう御ざる程に) [2-4] 話し手の能力不足 (13) (身共はぶたつしや者じや程に)
[3] 効果的補強	E. 請け合い （アトデトリニ キマス）	[3-1] 信頼の表明 (14) (何とぞそなたをたのみまゐらする) [3-2] 補償 (14) (今からは酒もたべまひし、ましていさかひも致まひ／ ふせをとつたらば、わごりよに半分まらせうほどに) [3-3] 縁の共有 (7) (かやうの事も御ゑんの御ざる故でござる程に／ 是もたしやうのゑんでござる) [3-4] 話し手の負担の表明 (5) (さりながら是までわび事に参つたほどに／ はるはるこヘ見まいにまいつたれば) [3-5] 聞き手の資格・属性への言及 (5) (おそうしやの心得を以て／ それがしが無音は、こなたのおむすめ子にめんぜられて)
[4] 行動の促し	F. 預かりの依頼 （アズカッテクダサイ） G. 依頼の念押し （オネガイシマス） H. 意向の確認 （ドーデスカ）	直接的依頼形式 本章では、受益表現「～てくださる」「～てくれる」 「～てたもる（たまふる）」等を述部に持ち、 命令形・否定＋疑問形式が述部となる発話を対象とした。
[5] 恐縮表明	I. 恐縮の表明 （スミマセンガ／ オジャマデショーガ）	[5-1] 話し手の行動の注釈 (4) (はじめたる人に申はいかがなが／ かさねて申せば慮外なれども) [5-2] 聞き手の負担への言及 (6) (きうくつなり共／御むつかしながら)

表1　コミュニケーション機能と機能的要素の対応
（C機能はコミュニケーション機能。以下同じ）

3.2 談話上の位置

ひとくちに依頼といっても、その位置づけは、それぞれの談話の中で異なる。山岡（2008）によれば、二者による"あらゆる会話の原型は、《要求》（demanding）と《付与》（giving）（同：50）"であり、この組み合わせは"双方が互いを補完するもので、高い緊密度を有していて、常に表裏一体の関係（同：51）"にある。この考えに基づき、山岡（2008）では、"連"を一つの会話の単位として認める。連とは、一方の参与者が第一発話として"命令"や"許可要求"を行うと他方の参与者が基本的に"服従"や"許可（許可付与）"を行うことになるというような呼応の関係である2。必ずしも要求の位置に"行動の促し"の要素が来るわけではないので、ここでは談話位置としての《要求》をα位置、《付与》をβ位置とする。

(3) ［命令 → 服従］
　　A：当分地方で休養しないか。《要求＝α位置》［命令、第一発話］
　　B：承知しました。《付与＝β位置》［服従］
　　A：それでいいんだ。《容認》　　　　　（山岡 2008：50）

現代語の行動の促しの表現は、α位置にもβ位置にも見られるが、これは『虎明本狂言』でも同じである。

(4)
a. ［依頼 → 受諾］
　　主：「きくいちいるか〔菊一、いるか〕
　　菊一：「何事で御ざる〔何事でございましょうか〕
　　主：「某は二三日よそへゆく程に、留守をしてくれさしめ
　　〔私は二三日よそに出かけるので、留守番をしてくれ〕《α位置》
　　菊一：「それこそやすひ事でござる、〔それはたやすいことです。〕
　　《β位置》　　　　　（虎明本狂言、不聞座頭：下、279）
b. ［攻撃 → 拒否］
　　山伏：「只今いのりもどさうぞ〔今すぐ呪い戻すぞ〕《α位置》
　　柿主：「なるまひぞ、おいてくれひ〔だめだ、やめてくれ〕《β位置》
　　　　　　　　　　　　　　（虎明本狂言、柿山伏：上、444）

ただし、依頼はすぐに受諾されるとは限らず、下記のように依頼を重ねて聞き手に受諾を説得することもある。そのような拒否（依頼の不成立）の後に依頼の促しがあるものを《γ位置》とする。

(5) ［命令 → 拒否 → 依頼。大名は馬にする人を探している。］
　　大名：「汝馬になれ〔おまえ、馬になれ〕《α位置》
　　太郎冠者：「是はおなさけなひ事仰らるる、某がせがれの時から今までめしつかはれて、大名にもならせられ、新座の者をもかかへさせられたらば、ちとらくをもいたさうと存じてござるに、迷惑な事御意なさるる〔これは情けないことをおっしゃいます。私が子どもの時から今までお仕えして、大名にもおなりになって、新参者をおかかえになったら、少し楽をしようと思っておりましたが、〕《β位置》
　　大名：「尤それは汝がいふごとくなれども、なさう人がなひほどに、なつてくれひ〔もっともそれはおまえが言う通りだけども、馬にする人がいないので、なってください〕《γ位置》

(虎明本狂言、人馬：上、237–238)

3.3　要素の組み合わせ

　現代語の依頼の主要なストラテジーは、〈依頼の表明〉〈事情の説明〉〈恐縮の表明〉であり、実際の相互作用の場では、聞き手の出方や状況によって変更や修正が加えられるとされる（熊谷1998）。中世後期の依頼はどのように捉えられるだろうか。
　前節で見た談話の位置（α位置・β位置・γ位置）を考慮に入れ、各コミュニケーション機能の要素がどのように見られるかを示したのが表2である。複数のコミュニケーション機能が1つの談話に表れることもあるため、各機能の合計は行動の促しの数と一致しない。
　"きりだし"は談話を開始するものであるから、《α位置》の発話を受ける《β位置》では使われない。"状況説明"は位置に関わらず出現しやすい。"効果的補強"が《γ位置》で出やすいのは、一度拒否されたときには、何か聞き手に対して働きかけて受諾を導こうとするからだろう。

	α位置	β位置	γ位置	合計
きりだし	46 (30.07%)	0 (0%)	2 (4.65%)	48 (19.28%)
状況説明	107 (69.93%)	21 (39.62%)	24 (55.81%)	152 (61.04%)
効果的補強	30 (19.61%)	8 (15.09%)	18 (41.86%)	56 (22.49%)
恐縮表明	8 (5.23%)	1 (1.89%)	0 (0%)	9 (3.61%)
行動の促し（全用例）	153	53	43	249

表2　各コミュニケーション機能の使用状況

C機能	方略	対目上		対同等		対目下		合計	
1	行動の促しのみ	7	12.5%	11	19.3%	9	22.5%	27	17.6%
2	きりだし―行動の促し	0	39.3%	2	52.6%	2	47.5%	4	46.4%
	状況説明―行動の促し	17		24		14		55	
	効果的補強―行動の促し	5		4		2		11	
	恐縮表明―行動の促し	0		0		1		1	
3	きりだし―状況説明―行動の促し	17	37.5%	8	26.3%	6	22.5%	31	29.4%
	きりだし―効果的補強―行動の促し	0		1		0		1	
	状況説明―効果的補強―行動の促し	4		5		1		10	
	状況説明―恐縮表明―行動の促し	0		0		1		1	
	効果的補強―恐縮表明―行動の促し	0		1		1		2	
4	きりだし―状況説明―効果的補強―行動の促し	4	10.7%	1	1.8%	1	7.5%	6	6.5%
	きりだし―状況説明―恐縮表明―行動の促し	2		0		2		4	
	合計	56		57		40		153	

表3　コミュニケーション機能の配列

　　注目すべきは、"恐縮表明"である。単純には比較できないものの、現代語の調査（熊谷・篠崎2006）では、調査されている3場面で、若年層・高壮年層ともに、"効果的補強"より"恐縮表明"（熊谷・篠崎（2006）の調査では"対人配慮"）のほうが多く使われていた。しかし、虎明本狂言においては、"恐縮表明"の用例数は"効果的補強"より少なかった。
　　古代において、「すみません」のような謝罪の定型表現は存在しないが、聞き手との人間関係を調整する謝罪や断りの言語行動では

心情表明や状況説明がよく用いられていることが指摘されている（森山2014、高山2010）。状況説明は対人関係を構築する上で、古代から基本的なストラテジーとして用いられてきたと考えられる。

　以上のことを考えると、中世後期における依頼の最も基本的な型は"状況説明＋行動の促し"であり、"恐縮表明"の要素はあまり用いられていなかったものと考えられる3。

3.4　機能的要素の使用

　さて、このような要素はどのように組み合わされているのだろうか。要素の偏りが比較的少ない《α位置》の依頼について、各コミュニケーション機能を、目上・同等・目下の聞き手に対して、どのように組み合わせて用いているかを示したのが表3である。

　これを見ると、聞き手との関係性と使用する要素の数は一定の相関が見てとれる。コミュニケーション機能が1機能または2機能のときは、対同等・目下に対する依頼の割合が高くなっているのに対し、コミュニケーション機能が3機能または4機能のときは対目上の依頼が多い。もちろん目上に対する際にコミュニケーション機能が少なく、対目下で多いこともあるが、"目上に対する依頼が長くなりやすい"という傾向は虎明本狂言でも認められる。

4　特徴的な機能的要素——負担の表明と注釈

4.1　負担にかかわる要素

　本節では、5つのコミュニケーション機能の中でも、特に現代語との差異が表れている要素に着目する4。本節で着目するのは効果的補強・恐縮表明にまたがる、話し手や聞き手の負担について言及するものである。結論を先取りすると、虎明本狂言に見られる依頼

の要素の中には、聞き手に対して負担を強制するものが見られる。以下、それらの例を挙げる。

4.2　信頼の表明

[3-1] 信頼の表明によって、依頼を遂行しようとする例が11例見られた。

(6) ［兄 → お寮］「仰らるる所は尤で御ざれども［応答・譲歩］、かなぼうしがおもひよつて是まで参つて御ざる［効果的補強・話し手の負担への言及］、其上右に申ごとく、たのむかたも御ざらぬ程に、ぜひ共頼まらする［効果的補強・信頼の表明］、名を付てとらせて下されひ［行動の促し］〔おっしゃることはもっともですが、かなぼうしが思い及んでここまで参ったのです。そのうえ、先ほど申したように頼りにする人もいませんので、どうあっても頼りにしています。名をつけて、与えてください。〕　（比丘定：下、122）

このような信頼の表明は対目下2例・対同等5例・対目上4例が用いられている。対同等の5例のうち4例も、目上に対して用いることが多い「～て下さる」が述部に用いられているものであり、信頼の表明の待遇価値は高いといえる。森山（1991：62）はこのような「頼む」について、"「あなたを頼りにしている」ということを言葉に出して表明することによって、単に「～して下されい」などと依頼するのに比べて、より強い、かといって、不躾ではない依頼を行おうとし"たもので、"「頼む」という動詞が、目上に対する丁寧な依頼に用いても差し支えなく、むしろプラスの待遇的価値すら持っていた"としている。

4.3　負担の表明

[3-4] 話し手の負担の表明が4例見られる。すべて上位者に対して用いられている。

(7) ［聟→舅］「されば其事でござる［きりだし・重要さの表明］、御酒にたべえふてさやうの事も一円ぞんぜぬが、さだめてさやうにも御ざあらふ［状況説明・経緯の説明］、さりながら是までわび事に参つたほどに［効果的補強・話し手の負担の言及］、こらへてかへひてくだされひ［行動の促し］〔ですのでそのことでございます。お酒を飲んで酔って、そのようなこともまったく覚えていないのですが、きっとそのようでしたのでしょう。しかし、ここまでお詫びに参ったので、我慢して（妻を）返してください。〕

(乞聟：上、396)

　このような発話はすべて先行する申し出や依頼を拒否された後の説得のストラテジーとして用いられている。現代語ではこのような説得であっても話し手の負担に言及することは失礼、あるいは子供じみたように感じられるが、これは当時も同じような認識を与えていたかもしれない。

4.4　負担の強制

　上位者に対しても聞き手の負担を強制するような表現が3例見られる。

(8)
a. ［夫→仲人］「いやいかやうになされてなり共［効果的補強・聞き手の負担の強制］、とめさせられてくだされひ［行動の促し］〔いや、どのようになさってでもお泊めになってください。〕

(石神：下、82)

b. ［妻→金岡］「［前略：状況説明・経緯の説明あり］さいはひにそなたは、天下にかくれもなきゑかきじや程に、わらはがかほを［効果的補強・信頼の表明］、いか様になり共［効果的補強・聞き手の負担の強制］、うつくしうゑどつてたもれ［行動の促し］〔幸いあなたは世間に有名な絵描きなので、私の顔をどのようにしてでも、美しく描いてください。〕　(金若：下、151)

また、行為指示の際に用いられる副詞を確認しても、聞き手の負担を強めるように表現する副詞句（「うむに」「ひらに」等）が一定数用いられている。

4.5 恐縮表明の種類

"恐縮表明"の表現は、話し手の行動に対する注釈か聞き手への負担の強制に分類できる。現代語との異なりとして、聞き手の負担を直接的に詫びる（「すみませんが」等）表現、あるいは聞き手の負担を弱める（「よかったら」等）表現は見られない。

(9) ［話し手の行動の注釈］はじめたる人に申はいかがなが（昆布売）／お腹だちなさるる所を、かさねて申せば慮外なれども（武悪）／れうじながら（主上）／是はそつじな申事なれ共（主上）

(10) ［聞き手の負担への言及］きうくつなり共、（花子、座禅）／御むつかしながら（梟）／大儀なりとも（座禅）

　話し手の行動の注釈は、話し手の非礼に対する恐縮の態度ともとることができるが、このような恐縮の態度は、古代から行われてきている（小柳2014、森野2014）。
　一方、聞き手の負担への言及について、「きうくつなり共」「大儀なりとも」は逆接仮定条件を表す「とも」が用いられている。これは、"たとえ依頼内容が窮屈な、大変なことであっても（そうでなくても）"依頼を遂行することを求めるものであり、実質的には聞き手の選択性を低め、強制的な表現をとっている。
　なお、中世後期における定型的な前置き表現として「骨折りなれども」があるが、本章の調査の範囲においては見られなかった。「骨折りなれども」は虎明本狂言内ですべて目下に対して用いられている（米田2014）。現代の定型的前置き表現、例えば「お手数ですが」は目上にも用いることができるので、この点では差異がある[5]。

4.6 条件節の利用

これに関して、狂言ではどのように条件節を利用しているかも見ておきたい。現代語では「よかったら」「ご迷惑でなければ」のように、聞き手の選択性を高めることによって依頼を遂行しようとすることがある。依頼表現に先行する条件節としては、以下のようなものがある。

(11)
a. 法華僧：「申御ざるか〔いらっしゃいますか。〕
亭主：「何事でおじやるぞ〔何事ですか。〕
法華僧：「あの出家とひと所にいとふもなひ程に、<u>別の間があらば</u>、かしておくりやれ〔あの出家と一緒のところにいたくないので、別の部屋があれば貸してください。〕（宗論：下、259）
b. 〔有徳人 → 博打打〕「ふかしからぬ事なれども、みどもが一せきは、むすめにゆつりまらする、むすめのものは、むこのものでござるほどに、そのとをりおほせられて、<u>がつてんならば</u>、おつつけて同道なされて下されひ〔たいしたことはないが、私の財産は娘に譲ります。娘の物は婿の物ですから、そのようにおっしゃって、納得するなら、すぐに一緒に来てください。〕(眉目吉：下、519)

(11a) の「別の部屋がある」、(11b)「(博打打が紹介しようとしている婿が) 納得する」という事柄は、聞き手が主観的に決められるものではない。依頼をするためには、「聞き手がそのことを実行できること」が理解されていなければならないが、いずれも依頼者は事前にそのことを知っていなかったと考えられる。これらの例はいずれも恐縮表明とは認められず、依頼の成立条件が満たされているかどうかを確認しているものと捉えられる。

5　現象の解釈

5.1　共通する指向性

これまで挙げた点に関しては、共通する以下の指向性を読み取ることができる。

1) 負担：聞き手に対する信頼の表明が上位者に対しても用いられる [4.2]、聞き手の負担を強いる要素を用いる [4.4]、聞き手の負担への配慮が少ない [4.3] といった、聞き手に対して負担を与えるような表現をとることがある。聞き手に負担を与えることを表明してでも相手に"すがる"ことにより、心理的にも聞き手にへりくだって、聞き手の好意を引き出そうとすることを意図していると考えられる。
2) 選択性："恐縮表明"において、聞き手の選択性を高く見積もる表現は見られない [4.5]。『大蔵虎明本狂言』内で用いられている条件節は、聞き手の選択性を高く見積もるものではなく、依頼の成立条件の確認といえるものである [4.6]。

2.2で述べたように、上記の2点は、まずは狂言の言語行動の特徴として解釈すべきである。しかし、これを当時の言語行動の特徴と考え、現代との差異を考えたときに、何らかの言語変化は想定できないだろうか。以下、申し出表現と感謝・謝罪表現の例から依頼と共通した言語変化の可能性を考えてみたい。

5.2　関連する現象

まず、話し手が聞き手の利益になることを行うことを表明する、申し出表現について考える。現代語では (12) のように上位者に対して、「〜てあげる」「〜てさしあげる」等の与益表現を用いて、聞き手への利益があることを明示した申し出を行うのは不適切である。しかし、近世以前は、(13) のように、与益表現を用いた申し出の

例が一定数見られる（森 2016）。(13a) は梅川から、駆け落ちの相手（忠兵衛）の父・孫右衛門への申し出、(13b) は宿の亭主から旅行者である北八への例で、聞き手に対して丁寧語を用いて話しており、目上への申し出と認定した。

(12)［学生から先生への発話］#先生、かばんを｛持ってあげましょうか／持ってさしあげましょうか｝。

(13)
a.［孫右衛門が転んだのを見て］［梅川 → 孫右衛門］「お年寄のおいとしや、お足もすすぎ、鼻緒もすげてあげませう。」〔お年寄りがおかわいそうに、お足をすすいで、鼻緒も結んであげましょう。〕
(近松、冥土の飛脚：①147)
b.［北八たちは遊郭に行こうとする］
北八：「遠いかね」〔（遊郭までは）遠いか〕
亭主：「爰から廿四五町ばかしもあります。なんなら馬でも、雇てあげましやうか。」〔ここから24、5町くらいあります。なんなら馬でも呼んであげましょうか。〕
(東海道中膝栗毛、二編下：124)

　なぜ、このような運用の変化が起こったのだろうか。滝浦（2014）はこの現象を"「あげる」の明示によって話し手が自己の負担を大きくしてしまうことの抑制（滝浦2014：98）"と捉える。近世以前では、聞き手への負担の表明は、むしろ聞き手に依存し、心理的下位であることを表明して聞き手が依頼を受諾しやすくする働きがあるものだったが、現代では聞き手に負担を与えることは避けるべきものと捉えられている。
　感謝表現についても考える。現代の感謝場面では「すみません」「ごめんなさい」のように謝罪表現を使うことがあるが、三宅（2011）によれば、謝罪表現を使うのは、聞き手から何かをもらったときなど"相手に負担を生じさせる／相手に負担を生じさせたと話し手が解釈する（同：31）"ときであり、単に褒められたり、お悔やみを述べられたりしたときに、謝罪表現は用いない。しかし森山（2014）によれば、平安時代において、感謝場面で、相手の負担に言及する

ことはないという。平安時代では、負担に対して特に言及する必要がなかったものが、現代では、聞き手に負担を与えることは避けるべきもので、与えてしまった場合には、謝罪表現で補償しなければならないものになっている、という変化が想定される。

　また、本書川瀬論文（第11章）によれば、定型的前置き表現「よかったら」は近世以前には見られず、近代以降に成立するものである。「よかったら」は聞き手に選択性を与えるものであり、ここには、選択性を与えず"押しつける"ことを避ける、つまり、聞き手に負担を与えることを避ける意識が近代以降に強まるという歴史が見てとれる。『虎明本狂言』に聞き手の選択性を高く見積もる表現が見られないことは、"押しつける"ことがそれほど避けるべきものでなかったと考えると、これらの現象と並行的に考えられる。

6　まとめ

　本章では、『虎明本狂言』に見られる依頼談話の構造について述べた。『虎明本狂言』では、聞き手に対する負担を強制するような要素が用いられやすい［4.2、4.3、4.4］、聞き手の選択性を低く見積もり行為指示を強制する要素が用いられやすい［4.5、4.6］など現代語とは異なる傾向が見出せ、他の現象とも対照すると、これらの傾向は当時の言語行動を一定程度反映しているものだと考えた。

　過去の言語行動を再構することは、本稿で述べたように様々な困難が伴う。しかし、着実な記述研究を積み重ねていくことによって、歴史語用論研究の大きな成果が見えてくるものと期待したい。

注　1 熊谷・篠崎（2006）では、用例は表音的カタカナ表記である。本稿では、読みやすさのため表記を改めた。
2 なお、山岡・牧原・小野（2010）では最後の《容認》を加えた《要求》→《付与》→《容認》の3者が"会話の原型（同：120）"であると位置づけられている。
3 この点の結論は米田（2014：134、135）でも述べられており、米田（2014）の指摘を計量面から支持するものである。ただし、狂言は演劇であり、聴衆が必ず想定できる。そのため、"状況説明"は場面を説明するためのものとして、聴衆に向けて発せられているという可能性がある。このことは、狂言のみならず、フィクション一般に成立する。"フィクションの発話は、簡潔性を犠牲にして、フィクションのストーリーや場面説明のために奉仕させられることがある（金水2014：6）"という性質がある。ただし、筆者は"状況説明"は必ずしも聴衆のみに向けられるものでもないと考えている。
　　［i］出家：「①罷出たる者は、はるか遠国の者で御ざる。（中略）参る程に日が暮た。爰元に宿をからふと存る。物もう
　　　　　夫：「案内とはたそ
　　　　出家：「②行脚の者で御ざるが、行暮て御ざる程にやどをかして下されひ
　　　　　　　　　　　　　　　　　　　　　　　　　　　　　（路蓮：下、190）
　　［i］は狂言「呂蓮」の冒頭で、出家①のセリフは聴衆に向けられているものと思われる。聴衆は出家①の発話によって"日が暮れた"ことを理解するが、その後の出家②の夫に対するセリフでもまた"日が暮れた"ことが示される。②で重ねて"日が暮れた"ことを述べる理由としては、事情説明のない依頼表現が不自然であると考えられていたから、と見ることもできる。
4 その他にも現代語と異なる要素は見られる。例えば、"きりだし"について、現代日本語の依頼は、「お願いがあるんですけど」などといったメタ言語的な発話から始まるとされ（猪崎2000）、狂言でもきりだしは一定程度用いられている。遂行動詞を用いるものには「それならはいふてきかせう」（昆布売）、「申こなたへ申たひ事が御ざる」（釣針）のように「言う」「申す」を用いたものはあったが、「お願いしたいんだけど」のように「願う」「頼む」等の動詞を用いたものは見られず、この点は現代語と相違がある（ただし、「無心」を用いた例が1例あり、これは遂行動詞の例と言えるかもしれない）。現代語では「言いたいことがある」のように切り出すのは、文句を言ったり、秘密を打ち明けたりするときであり、依頼の場面とは合わない。現代語では「願う」「頼む」という依頼を明示する語が用いられており、"きりだし"でも依頼表現の分化［→ 2.1］が起こっているといえる。
5 この点は川瀬卓氏との議論の中で教えていただいた。

使用テキスト
・大蔵虎明本狂言［1642］大塚光信 編（2006）『大蔵虎明能狂言集 翻刻 註解』清文堂出版、国立国語研究所（2015）『日本語歴史コーパス 室町時代編I 狂言』https://maro.ninjal.ac.jp（2016年3月2日確認）を利用した。
・近松世話物浄瑠璃［1703–1722］鳥越文蔵・山根為雄・長友千代治・大橋正叔・阪口弘之（校注）（1997、1998）『近松門左衛門集』新編日本古典文学全集

74・75、小学館
- 東海道中膝栗毛［1802］中村幸彦（校注・訳）（1995）『東海道中膝栗毛』新編日本古典文学全集81、小学館
* 読みやすさのため、表記を変更する、句読点を付すなど、本文を改めたところがある。

参考文献

- 青木博史（2010）「近代語における「断り」表現――対人配慮の観点から」『語文研究』108・109：pp. 164–152、九州大学、国語国文学会
- 青木博史（2012）「コミュニケーションと配慮表現」光藤宏行 編『コミュニケーションと共同体』第4章、pp. 45–60、九州大学出版会
- 青木博史（2014）「室町・江戸時代の受諾・拒否に見られる配慮表現」野田・高山・小林 編（2014）所収、pp. 149–166
- 猪崎保子（2000）「調査報告「依頼」会話にみられる「優先体系」の文化的相違と期待のずれ――日本人とフランス人日本語学習者の接触場面の研究」『日本語教育』104：pp. 79–88、日本語教育学会
- 金水敏（2014）「フィクションの話し言葉について」石黒圭・橋本行洋 編『話し言葉と書き言葉の接点』pp. 3–11、ひつじ書房
- 工藤真由美（1979）「依頼表現の発達」『国語と国文学』56（1）：pp. 46–64、東京大学国語国文学会
- 熊谷智子（1998）「依頼の言語行動におけるストラテジーの展開構造」『国立国語研究所創立50周年研究発表会資料集』pp. 111–116、国立国語研究所
- 熊谷智子・篠崎晃一（2006）「依頼場面での働きかけ方における世代差・地域差」『言語行動における「配慮」の諸相』pp. 19–54、国立国語研究所
- 小柳智一（2014）「奈良時代の配慮表現」野田・高山・小林 編（2014）所収、pp. 57–74
- ザトラウスキー、ポリー（1991）「会話分析における「単位」について――「話段」の提案」『日本語学』10（10）：pp. 79–96、明治書院
- 高山善行（2010）「中古語の〈断り表現〉について――『枕草子』の場合」『語文』92・93：pp. 56–64、大阪大学国語国文学会
- 滝浦真人（2014）「書評論文 金水敏・高田博之・椎名美智（編）『歴史語用論の世界――文法化・待遇表現・発話行為』」『語用論研究』16：pp. 89–100、日本語用論学会
- 野田尚史・高山善行・小林隆 編（2014）『日本語の配慮表現の多様性』くろしお出版
- 藤原浩史（2014）「平安・鎌倉時代の依頼・禁止に見られる配慮表現」野田・高山・小林 編（2014）所収、pp. 75–92
- 三宅和子（2011）「感謝と謝罪における「すみません」の選択メカニズム」『日本語の対人関係把握と配慮言語行動』第1章、pp. 25–52、ひつじ書房
- 森勇太（2016）『発話行為から見た日本語授受表現の歴史的研究』ひつじ書房
- 森野崇（2014）「平安・鎌倉時代の受諾・拒否に見られる配慮表現」野田・高山・小林 編（2014）所収、pp. 93–110

- 森山由紀子（1991）「依頼を表す動詞の用法史試論——「頼む」と「願う」をめぐって」『同志社女子大学学術研究年報』42（4）：pp. 48–72、同志社女子大学
- 森山由紀子（2014）「平安・鎌倉時代の感謝・謝罪に見られる配慮表現」野田・高山・小林 編（2014）所収、pp. 111–128
- 山岡政紀（2008）『発話機能論』くろしお出版
- 山岡政紀・牧原功・小野正樹（2010）『コミュニケーションと配慮表現——日本語語用論入門』明治書院
- 米田達郎（2014）「室町・江戸時代の依頼・禁止に見られる配慮表現」野田・高山・小林 編（2014）所収、pp. 131–148
- Brown, Penelope and Levinson, Stephen C. (1987) *Politeness: some universals in language usage*. Cambridge: Cambridge University Press.

付記　　本稿は日本語学会2016年度秋季大会のワークショップ「行為指示表現の歴史語用論」における発表に修正を加え、論文化したものである。発表や改稿に際して、ご指導・ご教示くださった皆様に感謝申し上げます。

文献解題

- **山岡政紀（2008）『発話機能論』くろしお出版**

　本書は、「発話行為」と「発話機能」の両方の概念の先行研究を展望しながら、筆者の「発話機能論」を説明するものである。これまでの発話行為・発話機能に関わる先行研究は、海外のものから、日本のモダリティ研究・日本語教育研究のものも含めて広く参照されており、海外の研究と日本の研究を接続する役割も果たしている。

- **小林隆・澤村美幸（2014）『ものの言いかた西東』岩波新書**

　日本語の諸方言において、あいさつ、失敗や驚き、敬語や命令表現など言語行動のさまざまな地域差を示し、その地域差が「発想法」の差から生まれていることを示す。終盤ではそのような「発想法」の背景や、その成立過程について考察が及んでおり、これはまさに「歴史語用論」の問題である。

- **小林賢次（2008）『狂言台本とその言語事象の研究』ひつじ書房**

　『狂言台本を主資料とする中世語彙語法の研究』（勉誠出版）もある著者の一冊。敬語、条件表現、語彙など、今日の歴史語用論でも重要なテーマについて、狂言諸台本の状況とその歴史が扱われており、伝統的な日本語史研究と歴史語用論研究の接点が示されている。本書序章は狂言からことばを考えたい初学者にとって必読の導入である。

第13章

古代語の係り結び・現代語のノダ構文・沖縄語の係り結びの比較

新里瑠美子

キーワード　係り結び、ノダ構文、分裂構文、沖縄語、焦点化機能

本章の概要と方法論について

　本章が研究対象とするのは、古代日本語の係り結び、現代日本語のノダ構文と古代・現代沖縄語の係り結び構文の三種で、言語間、構文間の差異はあるものの、それぞれ狭・広スコープの焦点化機能（Declerck 1992、三上 1953）に関与しているという共通項を持つ。古代語と現代語は通時的に縦につながり、日本語と沖縄語は同系統（服部 1999（1959））で、横につながる。係り結び構文の焦点化機能は、現代日本語ではノダ構文が類似の機能を担っていると考えられる。このことは、即、係り結びとノダ構文の等価、あるいは直接的派生を意味するものではないが、双方連体構文であるとの共通項は持つ。一方、現代沖縄語においては、係り結びは維持されており、ノダ相当構文 syi yan（準体助詞＋コピュラ）は未だ発達を見ない。

　本章では、上代語・古代沖縄語の資料として、それぞれ『万葉集』・『おもろさうし』/『組踊』を用い、係助詞「ゾ」並びにそれと出自を同じくする「ド (du)」から、係り結びの焦点化機能（狭スコープ＝指示、広スコープ＝説明・感嘆・希求など）を分析する。また、現代沖縄語の自然談話を用いてノダ相当構文の未発達も確認し、ノダ構文と係り結びの焦点化機能の類似性を示唆する現象として、両者の類似点を『吾輩は猫である』の沖縄語訳を通して考察する。

1　序

　係り結び構文は、その焦点化機能ゆえ、英語の分裂構文、疑似分裂構文と対比されることが多い（Whitman 1997：168-172、Quinn 1997：77）。本章では、焦点を、談話における新情報で、旧情報の前提と対立する概念と捉える。さらに、焦点化機能を、文の焦点指示・特定と考える。本章の目的は、焦点化機能を視座に、古代日本語のソ／ゾ（以下「ゾ」）、それと同根の沖縄語のド、du（『おもろさうし』では「と／ど／ろ／る」と表記される。以下「ド」）を比較し、係り結び消失後の現代日本語において、その機能がどのように受け継がれているのかを、「ノダ」を通して検討する[1]。機能から形式への関係づけを探るこのアプローチは、文法化研究でいう onomasiological approach に近いのではと思われる。

　係り結び構文は、文の一部（狭いスコープ）、或は文全体（広いスコープ）を焦点化する機能を有している。古代日本語の係り結びの場合は、部分焦点がゾで指定され、連体形で結ばれるが、沖縄語の係り結び、ド、du の場合も同様である。また、古代語において、文全体が焦点化する場合は、係助詞が終助詞として機能し全体を覆うか、連体終止文の形式をとる。沖縄語の場合も近似現象がおこる。どちらの場合も、このような焦点化機能は、英語の分裂構文 it is X that～（X＝部分焦点）と、it's that S（that～）（S＝文焦点）に対応すると思われる（Declerck 1992：210、212、Shinzato 1998：204-205、舩城 2013：308）。

　古代語のゾ・沖縄語ド・du の係り結びは、いずれも連体形で結ぶ。そして、ノダは構文上「連体形＋ナリ」の延長に位置づけられる（三上 1953：237、井島 2011：88、山口 2011：86）[2]。井島（2011：88-89）は、連体ナリと係り結びの一部が現代語のノダに対応するとみている。本章では、この対応の素地となるのを焦点化機能とみているわけである[3]。本章においては、この三種の広義連体構文の通時的比較を通し、焦点化機能の連綿としたつながりを探ることをねらいとする。具体的に、第2節においては、係り結びを中心に古代・現代沖縄語の連体構文の概略を述べる。第3節においては、2つの焦点化機能を係り結び、ノダ構文において考察する。第

4節では、ノダ構文を係り結びと比較・考察する。第5節は、歴史語用論の方法、機能―形式の対応の観点からまとめ稿を締めくくる。

2　古代・現代沖縄語概略

　琉球語は、日本語とともに、日本祖語から分岐したものだと言われており（服部1999（1959））、音韻・文法の対応関係から日本語との系統関係が立証されている唯一の言語である。服部四郎（前掲：123）は分岐年代を紀元500年と推定している。本稿でいう「沖縄語」とは、当然琉球語の一部ではあるが、16-17世紀、首里王府編集の歌謡集『おもろさうし』の言語（＝古代沖縄語）と、その系統を継ぐ首里・那覇方言（＝現代沖縄語）を指す。

　文法的対応関係という観点から、まず係り結び構文が深く関わる連体形機能について、上代語と沖縄語を比較し、その類似性を指摘してみたい。上代語の連体形には4つの機能があると言われる（野村2002：12）。それは、連体修飾句（a）、準体句（b）、喚体句（c）、係り結び（d）を形成するというものである。この四つの機能は、現代沖縄語にも見られる。例（1）は、古代語の四種機能を例とともに示してある。例（2）は、古代沖縄語、つまり『おもろさうし』における例である（『おもろさうし』原文は外間・波照間（2002）『定本おもろさうし』に準拠、続く日本語訳は断りが無い限り外間（2000）による）。

(1)
a. 家に<u>ある</u>妹し（伊敝尓安流伊毛之）　思ひがなしも
　　〔ただ家に残した妻のことだけは心を悲しませてあきらめられないよ〕4
　　　　　　　　　　　　　　　　　　　　　　　　　（『万葉集』3686）
b. <u>楫の音する</u>は（可治乃於等須流波）　海人娘子かも
　　〔海岸から楫の音が聞こえてくる。舟を漕ぐのは海人の娘かなあ〕
　　　　　　　　　　　　　　　　　　　　　　　　　　（前掲 3641）

c. 常にと君が思ほせり<u>ける</u>（所念有計類）
　　　〔変わりなくありたいとあなたは思っていらしたことだったなあ〕
　　　　　　　　　　　　　　　　　　　　　　　　　（前掲 206）
　　d. 我のみぞ君には<u>恋ふる</u>（君尓者戀流）
　　　〔私だけがあなたを恋しているのです〕　　　　（前掲 656）

(2)
　　a. しまよ<u>せる</u>つゞみの<u>あるあぢ</u>
　　　〔島　寄せる鼓を　　　持つ按司であるよ〕（『おもろさうし』1295）
　　b. かみしもの、　　　　　みものす<u>る</u>、　　きよらや
　　　〔上下の（＝国中の人たちが）感嘆し賛美する様の　美しいことよ。〕
　　　　　　　　　　　　　　　　　　　　　　　　　　　　　（59）
　　c. おれづむ、　　またな5、　いな、　ぢやはな、
　　　〔おれづむの頃を　待たず　　はやもう大きい花が
　　　<u>さちやる</u>（さき＋たる）
　　　咲いたことよ。〕　　　　　　　　　　　　　　　　　（981）
　　d. あんじおそい、てだの、おうねど、<u>まちよる</u>
　　　〔国王様の（ご帰国の）　　御船をゾ　待っているのだ。〕（510）

　次に、本章が対象とする係り結び構文について、上代語と沖縄語の類似点・相違点を指摘しておきたい。まず両者には（3）の対応関係が見られる（国立国語研究所 1963：178、半田 1999：100-101、141-142、509、間宮 2005：150）。音韻上・呼応上の対応関係の立証、並びに日本祖語形の構築についてはShinzato and Serafim（2013：287-291）を参照されたい。

(3) 上代語　古代沖縄語（『おもろさうし』による）
　　カ　　　カ　　　　　　（=ga）
　　ソ・ゾ　ト・ド・ル・ロ（=du）
　　コソ　　ス　　　　　　（=si）
　　ナム　　―
　　ヤ　　　終助詞のみ

　日本語の係助詞、カ・ソ・コソは、それぞれ遠称・中称・近称

(コの部分)の指示(代名)詞が起源だと言われる(大野1993：120-121、阪倉1993：158)。それを踏まえると、両言語間に対応関係があるのは、指示詞由来の係助詞のみということになる(新里・セラフィム2011：84)。この事は、指示詞からコピュラや焦点化助詞(focus particle)、更には分裂構文へと進む世界の言語に見られる文法化の傾向(Heine and Kuteva 2002：111)と日本語学・沖縄語研究の知見が合致している点で注目される。

3つの係り結びのうち、現代沖縄語においては、gaとduの係り結びのみが連綿と受け継がれている。『おもろさうし』においてド(du)を凌駕していたス(sɨ)は、その後、こつ然と姿を消し、現在は幾つかの語に化石的に姿を留めるのみである(例：sɨ a-ra-me > sarami'であろう')。これに比して、ド(du)の方は、日本語同様古い連体・終止(上代語との同根語)の統合が見られた一方、新しい連体形・終止形の成立という沖縄語独自の発展もあった(間宮2005：21-22)。この日本語との差異がド(du)の維持につながったと考えられる。係助詞sɨは、4.1で扱う準体助詞syiと同根と考えられ、前者の消失と後者の確立が同時期であったことは、決して無関係ではないと思われる(Shinzato and Serafim 2013：200)。

上代語と古代沖縄語の係り結びを比較すると、統語上の違いも特筆できる。上代語においては、ハが係助詞の右に来ないという制約がある(佐々木1992：19)が、『おもろさうし』のド係り結びに関してはその制約はゆるい。(4a)では、ヤ(=ハ)は、係助詞ドの左に位置しているが、(4b)では、その反対である。上代においても、ゾはカより制約が緩かったと言われており(野村2002：29-30)、ド係り結びは、さらに制約が緩んだ中古的だったとも言える。

(4)
a. あぢおそい<u>や</u>、いみやから<u>ど</u>、すゑまさて、　ちよわる[6]
　　〔国王様ハ　　これからゾ　　行く末長く勝れてましますことだ。〕
　　　　　　　　　　　　　　　　　　　　　　　　　　　　　(360)
b. いみやから<u>ど</u>、あぢおそい<u>や</u>、くもこいろ、
　　〔今からゾ　　国王様は　　　雲子のような(美しい黄金色に)
　　てりや、あがて、　ちよわる
　　照り　上がり輝いてましますことだ。〕　　　　　　　(738)

3 2つの焦点化機能

　そもそも係り結びとは何だったのであろうか。少なくとも指示詞由来の係り結びは、分裂構文のごとく、焦点の指示が本来の機能だったのではと考える。分裂構文は言うまでもなく、焦点部分と前提部分からなる。そして、その焦点指示機能をつかさどったのが指示詞であり、その前提部分となったのが連体形よりなる名詞相当句だと考えられる。連体形が前提を形成できるのは、連体終止は陳述作用がなく、句的体言、つまり名詞として機能できるからである。尾上（1982：10-11）は、「いやだなあ。あいつがいる」をとりあげ、前半の詠嘆性の補足に後半の連体終止が用いられるのは、そのアモーダルな準体性によると述べている。

　この連体終止文が補足部として使われるパターンは、Quinn（1997：79）が係り結び構文の前段階として考えている（5a）のような指定文を想起させる。例えば、「何かさやれる（奈尓可佐夜礼留）（何が妨げるのでしょう）『万葉集』870」だと、その前段階は二項的な「何か—さやれる」で、その前半はそれ自体完結した質問、後半はその質問内容への追記・補足だという。そして、「か」は指示詞ともコピュラともとれると説いている。つまり、元々は、まず2つの名詞節XとYがあり、「X指示詞Y」のようであったもの（5a）が、分裂構文のように文法化し、係り結び（5b）となったと考える[7]。そして、（5b）よりも広い範囲を係助詞が覆う（5c）のようなものも出現したと考えられる。さらに（5c）では、前提句自体も省略されうる。

(5)
 a. ［……X……］名詞節　　　指示詞［……Y……］名詞節
 b. ［……X……］名詞節（焦点）
　　係助詞［……Y……］名詞節／文（前提）　　　（例（15））
 c. ［……X……］文（焦点）
　　係助詞（［……Y……］名詞節／文（前提））　　（例（16））

上記係り結び構文（5b）と（5c）は、共に焦点化に参与している訳であるが、そのスコープには違いがある。本稿では、（5b）のタイプを狭い焦点（部分焦点／節焦点）と考え、（5c）のようなものを広い焦点（全体焦点／文焦点）と見なしたい。Declerck（1988、1992）には、（6a）と（6b）のように、同様な英語分裂構文の類型が示唆されている。焦点は括弧で括られた部分であるが、節焦点として（5b）と（6a）が、文焦点として、（5c）と（6b）が並行するのは明瞭であろう。

(6)
 a. Who broke the window?〔誰が窓ガラスを割ったんだ?〕
    It's [Tom] who did it.〔トムが割ったんだ。〕　　　　（1988：11）
 b. How is it possible that she has such a grip on the boy?
    〔あの女があの男の子を意のままにできるっていうのはなぜだ〕
    Is it that [he is infatuated with her]?
    〔あの男の子があの女に夢中ということなのか。〕　　（1992：217）

Declerck（1988：9）によれば、分裂文とは、（7）のように、変異項（variable）と値（value）からなり、値は変異項を指定・特定する（identify/specify）ものとされる。つまりthat節が変異項をなし、指定・特定された値はXというものである。

(7) It is...　X...　　that...
　　　　　　＝value　＝variable

この図式で（6）を説明するのに、Declerck（1988：11、1992：217）は、（8）を提示している。さらに、Declerck（1992：212）は、（8b）を変異項のthat節全体が脱落したものと考え、"reduced cleft"（省略を伴う分裂文）と呼んでいる。

(8)
 a. Who broke the window?
    It's [Tom]　who did it.
    　＝value　　＝variable　　　　　　　　　　　　　　（1988：11）

b. How is it possible that she has such a grip on the boy?
   Is it [that he is infatuated with her]　　　　　　　　　= value
   〔あの男の子があの女に夢中ということなのか。〕
   that (is the reason why) she has so much power over him?
   　　　　　　　　　　　　　　　　　　　　　　　　= variable
   〔あの女があの男の子を意のままにすることができる理由は〕
   　　　　　　　　　　　　　　　　　　　　　　（1992：217）

3.1　　　　　　　　部分と全体の焦点化

　前節では、Declerckの類型と英語分裂文を用い、部分・全体の焦点化の図式化を試みたが、ここでは、ノダ構文でそれを確認したい。三上（1953：243）は、ノダ構文を2つに分類し、（9a）を指定、（9b）を解説と特徴付けている。本章では、それぞれ、狭・広のスコープ、或は節・文焦点と捉える。

(9)
a. Q：誰が到着したって？
   A：［扁理が］到着したんです。
b. Q：何かザワザワしているようだね。
   A：［扁理が到着した］んです。　　　　　（1953：243）

　この2つのノダ機能の違いは、情報構造の違いにある。これには、Declerckの図式（7）と（8）が有効で、適用すると、さしずめ、下記のようになろう。（10b）は、英語のreduced cleftsのごとく、変異項、すなわちthat節が省略されたものと捉えられる。

(10)
a. 誰が到着したって？
   ［扁理が］＝値
   ［到着したんです。］＝変異項
b. 何かザワザワしているようだね。
   ［扁理が到着したんです。］＝値

［何かザワザワしているようだ（ということ）］＝変異項

ノダ文の機能を説明・解説とする分析は、ほぼ通説だが、なぜノダが解説に結びつくのかの解明を構文上でほどこした説明は少なかったように思える8。Declerck（1992：220）は、that節を補語に据える名詞は、理由・説明などであり（11b）、時・所・方法などの名詞（11a）は補語にならないからだと述べており示唆的である。

(11)
a. *The time／place／instrument／way／agent was that...
b. The reason／cause／explanation／interpretation was that...

文全体が焦点となるノダには、上記説明機能に加えて、野田（1997：67-69）の「対事的用法」（12a）、対人的用法（12b）もある。どちらも野田では、「ムードのノダ」として特徴づけられている。

(12)
a. 山田さんが来ないなあ。きっと用事がある<u>んだ</u>。
b. このスイッチを押す<u>んだ</u>!

(12a) は、主観的な話者の気づきを表しており、連体形の四機能の1つである喚体句（1c、2c）を想起させるが、ノダ構文が名詞述語文（山口2011：第1章）であることを考えると、その関連性も肯首できる。ノダの機能として、説明、気づき、要求などが指摘されているが、本章では、それが文焦点になっていることと、その文が連体形のため、名詞として機能している点にあるのではないかとの仮説を暫定的に提示したい。既に尾上（2012（1987）：201-203）で指摘されているように、「水！」という名詞が、砂漠にあっては、希求の表現にもなり、相手への発話なら対他的要求ともなる。また、オアシスを見つけた時は感動を伴うこととなろう。尾上（1982：12-13）は、連体終止文を句的体言と見なし、名詞一語文に見られる感情表出につながるものと捉えており、和歌に見られる「擬喚述法」9や、会話文に見られる「説明・解説」へと機能的・意味的拡張をもつものと論じている。そして、このような派生には、現場

性、あるいは対面の場においては、中核となるコトのみを言語化（連体終止文）すれば状況説明となりうるためだと説いている[10]。文焦点をとるノダ文は、ノで囲われており、それ自体が一種の新情報を伝える名詞と等価の連体終止文と考えられ、その意味を場に委ねている感がある。場は、省略された談話部分でも、話者・聴者のおかれた状況でもありうる。英語の分裂文だとノで囲われた部分がit is Xの新情報Xであり、省略された名詞節that（reduced cleft）が場だと考えられる。

3.2　古代語

ここでは、万葉集に準拠し、ゾの係り結びを中心に焦点のあり方を探りたい[11]。部分焦点のゾとしては、旋頭歌の質疑応答の対（13a）のように、不定語部分「誰か」への答「我ぞ」がゾの焦点となっている例がある。加えて、例（13b）のように、2つの相反するもの（常世にあるもの、なきもの）が述べられ、それにより前提部が「なき」と明瞭になり、その変異項を満たす「見し人」が、ゾで卓立、特定化されているものがある。あるいは、「XハYゾX'」のXハで場を設定した後、類似項のX'を前提として提示、その焦点をYゾで表した形式（13c）としても、見い出せる。ここでは、「誰かが梓弓を引く」ことがXで述べられ、既知の項目、変異項となり、X'はその要所を繰り返した形となっている。「後の心を知る人」は、X'を満たす値であり、ゾの焦点となっている。

(13)
a. 水門の葦の末葉を<u>誰か</u>手折りし（誰手折）我が背子が振る手を見むと<u>我ぞ</u>手折りし（我手折）[12]
〔湊の葦の先の葉を誰が手折ったのか。いとしい男の振る手を見ようと私が手折ったよ。〕　　　　　　　　　　　（『万葉集』1288）
b. 我妹子が見し鞆の浦のむろの木は常世にあれど見し人ぞなき（見之人曽奈吉）
〔わがいとしい妻が往路に見た、鞆の浦のむろの木は、長く命を保っているのに、見た妻は今はいない。〕　　　　　　　　　（前掲 446）

c. 梓弓弦緒取りはけ引く人は後の心を知る人ぞ引く（知人曽引）
〔梓弓に弦（つる）を取りつけて引くように心を誘う人は——。後々の心を確かめている人こそ引くのです。〕
(99)

上記部分焦点と対照的な全体焦点の例としては、下記の場合が考えられる。大野（1993：194-195）によると、ゾに続く部分が「鰻をお食べなさい」、「端においてはいけない」、「雨が降らないように」と命令、勧告、祈願となり、その根拠・理由をゾに先行する新情報が「教示・報知・説明」として提示しているのだという。

(14)
a. 夏痩せに良しといふものぞ（吉跡云物曽）鰻取り召せ
〔夏痩せによいという物ですよ。鰻をとって召し上がりなさい。〕
(前掲3853)
b. 吉野の川の滝の上の馬酔木の花ぞ（馬酔之花曽）末に置くなゆめ
〔（かじかの鳴く）吉野川の激流のほとりに咲いた馬酔木の花ですよ。粗末にしないでください。けっして。〕
(前掲1868)
c. ……紀へ行く君が信土山越ゆらむ今日ぞ（越濫今日曽）雨な降りそね
〔紀の国へ旅するあなたが、信土山を越えるだろう今日こそ、雨よ降るな。〕
(前掲1680)

終助詞用法のゾは、『源氏物語』にも引き継がれており、山口（2011：110、115）は、「連体＋終助詞ゾ」が、現代語ならノダ文に移しかえられると述べている。

3.3　　　　　古代沖縄語：『おもろさうし』

『おもろさうし』には、ゾの係り結びが130例（内間1994：148-149）ほど見られる。下記（15a）では、最初に「何を引出物にしようか。何を手苞物にしようか（外間訳）」と不定疑問文が出されている。それを受け、最後の文では、「引出物／手苞物」が前提句として繰り返され、指示詞「おれ（＝糸縅しの鎧、真糸縅しの鎧）」

が問いへの答え、係助詞ドの焦点として特定されている。(15b)では、首里・王城に「降る雨」が話題となり、それが変異項（＝前提）として出され、その値（＝焦点）として、「すでみづ／わかみづ）」が特定されている。

(15)
a. なおが、ひきいぢへ、物なおが、てづと、もの
　　〔何が　　引出物　　　何が　　　手苞物
　　いとおどしの、よろい　まいと、おどしの、よろい
　　糸縅しの　　　鎧　　真糸縅しの　　　　鎧
　　おれど、ひきいぢへ、物　おれど、てづと、物
　　それゾ　引出物　　　　それゾ　手苞物だ〕
　　　　　　　　　　　　　　　　　（『おもろさうし』1105）
b. しより、ふる、あめや、すでみづど、　　ふりよる
　　〔首里に　降る　雨は　　浄めの孵で水コソが　降っているのだ13
　　ぐすく、ふる、　あめや、わかみづど、ふりよる
　　王城に　　降る　　雨は　　若水コソが　降っているのだ〕
　　　　　　　　　　　　　　　　　　　　（前掲 386）

　上記は、一文が未知の焦点と既知の前提からなる部分焦点の例と考えられるが、下記は、文全体が新情報、焦点として提示された例と見なしうる。構文的には、係助詞ドが語幹につき、その後に補助動詞アルやスルなどが来る。(16)は、「どんな国王なのか」の問いに、係り結び文全体が、どんな国王なのかを説明していると捉えられる。

(16)いきやるあんじおそへが、いきやる、たゝみきよが
　　〔如何なる国王様か　　　　如何なる　貴い方であることか
　　きみに、ほこられて、ぬしに、ほこられて（中略）
　　君神女に　祝福されて　　主神女に　祝福されて
　　めづらしやど、ありよる、おもかしやど、ありよる
　　珍しくゾ　　　あるのだ　目新しくゾ　　あるのだ14〕(508)

3.4　中世沖縄語：『組踊』

　組踊は、18世紀の文字資料で、創作戯曲である。『おもろさうし』に見られた部分・全体の焦点化機能は、組踊においても連綿と続いている。(17a) では、女人禁止の寺に尋ねてきた女に僧が、その理由を尋ねる場面であり、「いきやること（どのようなこと）」が不定語である。「七つ……あて（十四歳ほどの男性に思いごとがあって）」がその答えで、係助詞はそれを焦点として卓立している。この前提は疑問文の末尾と同じ「とまいてきちやる（尋ねてきたのだ）」である。(17b) では、「(おまえは) 誰か」との問いに、怪しいものではなく、「首里（の）もの」と答えている。この前提は、「わぬや……やゆる（私は……だ）」と考えられ、係助詞に先行する「首里（の）もの」の部分は焦点と考えられる[15]。

(17)
a. 小僧：いきやる事(こと)あとて、とまいてきちゃが。
　　　　〔いかような事があって尋ねてきたのだ。〕
　　女：七つ重(かさ)べたる年此(としごろ)の里(さと)に思事(おもごと)のあてド、とまいてきちゃる。
　　　　〔七つ年を重ねた年頃の男性に思いがあってゾ尋ねてきたのだ〕
　　　　　　　　　　　　　　　　　　　　　　（『執心鐘入』）
b. 小僧：たあが。
　　　　〔誰だ〕
　　盗人：わぬや首里ものドやゆる
　　　　〔我は首里の者ゾである〕　　　　　　　（『女物狂』）

　文全体が係助詞のスコープに入った例としては、(18) が挙げられる。(18a) の先行部分では、美女が、旅の若者に、水を飲ませてほしいと請われ、ひしゃくの水をあげようとしたところ、手で水を掬って飲ませてほしいと請われる。それはできないと断った後、続けざまに、若者から、昔から「許田(きょだ)（地名）の手水」と言うではないかと催促され、(18a) の発話となる。これは、娘が現況を分析・解説したもので、係助詞の先行部分がすべて新情報であり、焦点と考えられる。これをDeclerckの図式で考えると、省略部分は、

「あなたがおっしゃっていること」となろう。(18b)は、登場人物が最初の舞台登場の際、観客にいわゆる自己紹介をしている台詞である。当然、お前は誰だとの質問を受けたものではなく、文全体が新情報で、文全体の焦点化と考えられる。

(18)
a. 水欲しやや　なづけ、たはふれどやゆる。
　　〔水のほしさとは口実の戯れなのです。〕　　　（『手水の縁』）
b. 今出ぢるわぬや知念山口の盛小屋の一人子玉津どやゆる。
　　〔今出てきた我は知念山口の盛小屋の一人子玉津なのです。〕　（前掲）

4　ノダ構文と沖縄語の係り結び比較

4.1　現代沖縄語におけるノダ相当構文の未発達

ノダは、「ノ」が準体助詞的であった「ノ＋ダ」から、名詞述語文「ノダ」として文法化したものである[16]。沖縄語におけるノダ相当構文はsyiyanであるが、完全に複合化してはいない。(19a)は、「準体助詞syi＋コピュラyan」の色合いが最も濃く、(19c)では、syiの実体性が薄れ、複合化した「syiyan」に最も近いが、(19c)においてすら、yanがない方が自然で、syiyanは完全にノダ相当だとは言えない。また、dooがなければ座りが悪い。

(19)
a. ʔuree　cyuu　cyikayi-syi　yaN.
　　〔それは、今日　使うもの　だ。〕
b. zyiN　　di-syee（=syi+ya)　cyikai-syi　yaN,
　　〔お金は　というものは　　　使うもの　　だ、
　　tami(y)i-syee　　ʔaraN.
　　ためる　ものでは　ない。〕

c. nama   zyiN   cyikai-syi   (yaN)   doo.
〔今   お金を   使う   の/こと   だ   よ。〕

　自然会話（2007年6月1日採録52分間）においても、106例のsyiが採取できたが、ノダ構文相当のsyiyanは皆無であった。唯一近似性があると思われる（20）においてさえ、syiには指示対象が存在し、ノダのノとは機能的に同じではない。

(20)
　　　Tiisaazyi   Ndi-syee   (=syi+ya)
　　　〔ティーサージ   と（いうの）は   のは
　　　saazyisu   -syi   yoo.
　　　頭に巻きつける   もの   よ〕

　伊豆山（2006）は、1955年1月23日、故服部四郎博士採録の首里方言話者による会話（13分33秒）を文字におこしたもので、25例のsyiが見られるが、syiyanは一例もない。ただ、日本語との類似現象もある。例えば福田（1998：42）は、ノダ確立以前に発達し、推量的判断を内包する名詞述語文として、モノヂャの存在を指摘している（下線は焦点との福田の注記がある）。

(21)
　　　さればこそ紛ひもない。あれが取ってくらうたものぢゃ。
　　　　　　　　　　　　　　　　　　　　　　（エソポ：411）

　ノダ未発達の沖縄語にも、名詞述語文として、cyimu（肝の同義語）+yanの存在が確認される。下記の会話（伊豆山2006：29-31）では、cyimuが「訳」「意味」などの名詞で訳されている。更に、最後、沖縄語のコピュラyanに代わり、日本語コピュラdesuが使われ、cyimu yanが機能上ノダに近い事が示唆される[17]。

(22)
　　　A：...gusuuyoo nu   ʔutusyee ʔutuiNsyeetaN   di du
　　　〔皆様   が   お年は   お取りなさった   という

```
         cyimu   ya-ibii-s...
         〔わけ    ですね……〕
    B：?unu    cyimu   yan
         〔そんな   わけ    なの〕
    A：?unu    cyimu   yaibiisa yaa （中略）
         〔そんな   わけ    ですねー〕
    B：...guriigu  nu  ?usaɴdee   du  ?usagati
         〔御霊供    の   お下がり      召し上がって
         ?ucyeemisyeeru... cyimu
         いらっしゃる       意味〕
    A：?unu    cyimu   desu
         〔その    意味    です〕
```

4.2　ノダと現代沖縄語における係り結び1：類似コンテキストにおける相似性

　前節を受け、ここでは、ノダの焦点化機能が係り結びで代替できることを、両者の相互翻訳によって確かめたい。ノダ構文確立期の頃（氏家1992：562）の例（23a）では、「かわいい」と対峙する「かわいそふ」が前提部「いった」に対する焦点となっている。それに対し、(23b)では、「さあ、お出かけなさる」が新情報で焦点である。前者は部分焦点、後者は全体焦点と考えられる。

(23)
  a. かわいいではねへ。かわいそふといったんだ。
  　　　　　　　　　　　　　　　（『春色梅児誉美』1837）
  b. さあ、お出かけなさるんだ。　（『春色梅児誉美』1837）

　上記は、沖縄語において、係り結び構文で翻訳できる。duは係助詞で、連体形で結ぶ。沖縄語では、全体が焦点になる場合、係助詞duが本動詞と補助動詞用法のsur-u（する）、?ar-u（ある）、ya(yu)r-u（である）の間に挿入される。

(24)
a. cyimuganasaɴ-ya ʔaraɴ. cyimugurisaɴ di-**du** ʔicaru
〔かわいいでは　　ない。　かわいそうだ　とゾ　言ったのだ〕
b. ʔuri ʔicyabii-**du** suru.
〔さあ、行く　　　んです〕

　次に沖縄語から日本語への翻訳可能性を見てみたい。例（25）は沖縄芝居から採取したものである[18]。（25a）は、（23a）のように、2つの事柄が対になっており、前提部は、yayuru「(何かが) そうである」で、その焦点はʔayamacyiだと考えられる。これは部分焦点と考えるが、（25b）は全体が焦点で、解説機能を有している。この場合、duが本動詞と補助動詞の間に入る。この2例は、ノダで翻訳可能であり、そうでないと座りが悪い。自然会話の例（26a）と（26b）は、それぞれ部分と全体の焦点化と捉え得る。

(25)
a. ʔunu cimu ya ʔaraɴ. ʔayamacyi **du** yayuru
〔そのつもり　では　ない。　過ち　ゾ　ある（過ちなのだ）〕
　　　　　　　　　　　　　　　　　　　　　　　（『泊阿嘉』）
b. （なぜ親に向かって「フン」というのだと咎められ）
Nuuɴ ʔaraɴ. Hanaɴkayi haabeeruu nu tumatoota
〔何でもない　鼻　に　蝶　　が　とまっていた
gutu, fuɴ ri ʔicyi, ʔwiihooi
から　フンと　言って　追っ払い
ru(=du)saru.
ゾ　　　　した（追っ払ったんだ）〕　（『丘の一本松』）

(26)
a. Q：Tatakarii nee, maa tatakariibiita ga?
〔たたかれるとしたら、どこを　たたかれたのです　か。〕
A：Mushi tatakarii nee cyibi **du** tatakariiru
〔もしたたかれるとしたら、お尻を　たたかれるんだ。〕
b. Q：(戦前は一般の人はお金を使わなかったとAが言うのを受けて)

ʔansyee   senzenoo   cyaasi
〔では　　戦前は　　どのように？（中略）〕
A：cyikai syee cyikai syiga, ʔaritee, butubutu kookan du yaru.
〔使うことは使うけど　　あれ、　物々交換なんだ。〕

4.3　ノダと現代沖縄語における係り結びⅡ：『吾輩は猫である』の現代語訳

次に『吾輩は猫である』の現代沖縄語訳（宜志 2003）を通し、ノダがどのように沖縄語に翻訳されているか見てみたい。(27) に見られるように、ノダがあると、例外なく係り結び構文が使用されるわけではない。しかしながら、大まかな傾向は見てとれるように思われる。①、③、⑤19 は全体が焦点化した説明・解説のノダで、それには係り結び構文が対応している。②と⑤は、続けざまにノダが使われる例であるが、係助詞は通常一文に1つなので、②に続く③に、あるいは、⑤に先行する④にのみ係り結びが使われているとも考えられる。⑥は、日本語にはノダ構文がなく、沖縄語にのみ係り結びが使われている例である。ここは、文脈上、「男なら分かる、女なら分からない」の含みがあり、「男」と「女」が対比されている。そして、それを受けて、「私は男ではない、女なのだ」のように、「女」の部分が強調されており、それが部分焦点の機能に近いため、係り結びが使われているのだと思われる。

(27)
「厭きっぽいのじゃない薬が利かん①のだ」
「それだってせんだってじゅうは大変によく利くよく利くとおっしゃって毎日毎日上ったじゃありませんか」
「こないだうちは利いた②のだよ、この頃は利かない③のだよ」
と対句のような返事をする。「そんなに飲んだり止やめたりしちゃ、いくら功能のある薬でも利く気遣いはありません、もう少し辛防がよくなくっちゃあ胃弱なんぞはほかの病気たあ違って直らないわねえ」とお盆を持って控えた御三を顧みる。「それは本当のところでございます。もう少し召し上ってご覧にな

らないと、とても善い薬か悪い薬かわかりますまい」と御三は一も二もなく細君の肩を持つ。
「何でもいい、飲まん④のだから飲まん⑤のだ、女なんかに何がわかるものか、黙っていろ」「⑥どうせ女ですわ」と細君がタカジヤスターゼを主人の前へ突き付けて是非詰腹を切らせようとする。

(28)
「念のー入らんせーあらん、うぬ薬ぇー効かん①どぅあんでぇー」
「此ぬ間や効ちゅたしが、くぬ頃、効かん③どぅあるむん」
「何やらわんしむさ、飲まん事④る飲まんさ、女んかい、何が解ゆが、黙とーけー」
「ゐーぬ女⑥どぅやる」

考察範囲がわずか2章で、データが限られている点は否めないが、明治期のノダと沖縄の係り結びの機能的相関関係は窺えるのではと思われる。

5 結論

本章においては、沖縄語の係り結び構文を、特に焦点化機能に注目し、古代語の係り結びや、現代日本語のノダ構文と比較分析した。具体的に、部分・全体の焦点化機能が、両言語の係り結び構文に見られ、係り結び構文と同じく連体終止文である現代語のノダ構文にも見られることを指摘した。また、係り結びの維持されている沖縄語においてはノダ構文が未発達で、係り結びの消失した日本語には、ノダ構文の機能の一部が係り結びの焦点化機能を担っているという点も指摘した。加えて、沖縄語の係り結び構文とノダ構文の相互翻訳可能性についても述べ、焦点化機能を通しての両者の類似性も指

摘した。

　本章で取り上げた古代語・沖縄語の係り結び、ノダ文は、いずれも連体構文である。歴史語用論のonomasiological approach、つまり機能—形式の対応という観点からみると、時代・言語を超え、焦点化機能は、連体構文という形式に対応していると見て取れる。日本語においては、古代語の係り結び構文と現代語のノダ構文が、連体構文として焦点化機能に対応し、沖縄語においては、古代・現代一貫して、焦点化機能と係り結びに機能—形式の対応が見られる。

注

1 久島（1989：44-45）、井島（2011：88）、Schaffer（2002：328-332）など。また、舩城（2013：264-265）は、宣長による係り結びの口語訳に間投助詞と終助詞の呼応現象があることを指摘し、特に数の多い「サ……ンダヨ」（間投助詞……ノダ構文）に相当すると見ている。そして、「そのような呼応現象は古代語の〈かかりむすび〉に相当する」と結論づけている。
2 井島（2011：88-89）に指摘されているように、中古の連体ナリが疑問文中で用いられないのに対し、同時期に存在した係り結びのヤ・カは疑問文を形成するという相補性もある。また、係り結びに見られる部分焦点（指示機能）は連体ナリには見られないが、文焦点につながる解説機能は存在するという相違点、共通点も指摘できる。
3 井島（2011：89）は中世における係り結びの消失と近世でのノダの勢力拡大を指摘した後で、「中古語と現代語とには断絶があり、直接、表現の受け渡しがあったものとは考えられない。とはいうものの、言語表現に必要な文法的枠組みの普遍性という次元で、両者に対応する表現の仕組みがあると考えることは、充分に可能なことだろう。」と結んでいる。
4 以下万葉集の日本語訳は中西進『万葉集全訳注原文付』1-4（講談社文庫、1978、1980、1981、1983）による。
5 ここでは、外間の解釈とは違い、「な」を打ち消しの助動詞と解釈することにする。
6 外間の日本語訳では、（4a）には「ゾ」がなく、末尾が命令形の「ましませ」となっているが、ここでは、同じく外間の日本語訳（4b）のように、「ゾ」を補い、末尾も「ましますことだ」と名詞述語文にした。
7 では、コソの結びとなる已然形は名詞節かとの反論が出ようが、已然形と連体形が出自を同じくするとの説（Whitman 2004）に則り、已然形も連体形と同じく名詞化機能を有していたものと考える。
8 井島（2010：87）は、ノダの意味を意味論・統語論の段階と語用論の段階に分けている。後者は、おそらくノダの主流の論文で、大きな成果をもたらしている。例えば、名嶋（2007）は、なぜ説明という機能が生まれるのかの解明に関係性理論を適用している。前者は、三上などの既成命題説に通じるものである。井島（2010：88-89）は、意味論・統語論の立場に立ちつつも、両方を統括するアプローチをめざし、たとえば、野田のスコープ（前者的）とムードのノダ（後者的）を単一原理で説明できないか試みている。ここでの「構文上でほどこした説明」とは、前者につながるもので、通常語用論で解明される解説機能を構文上で分析したものと理解されたい。
9 「述語を持って体現的に結体すべき勢をとりて、喚体句の如く見えしむる」もの（山田孝雄 明治41：1187-1189）とある（尾上 1982：6）。
10 尾上（1982）を引き、現代語において主格にノやガをとる連体終止出自の文について、阪倉（1993：264-265）も以下のようにのべている。
　　現代語の「鉄は重い」「私は行く」に対して、「鉄が重い」「私が行く」という言い方には、「鉄の重いこと！」という詠嘆である場合や、断乎として自分の行くことを宣言する文である場合の外に、いま一つ、「重いのは鉄だ」「行くのは私だ」、すなわち、「重いのは鉄が重い（のだ）」「行くのは私が行くのだ」という解説文という場合がある。

11 もちろん焦点化とは言っても係助詞で囲われている部分のみが新情報ではなく、新情報はそれを越えて述部に及ぶ場合もままある。Shinzato（1998：207-209）においては、それを機能的に「強調」とし、部分と全体の焦点化の間に位置するものとしている。例としては下記のようなものがある。

　　　　田子の浦ゆうち出でて見れば、ま白にぞ富士の高嶺に雪は降りける
　　　　　　　　　　　　　　　　　　　　　　　　　　　　（『万葉集』318）

　この場合、現に降っている眼前の雪に気づき、詠んでいる歌なので、ゾが文中にあるからといって、「高嶺に雪は降りける」を前提と考える事はできない。全体を新情報として考えることも可能であるが、すべてが一様に卓立されていると言うよりは、「ま白に」の部分が特別に強調されていると解釈した方が良いと思える。

12 ここの用例に関しては、「カ」も「ゾ」も字音仮名がない。ただ、このように問答（カ—ゾ）が1つの歌に入り、焦点が明瞭になっている例が他にないため、採用した。

13 外間の日本語訳は、「ど、ふりよる」に相当する「コソが降っているのだ」を省略しているが、対句となる後続文の訳にならい付加した。外間訳は「と」に「コソ」を当てているが、ドとス（＝コソ）が近似してきている古代沖縄語を考えると興味深い。

14 この部分の外間訳は「美しく目新しいことである」と意訳になっているため、逐語訳を採用した。

15 以下組踊例文は伊波（1974（1929））に準拠した。日本語訳は筆者が施した。

16 両者の差異については主語のガ／ノ可変の有無で区別される（三上1953：234-235）。ガ／ノ可変があれば、「ノダ」は文法化しているとは言えない。

17 ここの表記は伊豆山の表記をc→cy、j→y、see→syeeと一部変更してある。

18 (25a)は、滝原（1985）より、(25b)は大宜味（2003）より採取した。

19 ただし、実際は、この⑤に相当する係助詞は沖縄語では、④の位置に入っている。

参考文献

- 伊波普猷（1974（1929））「校注琉球戯曲集」『伊波普猷全集3』平凡社
- 伊豆山敦子（2006）『放送録音テープによる琉球・首里方言：服部四郎博士遺品』東京外国語大学アジア・アフリカ言語文化研究所
- 井島正博（2010）「ノダ文の機能と構造」『日本語学論集』6：pp.75-117、東京大学大学院人文社会系研究科国語研究室
- 井島正博（2011）「主節における非文末ノダ文の機能と構造」『日本語学論集』7：pp.70-103、東京大学大学院人文社会系研究科国語研究室
- 氏家洋子（1992）「ノデス文の成立とその背景——日本語史との対話」辻村敏樹教授古稀記念論文集刊行会 編『辻村敏樹教授古稀記念論文集 日本語史の諸問題』pp.554-572、明治書院
- 内間直仁（1994）『琉球方言助詞と表現の研究』武蔵野書院
- 尾上圭介（1982）「文の基本構成——史的展開」森岡健二 編『講座日本語学2 文法史』pp.1-19、明治書院
- 尾上圭介（2012（1987））「日本語の構文」『文法と意味I』所収、pp.199-216、

くろしお出版
- 大宜味小太郎（2003）「丘の一本松」『新編沖縄の文学』pp. 104–118、沖縄時事出版
- 大野晋（1993）『係り結びの研究』岩波書店
- 宜志正信（2003）『吾んねー猫どぅやる』新報出版
- 久島茂（1989）「連体形終止法の意味するもの──係り結びの意味構造とその崩壊」『靜大国文』34：pp. 36–47、静岡大学
- 国立国語研究所（1963）『沖縄語辞典』大蔵省印刷局
- 阪倉篤義（1993）『日本語表現の流れ』岩波書店
- 佐々木隆（1992）「上代語におけるカーハの構文」『国語国文』61（5）：pp. 17–33、京都大学文学部
- 新里瑠美子・レオン A. セラフィム（2011）「｜ガ｜の係り結びの仮説と検証──琉球弧の方言の記述的研究に基づいて」『日本語の研究』7（4）：pp. 1–15、日本語学会
- 滝原康盛（1985）『琉球の名作歌劇』琉球音楽楽譜研究所
- 名嶋義直（2007）『ノダの意味・機能──関連性理論の観点から』くろしお出版
- 野田春美（1997）『の（だ）の機能』くろしお出版
- 野村剛史（2002）「連体形による係り結びの展開」上田博人 編『日本語学と言語教育』pp. 11–37、東京大学出版会
- 半田一郎（1999）『琉球語辞典』大学書林
- 服部四郎（1999（1959））『日本語の系統』岩波書店
- 福田嘉一郎（1998）「説明の文法的形式の歴史について──連体ナリとノダ」『国語国文』67（2）：pp. 36–52、中央図書出版社
- 舩城俊太郎（2013）『かかりむすび考』勉誠出版
- 外間守善（2000）『おもろさうし』岩波書店
- 外間守善・波照間栄吉（2002）『定本おもろさうし』角川書店
- 間宮厚司（2005）『おもろさうしの言語』笠間書院
- 三上章（1953）『現代語法序説』くろしお出版
- 山口佳也（2011）『「のだ」の文とその仲間──文構造に則して考える』三省堂
- DECLERCK, RENAAT. (1988) Studies on Copular Sentences, Clefts and Pseudo-Clefts. Leuven: Leuven University Press.
- DECLERCK, RENAAT. (1992) The Inferential it is That-construction and its Congeners, Lingua 87: pp. 203–230.
- HEINE, BERND and TANIA KUTEVA (2002) World Lexicon of Grammaticalization, Cambridge: Cambridge University Press.
- QUINN, CHARLES J., JR. (1997) On the Origins of Japanese Sentence Particles Ka and Zo. Japanese / Korean Linguistics 6: pp. 61–89.
- SCHAFFER, WOLFRAM. (2002) Kakari Musubi, Noda-construction, and How Grammaticalization Theory Meets Formal Grammar. Japanese / Korean Linguistics 10: pp. 320–333.
- SHINZATO, RUMIKO. (1998) Kakari Musubi: Its functions and development. Japanese / Korean Linguistics 8: pp. 203–216.

- SHINZATO, RUMIKO, and LEON A. SERAFIM. (2013) *Synchrony and Diachrony of Okinawan Kakari Musubi in Comparative Perspective with Premodern Japanese*. Kent, UK: Global Oriental / Brill.
- WHITMAN, JOHN. (2004) The Form and Function of the *Rentaikei* and *Izenkei* Suffixes in Proto-Japanese. Paper Presented at the 2nd Oxford-Kobe Linguistics Seminar: The International Symposium on the Structure and the History of Japanese.
- WHITMAN, JOHN. (1997) Kakarimusubi from a Comparative Perspective. *Japanese / Korean Linguistics* 6: pp. 161–178.

文献解題

- 内間直仁（1994）『琉球方言助詞と表現の研究』武蔵野書院

  本書は、琉球方言の主に『おもろさうし』の助詞の記述的研究であるが、古代日本語や現代沖縄方言との比較分析にも鋭い洞察が窺える。特筆されるのは、主格助詞「が」と「の」や、三種の係助詞「が」、「ど」、「す」の通時的・共時的研究である。加えて、琉球方言と社会構造の関連性を社会言語学的に考察した章も興味深い。

- HEINE, B., and T. KUTEVA (2002) *World Lexicon of Grammaticalization*, Cambridge: Cambridge University Press.

  語彙レベルでの文法化の様相を、数多くの言語にまたがる豊富なデータを具体的な例文と共に記述、整理したレファレンス的な著書であり、言語を超えた普遍的な文法化のパターンが見てとれる。文法化後の語彙（ターゲット）からその語源（ソース）への逆引きも可能である。文法化研究には必携である。

- FOONG HA YAP, JANICK WRONA, KAREN GRUNOW-HARSTA (eds.) *Nominalization in Asian Languages: Diachronic and typological perspectives*, Volume II: *Asia Pacific Languages. Typological Studies in Language*. Amsterdam / Philadelphia: John Benjamins.

  連体句、準体句、名詞化一般を扱った大著である。シナ・チベット語族、オーストラリア語族、韓国語、日本語、沖縄語、イラン語など広範囲の言語を扱い、各寄稿者の方法論、理論枠も多様で、文法化のもたらした新機能も話者のスタンス・副詞節・時制などと多岐にわたっている。名詞化研究には必携のレファレンスである。

第14章

18世紀の英語ポライトネス

立場依存的な多義性と誠実さ

スーザン・フィッツモーリス
中安美奈子 訳

キーワード	立場依存的な多義性、ポリティックな振る舞い、ポライトネス、18世紀の英語、誠実さ
本章の概要と方法論について	本章では、18世紀後半に出版・購読された英語の大衆向け文学的・メタ言語的テクストの言語を、歴史語用論の枠組みで検討する。話し手は言語の相互作用の中で誠実さについての判断を行うが、誠実さのあるものはポリティックな振る舞いとして肯定的に捉えられる一方、誠実さのないものはポライトな振る舞いとして否定的に評価されることがある。18世紀のイングランドにおいては、誠実さがあるかどうかによって、主として3つのポライトネスの解釈があったと考えられる。すなわち、シャフツベリーが普及させた貴族的な振る舞いとしてのポライトネス、定期刊行物『スペクテイター』が理想とした思いやりのある社会的な相互作用としてのポライトネス、そして、チェスターフィールドが推奨した自らを積極的に打ち出すためのマナーとしてのポライトネスが共存していた。 　このようなポライトネスの多義性は、どのように話し手や聞き手の立場や態度に依存しているのだろうか。本章では、Eighteenth Century Collections Online（ECCO）を使用して綿密に分析を行うことにより、立場や態度に依存する言語の多義性を解釈する際に誠実さがどのような役割を果たすのか、それを評価するための基盤を談話がどのように生み出すのかを探る。

1 序論：歴史語用論、誠実さ、ポライトネス

　本章では、18世紀後半に出版・購読された英語の大衆向け文学的・メタ言語的テクストの言語を、歴史語用論の枠組みで検討することとする。本章の目的は、話し手がどのようにある社会的な振る舞いが適切であると信じるのか、そして聞き手がその振る舞いを受け取ってどのように判断するのかを分析することである。そのため、本章では、この時代にポリティックな（思慮のある、文脈やその時代の行動規範にふさわしい）振る舞いを「ポライト」と定義する際に誠実さが果たす役割、そして「ポライト」な振る舞いを肯定的あるいは否定的と評価する際に（この評価は常に変化していくものであるが）誠実さが果たす役割を検討する。そこで証拠としてあげるのは、この時代の大衆のディスコースにおいて、メタ言語的・分析的な解説書を含めて、どのように言語的な取り扱いがなされていたのかということである。語の意味は時代の中で変化していくため、その多義性がどのようなものであったのかについて理解するのにこの分析が役立つであろう。

　誠実さは、イングランドにおいて、変化していくポライトネスの使用と解釈に関して、中心的な役割を果たしていた（Fitzmaurice 2016b）。ポライトネスの社会的な構造が変化したのと同時に、誠実さそのものがどのようなものであるのかについての理解も変化した。「ポライトネス」と「誠実さ」という語は、18世紀の英語の文学、文化、政治と社会的な振る舞いを理解するうえで鍵となる概念を指しているが、語用論における理論的な概念も指している。歴史語用論の研究対象には（イン）ポライトネスも含まれるが、歴史的な変化だけでなく、特定の歴史的な時代における（イン）ポライトネスも含まれる（例えば、Culpeper and Kádár (2010)、Bax and Kádár (2011)）。歴史語用論は、歴史的な行為者の社会的な慣習について、その時代のテクスト的・コンテクスト的な題材を証拠として用いながら研究を行う。誠実さは、話し手が言語行為を遂行するために満たさなければならない適切性条件として、語用論の基本的な部分をなしている（Searle 1979）。本章では、ポライトネスと誠実さが決定的に関連しあっていると見なして評価することにより、

ポリティックな振る舞いが歴史的にどのようなものであったのかについて情報が得られることを示していく。

　意味的な変化の中心になるものとして、2つの鍵となる前提がある。まず1つめは多義性であり、「ある表現が、慣例的にその表現と結び付いている、2つ以上の区別できるが関連し合っている意味を持つ」時に表れる（Fitzmaurice 2016a：258）。2つめとしては、「意味的な変化（ある表現のコード化された意味の変化で、使用するコンテクストは関係ない）」は必然的に「語用論的な変化（ある表現が発話のコンテクストにおいて使用される際に起こる意味のずれ）」に基づく（Fitzmaurice 2016a：260）。言い換えれば、ある表現の（語用論的な）使用のバリエーションは、必然的に、その（意味論的な）意味の変化によるということになる。Traugott and Dasher（2002）の意味変化の誘導推論理論（invited inference theory of semantic change（IITSC））によれば、話し手はある表現を、聞き手が新しい語用論的な意味を推論するように誘導する革新的な方法で使用することがある。このように革新的な方法で表現を使用することにより、他の話し手がある特定のコンテクストにおいて使ってみるという、積極的な、場面に依存した多義性が加わるのである。ある表現の多義性が変化するパターンは、語用論的に強化される過程や語用論的な革新が目立って推移する過程に関わっている。これらの想定により、意味変化というものは、革新的な語用論的意味が慣習化する段階と、その後引き続いて、その表現が使用されるコンテクストに依らず作動するコード化された意味として使われるようになる段階から成るものとして分析できることになる。

　この多義性の変化するパターンは、他と無関係に起こるのではない。多義性は、社会的な関係の中で構造化される。したがって、話し手は一般的に多義性をあたりまえのこととして捉えているが、ある特定のコンテクストにおいて、特定の瞬間に、ある話し手がある1つの意味を、他の意味と比べて関連する度合いが大きいか目立つと気づくことがある。こういった主要な意味は、話し手の社会的、時間的、経験的、イデオロギー的な立場といった情動的なファクターに依存している。この概念、すなわち立場依存的な多義性（contingent polysemy）は次の想定に基づいている。すなわち、連語、語彙のバリエーション、修辞法のバリエーションの問題がすべ

てコンテクストに寄与するといった形で、多義性はより大きなディスコースで展開するというものである。この複雑なコンテクストによって、今度は語の多義性やその立場依存性の構造を特定して研究することができるようになる。ここで重要なことは、話し手が使用したり変化させたりできるように意味を調整したり改良したりする際に、社会的・歴史的コンテクストの役割をどのように理解するのかに、こういった概念が依存しているということなのである。

　18世紀におけるポライトネスの解釈がどのように変化したのかは、ポライトな振る舞いがポリティックな振る舞いとどのように関連していたのかに着目すると理解できる（Watts 2003）。18世紀のポライトネスは、最も根本的な現象である。ある人々にとってポリティックな振る舞いは、同時に他の人々にとってポライトな振る舞いとして機能する。そのため、ポライトネスは、日常の行いの様式、哲学の体系、自己向上のために有用なもの、あるいは同じ歴史的な空間を占める異なる社会の参与者にとっての社会性の理論として役立つ可能性を秘めている。このように解釈が様々であるため、18世紀の話し手や聞き手がこの振る舞いをどのように捉えて評価しているのか伝えるのに使用されるさまざまな語がポライトネス以外に存在する。例えば、civility（丁寧さ）、complaisance（慇懃）、compliment（正式な敬意）、service（奉仕）、good nature（気だての良さ）、good breeding（育ちの良さ）、affability（愛想の良さ）、artifice（巧妙さ）、flattery（お世辞）などである。

　18世紀の第4四半期で、当時一般に行われていた社会規範の中でポライトネスをどのように規定するのか常に分析し直したり形を整えたりする際に、誠実さは主な役割を果たす。出発点として、誠実さは実際の感情をその表現で確認することからできていると想定してみよう。言い換えれば、誠実さをもって話すということは、実際に感じるとおりに話していると想定してみよう。誠実さそのものも様々な解釈に依るため、honest（正直な）、true（本当の）、plain（明白な）、faithful（誠実な）といった一群の表現によって記述したり評価したりする、複雑な社会的、道徳的、言語的な振る舞いを生みだすことになる。誠実さの解釈とその語用論的使用には、honesty（正直であること、すなわち自分に忠実な）から、avowal of feeling（感情を率直に認めること、すなわち自己表

現)、genuineness(真実であること、すなわち人でなく表現について)まで様々なものがある。ポライトネスに関連する語彙を誠実さに関連する語彙と比べれば、両者が関連し合っていることは明らかである。実は、同じ分野の反対の側面を示しているのである。例えば、flattery (お世辞) はhonesty (正直さ) がないことを意味しているし、artifice (巧妙さ) はtruth (真実) を飾り付ける必要があるといった具合である。

　したがって、18世紀のイングランドにおけるポライトネスを理解することは簡単にいくものではない。この問題を位置づけるために、第2節では、この時代に共存した3つの鍵となるポライトネスの様式の背景にあった、歴史的なコンテクストを手短に検討したい。この時代のディスコースは、ポライトネスを卓越した振る舞いの様式と定義したり、解釈したり、判断したりすることに深く関わっており、また、ポライトネスがこの時代において重要な役割を果たしていたという説得力のある証拠を提供してくれる。第3節においては、18世紀の第4四半期に大衆向け雑誌に掲載された資料の語用論的分析を行い、この時代に共存した「ポライトネス」に結び付く様々な意味を検討する。18世紀後半のメタ言語においては、ポライトな言語的な振る舞いであると定義するものを評価するため、筆者は誠実さを引き合いに出すが、それが行われていた証拠として、選択したテクストの分析を行う。古いテクストは新しいテクストと平行してさらに出版されるため、多義性のパターンの推移を追うのがその理由である。本章で分析する主要な資料は、Eighteenth Century Collections Online (ECCO) である。これは、18世紀の英語におけるジャンルについての主要なレポジトリーとなっており、教育的な説明書、詩、手紙、定期刊行のエッセイがその中に含まれる。

2　18世紀におけるポライトネスの種類

　18世紀のイングランドを研究する歴史学者は、この時代の社会的、文化的、知的状況はポライトネスというキーワードによって表されると主張してきた。このキーワードは多数の意味を伴って、この時代にずっと出現していた。こういった意味は他の意味より目立ちながら引き続いて出現しているが、この時代にずっと共存し続けており、読者層に強い印象を与え続ける重要なテクストに表現されて、普及していった。したがって、Anthony Ashley Cooper（第3代 Shaftesbury（シャフツベリー）伯爵）が18世紀初めに普及させたポライトネスの概念は、貴族的な「美徳と分別の概念に焦点を当てたものであり、その貴族的な概念は、古い知的な秩序が前提とするものに挑戦し、ポライトな文化をポライトネスに興味を抱いているすべての人々に原則として開かれたものとした」（Langford 2002：312）。Watts（2011：120）が述べているように、シャフツベリーと同時代の人々にとって、ポライトネスは「社会階級の区別を目立たせる性質となった」。シャフツベリーは18世紀を通じて読まれ、崇拝された。それは彼の『人、マナー、意見、時代の特徴』（*Characteristicks of Men, Manners, Opinions, Times*）が1711年に出版されてから何度も増刷されたことからわかる[1]。18世紀の最初の10年で、シャフツベリーのポライトネスの次に、別の言語的・イデオロギー的なポライトネスの構造が現れた。すなわち、社交性としてのポライトネスであり、Joseph Addison と Richard Steele が定期刊行物『スペクテイター』（*The Spectator*）（1710-1714）の中で展開し、伝えられてきた。この構造はシャフツベリー版とは異なり、「相続した階級、正規の教育、社会的な地位といった社会的なステータスとして伝統的に必要な要素がなかった人々が、より緩く、おそらくより『自然な』行動基準を採用することで、こういった要素が実現できるようになった」（Langford 2002：312）。言い換えれば、『スペクテイター』のいうポライトな振る舞いとは、同等の人々の間で行われる思いやりのある適切な会話の相互作用の実践から成っている。『スペクテイター』は、20世紀初頭まで少年、女性、中産層にとって必読であるだけでなく、人気のある刊行物で

あり続けた。18世紀後半の教育的な説明書や人気の選集の多くは、AddisonとSteeleが支持したポライトネスの理想形を提案した『スペクテイター』選り抜きの記事であった（Bond 1965）。このポライトネスの概念の次に加わったのは、シャフツベリー版を思い起こさせるポライトネスの理解の仕方だが、外見や形式といった、ますます形式的な丁寧さや儀式に関わるようになった。この儀式的なポライトネスの形は自己本位であり、世間でうまくやっていく技術として理解され、Philip Dormer Stanhope（第4代Chesterfield（チェスターフィールド）伯爵）が非嫡出の息子に書いた教育的な手紙に表れている（Fitzmaurice 2010）。チェスターフィールドの『わが息子への手紙』（Letters to his Son）は1730年代から1750年代に書かれたものであるが、1774年に初めて出版された。その後、教育的書簡集として、他のものと同様に何度も印刷され、版を重ね、選集が出版された2。したがって、この3つのポライトネスのタイプ／様式は、重要なテクストが異なった時に現れたにもかかわらず、18世紀が進んでいくにつれ共存し続けていたのである。次の表1はそれぞれの様式の特徴をまとめたものである。

18世紀のポライトネスの様式	特徴
シャフツベリー 『人、マナー、意見、時代の特徴』 Characteristicks of Men, Manners, Opinions, Times（1711）	政治哲学への文化的・道徳的なアプローチ 男性的なエリート主義 振る舞いの作法 相互関係、会話の平等性で実現
『スペクテイター』 The Spectator（1711-1714）	社交的、大衆的 気取らない振る舞い 学習可能 やり取りの特性 他人への思いやり
チェスターフィールド 『わが息子への手紙』 Letters to his Son（1774）	個人的な特質 形式的 男性的なエリート主義 学習可能 マナーの一覧 エチケット

表1　Langfordの18世紀におけるポライトネス様式の特徴

よって、1774年のチェスターフィールドの『わが息子への手紙』から、このような象徴的なテクストは印刷文化の中に現れ、ゆえにテクストが提示した異なった種類のポライトネスが現れた。18世紀の第4四半期には、3つの様式のポライトネスについて読んだり研究したりできるようになった。これら3つの様式は、それぞれ鍵となるテクストに主として結びついていただけでなく、この時代の大衆のディスコースに受け入れられて広く行き渡っていた。したがって、「ポライトネス」には、社会的に際立った貴族的な振る舞いとして理解されるもの（シャフツベリー）と、思いやりのある会話的な振る舞いと解釈されるもの（『スペクテイター』）と、自分をできるだけ積極的に打ち出すために行う儀式化されたマナーの集まりと見なされるもの（チェスターフィールド）があったことがわかる。Watts（2003）が行った社会的な振る舞いの分類によると、シャフツベリーとチェスターフィールドの様式は、通常行われる社会的な相互作用に適切であると見なされるものを超えた振る舞いからなるポライトネスとみなしてもよいかもしれない。Wattsの言葉を借りれば、こういった様式は、参与者の振る舞いの中で認知されたり目立ったりするため、marked（有標）であるといえる（Watts 2003: 21）。それとは対照的に、『スペクテイター』の様式は、参与者は社会的な相互作用のために適切に振る舞うため、unmarked（無標、ゆえにポリティック）であると考えられる。『スペクテイター』のポライトネスは柔軟性があり、会話の行われる背景や、状況における参与者の場所や役割に関する感覚によって作られるものであり、いかなる外的な規格や基準点によるものではない（Watts 2003: 200）。ゆえに「ポライトネス」「ポライト」という関連している用語は、18世紀の第4四半期には多義的であったということがわかる。肯定的な評価、否定的な評価があり、読み手の立場や視点によって多様な解釈の可能性がある。この時代のポライトネスに関するディスコースをもう少しよく見てみると、この用語の多義性をある特定の方法で管理し、習得していたことが明らかになる。特に、ある特定の人々にとって、その人の経験、状況、態度、視点によって、特定の意味が1番目に現れ、他の意味が2番目に現れる。本章ではこれを立場依存的な多義性（contingent polysemy）と呼び、この時代の「ポライト」と「ポライトネス」の意味論的な複雑さを

説明するために使用することとする。

　キーワード「ポライトネス」の使用と意味の多様性への鍵は、このワードが18世紀の出版物にいかに光彩を添えているかにある。女性のために出版された実用的なダイアリーであるJohnsonの『レディーのための新しいポライト・ポケット・メモ・ブック1789年版』(The Ladies New and Polite Pocket Memorandum-Book for 1789)や、数多くの手紙の書き方事典などがある。例えば、『洗練された手紙文例集──これでどこでも通用する手紙が書ける』(The Accomplished Letter-writer, or Universal Correspondent)には、「美しい詩的な書簡、様々なポライトなメッセージの形式の選集」だけでなく、文法や読者がまねて練習できる手紙の見本が掲載されている3。このような例では、「ポライト」は話したり書いたりする時に使うことを勧める社会的に許容される一連の表現をまとめて表す語である。また、踊り、絵画、会話の説明書もあり、例としてAbbé de Bellegardの『ポライトな教育を受ける人のための会話のモデル』(Models of Conversation for Persons of Polite Education)(1765)がある4。『ポライトなレディー、または、女性教育コース。手紙を集めて、母から娘へ』(The polite lady: or, a course of female education. In a series of letters, From a Mother to her Daughter)(1760)のような若い女性向けの教育的なテクスト5は、若い男性向けで、チェスターフィールドのいわゆるポライトネス体系のダイジェスト版である『ポライトネスの原理とポライトな哲学者──これ1冊でわかる』(Principles of Politeness, and the polite philosopher, in one volume)(1792)と同時期に読まれている6。『ポライトな哲学者、または、人を幸せにし、他人に感じが良い人にする技術についてのエッセイ』(The Polite Philosopher; or An Essay on the Art which makes a Man happy in himself and agreeable to others)は、この話題について『スペクテイター』的な扱いをしている稀なケースであり、1734年に最初に出版され、18世紀終わりまで何度も出版・引用された7。これよりさらに教訓的な例は、『ポライト・アカデミー、または、若いジェントルマンやレディー向けの振る舞いの学校』(The Polite Academy, or School of Behaviour intended for young Gentlemen and Ladies)(1762)であり、「良いマナーと相手に対するポライトな態度への基礎」と明確に述べている8。この

説明書は、良いマナーとしての狭い意味での「ポライトネス」の理解と、参与者の階級や立場にふさわしい呼びかけ語の使い方としての「ポライトネス」表現の両方を捉えている。

　こういった説明書は、一般的に、中産層がまねをしたり練習したりして獲得できるように、特定し、体系化し、まとめたりできる言語の練習と社会で積み重ねる業績のレパートリーとしてポライトネスを扱っている（Fitzmaurice 1998）。また、こうした説明書には暗黙の想定がある。ポライトネスをマスターできれば、自分は浸透している社会規範と合っていると確信できるのである。John Brewer（1997：100）は、次のように主張している。「ポライトネスは真のジェントルマンとジェントルウーマンはどうあるべきかという考えを具体化していた。会話はそれを実現する方法であり、ポライトネスは社会がより良くなり、洗練するための方法であった。」このポライトネスの理想の形は、浸透している社会規範の基準としての役割を果たしていた。このような説明書はまた、読者が他人の気分を害することなく公共の場にふさわしい振る舞いをする心構えができているということを保証するために、振る舞いを成文化することによって、こういった理想に中身を与える試みを提示している。なぜこのような説明書が成功したかというと、それらがなかったら、人々は厳しく監視されることが予想され、失敗する可能性があり、とがめられる危険を冒すことになるという信念があったからである。John Harris師の『ポライトネスについてのエッセイ』（*An Essay on Politeness*）（1775）にあるように、ポライトネスはしばしばポライトネスでないものによって定義されることがある。この著作の第1章で「ポライトネスの本質」の定義を試みているが、単に形式だけを規定する失敗にはまることなくポライトネスを特定するのは難しいことに特に注目している。

> 'By politeness, I do not mean a set of refined phrases, a certain number of postures and dispositions of body, nor the manoeuvres of sly dissimulation, of affected bluntness, or implicit reverence, or impudent assiduity; but that temper of mind and tenour of conduct which make persons easy in their behaviour, conciliating in their affections, and promoting everyone's benefit; that

renders reproof palatable, obligation a pleasure, and kind offices never to be slighted or forgotten.

〔ポライトネスということで私が意味しているのは、一連の洗練された句や、いくつかの体の姿勢や処し方ではなく、意味ありげな空とぼけ、不自然な無愛想、はっきり表さない敬意、厚かましいおせっかいといった策略でもない。そうではなく、親愛の情でなだめたり、皆の利益になるようにしたりしながら、相手を振る舞いやすくする心の冷静さや行動の趣意のことを言っている。叱責を心地よいものにし、義務を喜びにするもので、配慮は決して軽んじられたり忘れられたりするものではない。〕

(『ポライトネスについてのエッセイ』pp. 18-19)

　Harrisは、ポライトネスを広範囲にわたる概念として定義する関連した表現をセットにして提供している。彼は言語やジェスチャーでうわべを取り繕うこと（refined phrases（洗練された句）、postures（姿勢）、dispositions（処し方））を言語的な不誠実さと見せかけ（sly dissimulation（意味ありげな空とぼけ）、affected bluntness（不自然な無愛想）、implicit reverence（はっきり表さない敬意）、impudent assiduity（厚かましいおせっかい））と結びつけており、これらを思いやり（easy（〜しやすい）、conciliating（なだめる）、promoting everyone's benefit（皆の利益になる））や心持ちの正直な寛容さ（palatable reproof（心地よい叱責）、obligation a pleasure（義務を喜びに））と対比している。手短にいえば、ポライトネスの定義にたどり着くために、高潔な正直さ（真のポライトネス）と誠実さがないこと（形式的なポライトネス）を並べているのである。これがあれば美徳にポライトネスが加わる、そして社会で成功し、ポライトネスがよくわかるという方法を男性や女性に届けることを目的とする自己啓発書で印刷文化はあふれている。それと同時に、a set of refined phrases（一連の洗練された句）や、a certain number of postures and dispositions of body（いくつかの体の姿勢や処し方）として実現されるにすぎないポライトネスを揶揄したり、その可能性を利用したりする皮肉な文献で印刷文化は一杯になってしまっている。

3　大衆印刷文化──誠実さとポライトネス

　書簡体小説以上に、18世紀後期のエッセイや演劇、大衆定期刊行物は、ポライトネスという概念に関連する意味を分析する豊富なコンテクストを提供してくれる。『機知の雑誌』(*The Wit's Magazine*)(1784-1785)9 は、この時代においてポライトネスの使用や解釈が複数共存していたことを示す良い例である。社会レベルで変化が起きたが、個人の振る舞いは新しい社会規範を吸収しながら、同時に古い社会規範（解釈や振る舞い）を評価したり、それに固執したりし続けた。そうしながら、個人の振る舞いはその変化を和らげたり変化に抵抗したりした。この雑誌は、18世紀後半の読者層の世界で、ポライトネスの異なる意味や適用がどの程度共存し、競合していたのかを浮き彫りにしている。

　『機知の雑誌』はThomas Holcroftによって編集された。Holcroftは俳優で、しばしば劇作家として活躍し、小説家として成功しており、記念碑的な小説『アンナ・セイント・アイブズ』(*Anna St. Ives*)(1792、7巻本)を書いている。また共和制主義者であって、フランス革命の理念に共感していた（Kelly 2004）。ユーモアのある風刺に富んだ逸話や物語、読者による手紙や詩、格言や警句のコンペティション等をいろいろと集めた月刊本として、『機知の雑誌』は18世紀後半にどのように大衆文学や文化をながめていたのかに関して興味深い宝庫であるといえる。主要な会話や探求の話題は大衆文化であり、都会や田舎の人生、愛、マナー、また、Georgiana（デボンシャー公爵夫人）といった当時よく知られていた人物をどたばた喜劇で扱ったり、『ヒューディブラス』(*Hudibras*) の著者Samuel Butlerなど、この時代の作家によるいろいろな皮肉的な投稿作品を扱っている。読者や投稿者は、イングランド中から参加していた。各号は文通者の出版用の題材の投稿への返答から始まっており、この雑誌に投稿するエッセイや詩によって投稿者に授与される賞が、名前と場所とともに発表された。この時代、人々はポライトネスに熱中していた。驚くべきことではないが、この雑誌の投稿者は常にそれをターゲットにしていた。

　今議論していることに特に関連しているのは、「Rusticus（ラス

ティクス（ペンネーム））」が書いた詩で、タイトルは「ポライトネス、または九尾の猫（ムチ）。ある物語」('Politeness; or, the cat o'nine tails. A Tale')（Vol. 1：p. 111）である。この長い詩は韻を踏んだ二行句で180行の会話から成っていて、ポライトネスの2つの異なる解釈が衝突している。Harrisの定義により、言語的なポライトネスを遂行するのは、easy in behaviour（振る舞いがしやすく）、concilliating in their affections（態度が妥協的）なのであるが、誠実さのない言語的な振る舞いであると否定的に解釈される（refined phrases（洗練された句）、sly dissimilation（意味ありげな空とぼけ）、implicit reverence（はっきり表さない敬意））。この詩の中で擁護されている肯定的なポライトネスの意味はポリティックであり（frankness（率直さ）（line 68））、正直さである。

　この詩は、地方の地主と使用人Jerryがイングランドの市場の町、ベリー・セント・エドマンズに旅をする話である。天候が悪化したが、あたりに雨宿りできるところが見当たらない。そこへある農夫が、もう少し歩いたところに古いホールを旅行者に貸してくれる人がいると教えてくれた。この農夫が地主に言うには、そのホールに滞在するには知らなくてはいけないことがある。この主人は、一晩泊めてくれた後に、ムチで旅人を打つことで知られているということだった。この警告にもかかわらず、地主たちはそこに泊めてもらうことにした。地主はブランデーと乾いた衣服を提供してもらい、大変手厚くもてなしてもらった。「コーヒー、チョコレート、ティー」のどれが欲しいか聞かれた時、地主は率直にためらいもなく、「コーヒーとトースト」と答えてしまった。夕食に何が食べたいか聞かれた時、何が良いか答えた。最後に、夕食の前にトランプに誘われ、喜んで承諾した。翌日、出発の時になり、地主は主人に近づき、これまで訪問者はムチを逃れられなかったのに、なぜ自分たちはムチを打たれなかったのか尋ねた。主人は人々が中身のないidle complimentary speeches（くだらないお世辞の話し方）（line 57）にふけっているのにイライラしたのだと説明した。それから、世話になった後いつも返って来る答えを引用しながら、大嫌いな人々の振る舞いを繰り返してみせた。

'A set of <u>tiresome, troublesome knaves</u>;
'Of <u>bowing, fawning, lying slaves</u>!
'If a man ask'd what they'd prefer,
"Oh, I love any thing, good Sir!"
'Would you chuse coffee, Sir, or tea?'
"Dear Ma'am, it's all the same to me!"
'For beef or mutton give your voice:
"Upon my honour, I've no choice!"
'There's Cheshire, Sir, and Gloster cheese;
'Which shall I send you?' "Which you please."
'Curse on their <u>cringing complaisance</u>!
'I've tutor'd some of them to dance
Such steps as they ne'er learnt in France.
But you, good Sir, or I misdeem,
'Deserve an honest man's esteem.
'Your frankness, Sir, I call polite;
〔<u>うんざりする、わずらわしい連中</u>!
<u>へこへこして、こびへつらい、うそつきの連中</u>!
何がいいか聞かれれば、
「何でも結構ですよ!」
コーヒーかティーかどちらがよろしいですか?
「私にも全く同じものをください!」
ビーフかマトンかお選びください。
「実は他にそれしか選びようがないんですよ!」
チェシャーチーズとグロスターチーズがありますが。
どちらがよろしいですか?「どちらでも。」
<u>へつらいの慇懃無礼</u>め!
フランスで習ったことのないステップで
飛び上がるやり方を教えてやった。
しかしあなたが、私が誤っていなければ、
<u>正直な人の評価に値するのです</u>。
<u>あなたの率直さこそ、ポライトと呼ぶのです。</u>〕

(「ポライトネス、または九尾の猫(ムチ)。ある物語」
lines 144–158)

基本的に主人は、明示的に尋ねられた時、何が良いか表現しなかった訪問者たちの不誠実さ、無関心、不正直さに不平を言っている。自分の非難や不満を説明するために、主人は会話のやり取りを再現し、いかに不正直で不誠実な振る舞いが言葉の中に体現されていたか示している。この話の中に表現されている種類のポライトネスを認めないという主人の気持ちに火をつけた最も重要な表現は、Oh や Upon my honour のような感嘆詞や中身のない虚辞、I love any thing（何でも結構ですよ）、it's all the same to me（私にも全く同じものをください）、I've no choice（それしか選びようがないんですよ）、which you please（どちらでも）のような、気が抜けた社交目的の無関心な表現で正直さを欠いたものと解釈できるものである。話し手を tiresome, troublesome knaves（うんざりする、わずらわしい連中）、bowing, fawning, lying slaves（へこへこして、こびへつらい、うそつきの連中）、と酷評したこととぴったり合い、彼らの振る舞いは cringing complaisance（へつらいの慇懃無礼）と特徴付けられる。それとは対照的に、主人はベリー・セント・エドマンズから来た地主を、そのまっすぐな frankness（率直さ）、正直さと誠実さから、（真に）ポライトと判断する。したがって、地主はムチ、つまり lesser knaves to dance（悪いやつらに飛び上がる）のを教えるための、悪いやつらが良い人たちを尊敬するためのムチを免れたのであった。そこで詩人の Rusticus はこのように結論づける。

　　And now the reader may, with ease,
　　Extract this moral, if he pleases:
　　Politeness cannot e're become
　　Impertinent and troublesome;
　　His breeding good he soonest proves,
　　Who soonest tells you what he loves;
　　And who, in rapid eloquence,
　　Their wordy compliments dispense,
　　Have more civility than sense.
　　〔今や読者は簡単に
　　望めばこの教訓を引き出せる。
　　ポライトネスは決して

尊大でわずらわしいものではない。
自分が気に入ったものをすぐに言う者は
すぐに育ちが良いことがわかる。
そして早くべらべらとしゃべって
冗長なお世辞を言う者には
良識でなく形式的な丁寧さしかないのだ。〕

(「ポライトネス、または九尾の猫（ムチ）。ある物語」
lines 172-180)

　教訓について語る最終章で、Rusticus は impertinent and troublesome（尊大でわずらわしい）ものになり得ないと断言するポライトネスと形式的な丁寧さを区別する。形式的な丁寧さは、今や中身を持たず、形式的でうわべだけのものである。実は、ポライトな人ははっきりとした意見を述べることができる能力でわかる育ちの良さをもっている。率直さ、まっすぐな正直さがある。一言で言えば、誠実さである。それとは対照的に、ただ話すだけでそのお世辞が wordy（冗長な）人は、have more civility than sense（良識よりも形式的な丁寧さがある）と判断される。『機知の雑誌』の他にその時代の社会的道徳観や規範について皮肉的（しかし道徳的）な観察を提供してくれるものとして、「本当の好みを探して」（'Search after True Taste'）のような散文がある。また、韻文も添えて、「詩を味わおう。誠実さが勝利、または、お世辞が敗北」（'Taste poem. Sincerity Triumphant; or Flattery defeated'）もある。しかし、投稿者のこの雑誌へのアプローチは、ポライトネスへの一貫した批評になっているわけではない。例えば、Maxims（格言）に関するセクションには、知恵や丁寧さというより、娯楽としての価値からさらに集められたさまざまな格言が含まれている。

4 立場依存的な多義性——
不誠実さとしてのポライトネス

　第3節で『機知の雑誌』に投稿された作品を検討したが、これらの作品は、18世紀の第4四半期にどの程度異なる意味や解釈のポライトネスが共存し、競合していたのかを見せてくれる。このような意味の関係は複雑で、ポライトネスが遂行された状況に影響を受ける。重要なことは、言語で表現されるポライトな振る舞いの異なる解釈は、話し手／遂行者が誠実さを持っていると判断されるかどうかに依っているようだということである。特に、話し手が顕著に言語でポライトネスを遂行する場合、それは有標の振る舞いになり得るし、ゆえに吟味の余地があり、他人の（もしかして否定的な）判断を受ける可能性がある。本章で例として挙げたのが、Rusticusが詩で行ったポライトネスの解釈である。主人がいつも迎えている訪問者を例にして、否定的なポライトネスの解釈を提示している。一見愛想がよいように思えるが、実は非協力的な同意は、正直な意見や希望を言うのを拒否するという不正直で回避的な振る舞いという印象を与える。ゆえにこの振る舞いはcringing complaisance（へつらいの慇懃無礼）、すなわち主人に公然と敬意を表して同意していると判断される。それとは対照的に、地主が率直で、まっすぐでお世辞がないことは、肯定的に提示されている。地主の言語の使い方は、状況にふさわしく、主人の立場や態度と矛盾がないのである。否定的・肯定的どちらの場合も、誠実さは正直さと理解されており、嘘偽りのないことが重要な役割を果たしている。

　本章では、18世紀後半のイングランドにポライトネスという語の立場依存的な多義性の性質をどのように位置づけるかについて検討するため、この時代の文献に提案された3つの主要なポライトネスの解釈を調査した。ポライトネスがどのように自己啓発書のタイトルや記述、大衆雑誌に発表された記事で使われているのか、参与者の態度によって特にどの解釈が好まれるのかに注目しながら考察した。このようなポライトネスの解釈にどのような区別が存在するのか理解することは、ポライトネスの価値の性質を推察するためにディスコースをいかに分析するかによっている。例えば、巧妙さは、

悪意や侮辱を避けることになるのなら、肯定的な評価がなされていることを示していると考えてよいかもしれない。同様に、正直さは、人を怒らせたり侮辱に気づいたりすることになるのなら、否定的な評価が行われている可能性がある。

　丁寧に読み込んでみると、Rusticusの詩に登場した田舎の地主と主人にとって、ポライトな振る舞いとは、聞き手や状況にふさわしい、率直で直接的で、正直で平易な言語使用からなるものだということが明らかになる。ゆえにそれは、平凡で普通のポリティックな振る舞いなのである。自己啓発書の読者層は、主に競争社会でうまくやっていきたいと思っている若い男女であるが、彼らにとってポライトな振る舞いとは、グッド・マナーをマスターしていて、形式的な場面で使用すべき表現を使いこなしていることであり、それは大きな強みを見せることになる。この振る舞いは、学習し、練習し、特定の社会的な場面で使用することができるため、注目に値するものであり、ゆえにポライトである。そのようなものであるため、ポライトな振る舞いは、うわべだけのものであり、必然的に（必ずしも必然的に否定的というわけではないが）不誠実ということになる。この振る舞いをどのように評価するかは、見る人（読み手）の態度と視点次第である。

注

1 Eighteenth Century Collections Online（ECCO）は1711年、1714-1715年、1723年、1727年、1732年、1733年、1737-1738年、1744年、1749年、1758年、1773年、1790年に増刷されたものを収めている。
2 Eighteenth Century Collections Online（ECCO）で様々な版を数えてみただけで、1774年から1800年の間に50くらいの版や選集が出版されたことがわかる。
3 *The accomplished letter-writer; or, universal correspondent. Containing familiar letters on the most common occasions in life*. London, 1779. Eighteenth Century Collections Online. Gale. University of Sheffield. <http://find.galegroup.com.eresources.shef.ac.uk/ecco/CW3311227362> 2016. 7. 11
4 Bellegarde, abbé de (Jean Baptiste Morvan). *Models of conversation for persons of polite education. Selected and translated from the French of M. L'Abbé de Bellegarde*. London, MDCCLXV [1765]. Eighteenth Century Collections Online. Gale. University of Sheffield. <http://find.galegroup.com.eresources.shef.ac.uk/ecco/CW3317450565> 2016. 7. 11
5 このテクストは18世紀を通じて頻繁に増刷された。ECCOはダブリン（1763；1779)、ロンドン（1769；1775；1785)、ヨーク（1788）で印刷された版を記録している。「ポライト」という語がマナーだけでなく、風刺的、皮肉的にどの程度使用され、解釈されたかを指摘していることに注意。
6 Chesterfield, Philip Dormer Stanhope, Earl of. *Lord Chesterfield: principles of politeness and the polite philosopher. Complete in one volume*. A new edition. London. MDCCXCII [1792]. Eighteenth Century Collections Online. Gale. University of Sheffield. <http://find.galegroup.com.eresources.shef.ac.uk/ecco/CB3326156337> 2016. 7. 17
7 Forrester, James. *The polite philosopher: or, An essay on that art, which makes a man happy in himself. And agreeable to others. [Ten lines from Stillingfleet]*. Boston, MDCCLXXXVII [1787]. Eighteenth Century Collections Online. Gale. University of Sheffield. <http://find.galegroup.com/ecco/ CB3327059495> 2015.7.27
8 *The polite academy, or school of behaviour for young gentlemen and ladies. Intended as a foundation for good manners and polite address, in masters and misses*. London. MDCCLXII [1762]. Eighteenth Century Collections Online. Gale. University of Sheffield. <http://find.galegroup.com/ecco/CW120702764> 2016. 7. 16
9 *The Wit's magazine; or, Library of Momus. Being a compleat repository of mirth, humour and entertainment*. Volume 1. London [England]. MDCCLXXXIV-MDCCLXXXV [1784-1785]. Eighteenth Century Collections Online. Gale. University of Sheffield. <http://find.galegroup.com.eresources.shef.ac.uk/ecco/CW3316367978> 2016. 7.17; Volume 2. <http://find.galegroup.com.eresources.shef.ac.uk/ecco/CW3316368476> 2016. 7. 17

使用テキスト

- CHESTERFIELD, PHILIP DORMER STANHOPE, EARL OF. (1774) *Letters written by the late Right Honourable Phillip Dormer Stanhope, Earl of Chesterfield, to his son, Philip Stanhope, Published by Mrs. Eugenia Stanhope. In two volumes*. Dublin, 1774. Eighteenth

Century Collections Online. Gale. University of Sheffield. <http://find.galegroup.com.eresources.shef.ac.uk/ecco/CW3301528613> 2013. 9. 10.（チェスターフィールド・フィリップ、竹内均 訳『わが息子よ、君はどう生きるか』2016、三笠書房）
- HARRIS, JOHN. (1775) *An essay on politeness; wherein the benefits arising from and the necessity of being polite are clerly proved and demonstrated from Reason, Religion, and Philosophy. To which is prefixed, an allegorical description of the origin of politeness. By a young gentleman.* London. M.DCC.LXXV [1775]. Eighteenth Century Collections Online. Gale. University of Sheffield. <http://find.galegroup.com.eresources.shef.ac.uk/ecco/CW3320392264> 2016. 7. 18
- SHAFTESBURY, ANTHONY ASHLEY COOPER, EARL OF. (1711) *Characteristicks of men, manners, opinions, times. In three volumes.* [London], Anno 1711. Eighteenth Century Collections Online. Gale. University of Sheffield. <http://find.galegroup.com.eresources.shef.ac.uk/ecco/CW3304278427> 2015. 8. 7

参考文献

- BAX, MARCEL, AND DANIEL KÁDÁR. (eds.) (2011) *Understanding Historical (Im)politeness.* Special issue of Journal of Historical Pragmatics 12 (1 / 2).
- BOND, DONALD. (ed.) (1965) *The Spectator.* 5 volumes. Oxford: Oxford University Press.
- BREWER, JOHN. (1997) *The Pleasures of the Imagination: English culture in the Eighteenth Century.* London: Harper-Collins.
- CULPEPER, JONATHAN, AND DANIEL KÁDÁR. (eds.) (2010) *Historical (Im)politeness.* (Linguistic Insights: Studies in Language and Communication 65.) Bern: Peter Lang.
- FITZMAURICE, SUSAN. (1998) The Commerce of Language in the Pursuit of Politeness in Eighteenth-Century England. *English Studies* 79 (4): pp. 309–328.
- FITZMAURICE, SUSAN. (2010) The Changing Meanings of *Politeness* in Eighteenth Century England: Discourse analysis and historical evidence. In Jonathan Culpeper, and Daniel Kádár (eds.) *Historical (Im) politeness*, pp. 87–115. Bern: Peter Lang.
- FITZMAURICE, SUSAN. (2016a) Semantic and Pragmatic Change. In Merja Kytö, and Päivi Pahta (eds.) *Cambridge Handbook of English Historical Linguistics*, pp. 256–270. Cambridge: Cambridge University Press.
- FITZMAURICE, SUSAN. (2016b) Sincerity and the Moral Reanalysis of Politeness in Late Modern English: Semantic change and contingent polysemy. In Don Chapman, Colette Moore, and Miranda Wilcox (eds.) *Generalizing vs. Particularizing Methodologies in Historical Linguistic Analysis* (Topics in English Linguistics (TiEL) 94.), pp. 173–201. Berlin: Mouton de Gruyter.
- KELLY, GARY. (2004) Holcroft, Thomas (1745–1809). *Oxford Dictionary of National Biography*, Oxford University Press. <http://www.oxforddnb.com/view/article/13487> 2016. 7. 18
- LANGFORD, PAUL. (2002) The Uses of Eighteenth-century Politeness. *Transactions of the Royal Historical Society* 12: pp. 311–331.
- SEARLE, JOHN. (1979) *Expression and Meaning: Studies in the theory of speech acts.*

Cambridge: Cambridge University Press.
- TRAUGOTT, ELIZABETH CLOSS, and RICHARD DASHER. (2002) *Regularity in Semantic Change*. Cambridge: Cambridge University Press.
- WATTS, RICHARD. (2003) *Politeness*. Cambridge: Cambridge university press.
- WATTS, RICHARD. (2011) A Socio-cognitive Approach to Historical Politeness. *Journal of Historical Pragmatics* 12 (1 / 2): pp. 104−132.

訳注　著者Fitzmaurice氏は、立場依存的な多義性をうまく表す例として、*The Guardian* に掲載された漫画を教えてくれた（<https://www.theguardian.com/business/cartoon/2013/sep/19/grand-theft-auto-5-cartoon>）。コンピューターゲームに没頭する息子が 'sick'（ヤバい、めっちゃいい）と言うと、それを見た母親がsick（いや〜ね〜）と言う。同じ文脈で同じ語を発話しているにもかかわらず、立場によって意味が異なるのである。息子のせりふに引用府がついていることにより、プロトタイプ的な意味でないことがわかる。

文献解題

- TRAUGOTT, ELIZABETH CLOSS, and RICHARD DASHER. (2002) *Regularity in Semantic Change*. Cambridge: Cambridge University Press.

  本著作の目的は、言語使用を通じて現れる新しい意味の世界の探索である。意味変化の誘導推論理論を用いて、語用論的な革新がどのように意味変化につながる可能性があるのかについて説明している。また、法助動詞、ディスコース・マーカー、言語行為遂行動詞、英語と日本語の社会ダイクシスの発達の分析を詳細に行っている。

- CULPEPER, JONATHAN, and DANIEL KÁDÁR. (eds.) (2010) *Historical (Im)politeness*. (Linguistic Insights: Studies in Language and Communication 65.) Bern: Peter Lang.

  本論文集は、初期近代オランダ語の手紙、19世紀のイタリア小説、18世紀のイングランド、中国語の歴史など、異なるコンテクストにおけるポライトネスの通時的な変化を調査し、歴史（イン）ポライトネス研究の定義に貢献する論文を集めたものである。キータームは、「フェイスワーク」、「ポライトネス」、「敬意」などである。

- CULPEPER, JONATHAN. (ed.) (2009) *Historical Sociopragmatics*. Special issue of *Journal of Historical Pragmatics* 10 (2).

  歴史社会語用論に焦点をあてている本論文集は、言語使用とコンテクストとの相互作用を共時的・通時的に調査するために、質的・量的なアプローチを採用して、書かれたテクストをもとにコンテクストを再構築する試みを行っている。分析の対象は、15世紀から19世紀までの英語の手紙、歴史的な劇や裁判記録における言語使用である。

索引

A-Z

conjunct／disjunct　173
cyimu yan　299
De gozaru〈デゴザル〉　67
Eighteenth Century Collections Online（ECCO）　314, 328
Gia〈ヂャ〉　67
=gu　168
=gu (kha:) 文　172, 174, 181, 182
guli　168
Nari〈ナリ〉　66
onomasiological approach　304
reduced cleft　291, 292
Soregaxi〈某〉　63
syiyan　298, 299
Vare〈我〉　63
Vatacuxi〈私〉　63

あ

アーデルング（J.Ch. Adelung）　36, 43, 119, 202, 209
値　292, 296
α位置　270, 271

イエズス会　56
威信言語　30, 31
一語文　227
一人称代名詞　62
一方向性（unidirectionality）　133, 149
一般論　179
依頼　221
インタラクション　122, 123
ウィーン　204, 205
「置き換え」機能（pro-predicate function）　126
『おもろさうし』　287

か

解説　297, 301
係り結び　287, 288, 300, 302, 303
書きことば　5, 21, 60
拡大する文法化　127
型　256
学校教育　208
感謝　279
慣習化（conventionalization）　154, 158, 160

間主観化（intersubjectification） 5, 178, 180, 182
（間）主観化（(inter) subjectification） 2
間接的 223
間接発話行為 181
官庁語 191
感動詞化 219
γ位置 270
擬喚述法 293
聞き手への配慮 221
戯曲 34
『機知の雑誌』 321, 325, 326
既定事態 174, 178
既定性 174
機能―形式の対応づけ 7, 15, 17, 22, 304
機能的要素 264, 267
規範意識 203, 208, 209
規範文法 209
逆接の接続詞 128
狂言 267
恐縮・謝罪 243, 246
恐縮表現 268, 272, 273, 276, 278
協調の原則（cooperative principle） 102
共通述語 74
キリシタン語学書 56
キリシタン資料 266
キリシタン版 56
きりだし 268
儀礼 39, 40, 42, 43
禁止 179
近代語化 161
クニッゲ（A. F. von Knigge） 39
グリム（J. Grimm） 49
敬意 208
傾向（cline） 133
敬語史 244
形式―機能の対応づけ 7, 15
形容詞述語文 75, 86
言語意識 32, 203, 208

言語行動 244
言語使用（language in use） 3, 4
行為指示 219, 243, 246
効果的補強 268, 272, 273
高地ドイツ語 29, 30
行動の促し 268, 273
構文（construction） 117, 118, 123
構文化（constructionalization） 15, 120, 131, 154
構文化アプローチ 121, 124, 131, 132
構文的意味 150, 152, 154, 158
構文文法（construction grammar） 117, 122, 123, 129
構文変化（constructional changes） 120
古英語 97, 105
語順 96-98, 105
古代沖縄語 288
「こと」 143
コミュニケーション 96-98, 100, 102, 103, 108
コミュニケーション機能 267
語用論的意味 182
語用論的強化（pragmatic strengthening） 154, 161
語用論的転回 49
語用論的フィロロジー（pragmaphilology） 7, 8, 12
語用論標識（pragmatic markers） 135

さ

再分析（reanalysis） 143, 146, 150, 226
サブスキーマ 119, 129
作用域の拡大（scope expansion） 14, 121, 127, 135
作用域の縮小（scope reduction） 14, 121, 135
「さらなり」 83
時間的な線状性 78

指示（代名）詞　289, 290
事実確認用法　175
市民　35
社会階層　210
社会語用論 (sociopragmaitics)　9
社会的身分　35
謝罪　279, 280
シャフツベリー（Shaftesbury）315-317
ジャンル　102
18世紀の英語　311, 314
受益型　224
主観化 (subjectification)　5, 178
順接形　173
準体句　142, 145, 150
準体助詞 syi + コピュラ yan　298
順番　123
順番構成単位 (turn-constructional unit)　123
使用基盤 (usage-based)　117, 118
状況確認　243, 246, 255
状況説明　268, 273
条件節　277
上代語　288
章段主題　75
焦点　286, 294, 297
焦点化機能　297, 303, 304
情報構造　105
情報の流れ　97, 103, 107, 108
情報量　97, 105
抄物　266
初期近代英語　99, 102, 104
ショッテル（J. G. Schottel）　31
ジョンソン（S. Johnson）　47
新情報　46, 297, 298
心態詞　34
親密（さ）　34, 41, 43
心理的な線状性　79
随想的章段　78
スキーマ　117-119, 129
スタイル　36, 37, 49
『スペクテイター』　315, 317

誠実さ　311, 313, 320, 322, 324, 325
節焦点　291
接続詞　124
説明・解説　293, 302
線状性　92
全体焦点　295, 300
選択性　278
前提　286, 294
前提部　301
疎遠　208

た

待遇表現史　244
ダイグロシア　4, 30
対人（的な）応接　90, 92
対人配慮　245, 268
対話的構造　92
対話的な文章　89
立場依存的な多義性 (contingent polysemy)　312, 317, 326, 330
脱意味化　191
脱範疇化 (decategorization)　145, 150, 193, 195
頼み　228
断続的な直列構造　84
談話標識 (discourse markers)　34, 46, 125, 135
談話標識の発達　121, 122, 132, 133
談話モデル　5
チェスターフィールド（Chesterfield）316-318
「ちっと」　224
中高ドイツ語　191, 192
直接型　224
直列関係　84
直列構造　81
「ちょっと」　219, 226, 231
陳述作用　290
通時的語用論 (diachronic pragmatics)　7, 14

定型化　248, 255, 256
定型的前置き表現　243, 246, 248, 255
d接続表現（d-connectives）　125, 127, 129, 130
低地ドイツ語　29, 30
手紙　34, 35
手続き的構文化（procedural constructionalization）　120, 127, 131
「でも」タイプの接続表現　125
「ド」（du）　289, 296, 301
動詞述語文　78, 86, 173
読者　85, 88
「ところで」　148
都市化　50
『虎明本狂言』　265, 266

な

内容的構文化（contentful constructionalization）　120
二重目的語他動詞構文　119
日常（交際）語　32, 49
『日葡辞書』　57
日記的章段　76
日本語の談話標識　126
『日本大文典』　57
『人間交際術』　39
ネワール語　167
念押し的意味　176
「の」　142, 150, 160
「のだ」　146, 150, 152, 298, 299, 302, 303
ノダ構文　292
ノダ文　174, 295
「のだろう」　155
「ので」　147, 150
「のなら」　159
「のに」　152

は

配慮　22, 219, 246, 257
配慮表現　244, 256
『パストン家書簡集』　99, 100, 102, 104, 106, 108
発話頭／末　6
発話行為　44
発話頭　231
発話末　223
話しことば　5, 21, 29, 60
ハンザ同盟　29, 31
筆談帳　204, 205
標準語　256
標準文章語　32, 49
副詞　219, 222, 233
2つの文法化　122, 132
負担　278
部分焦点　286, 294, 296, 300-302
プロイセン　199, 208
文献国語史　21
文章語　29
文焦点　286, 291
文法化（grammaticalization）　2, 14, 116, 120, 121, 131, 135, 144, 150, 289
文法教育　209
文法的構文化　131
文末の断定表現　66
分裂構文　290
分裂文　291
並列関係　82
並列構造　81
β位置　270, 271
ベートーヴェン（L. van Beethoven）　204, 205
ベルリン　32, 33
変異項　292, 293, 296
方言国語史　21
ポライトネス　42, 311, 313-315, 318, 320, 321, 325, 326, 331

ポリティックな振る舞い　311–313, 327

ま

前置き表現　266, 276, 280
「また」　81
身分　39, 43
名詞化（nominalization）　143
名詞化辞（nominalizer）　167, 169, 172
名詞述語文　75, 84, 299
命題　82
申し出表現　278
「もの」　143, 151
物語文学　96, 100, 108

や

「よかったら」類　246, 249, 253, 257
予測可能性（predictability）　133
呼びかけ　219
呼び出し　228

ら

『羅葡日辞書』　56
離接形　173
類別詞　169
ルター（M. Luther）　29, 193
歴史社会言語学（historical sociolinguistics）　9, 10, 11
レッシング（G. E. Lessing）　33, 37
連体句標識　169
連体形　287
連体構文　304
連体終止　290
連体終止文　293, 294, 303
連体修飾節　169

連体＋終助詞ゾ　295
連体節標識　169
「連体なり」　150
ロドリゲス（Rodriguez）　57
論理的な線状性　81, 89

わ

話段　268

編者　　　　　高田博行（たかだ・ひろゆき）
　　　　　　　学習院大学文学部教授
　　　　　　　主な著書
　　　　　・ *Grammatik und Sprachwirklichkeit von 1640–1700: Zur Rolle deutscher Grammatiker im schriftsprachlichen Ausgleichsprozeß.* (1997. Reprint, de Gruyter, 2011)
　　　　　・『ヒトラー演説――熱狂の真実』（中央公論新社、2014）

　　　　　　　小野寺典子（おのでら・のりこ）
　　　　　　　青山学院大学文学部英米文学科教授
　　　　　　　主な編著書
　　　　　・ *Japanese Discourse Markers: Synchronic and Diachronic Discourse Analysis.* (Pragmatics & Beyond New Series Volume 132, John Benjamins, 2004)
　　　　　・『発話のはじめと終わり――語用論的調節のなされる場所』［編著］（ひつじ書房、2017）

　　　　　　　青木博史（あおき・ひろふみ）
　　　　　　　九州大学大学院人文科学研究院准教授、国立国語研究所客員教授
　　　　　　　主な著書
　　　　　・『語形成から見た日本語文法史』（ひつじ書房、2010）
　　　　　・『日本語歴史統語論序説』（ひつじ書房、2016）

執筆者　　　　岸本恵実（きしもと・えみ）
（論文掲載順）　大阪大学大学院文学研究科准教授
　　　　　　　主な著書・論文
　　　　　・『フランス学士院本　羅葡日対訳辞書』「解説」（清文堂出版、2017）
　　　　　・ Translation of Anatomic Terms in Two Jesuit Dictionaries of Japanese. (*Missionary Linguistics V: Translation Theories and Practices*, John Benjamins, 2014)

　　　　　　　藤原浩史（ふじわら・ひろふみ）
　　　　　　　中央大学文学部人文社会学科教授
　　　　　　　主な論文
　　　　　・「『枕草子』における章段主題の述語反復」（『文法記述の諸相Ⅱ』中央大学出版部、2016）
　　　　　・「『枕草子』の論理形成――潜在的論理と対話的構造」（『エネルゲイア』39、ドイツ語文法理論研究会、2014）

家入葉子（いえいり・ようこ）
京都大学大学院文学研究科教授
主な編著書
- MITSUMI UCHIDA, YOKO IYEIRI & LAWRENCE SCHOURUP (eds.) *Language Contact and Variation in the History of English*.［共編著］（開拓社、2017）
- 高田博行・渋谷勝己・家入葉子 編『歴史社会言語学入門――社会から読み解くことばの移り変わり』［共編著］（大修館書店、2015）

桐生和幸（きりゅう・かずゆき）
美作大学生活科学部社会福祉学科教授、同大学・短期大学部副学長
主な論文
- A Functional Analysis of Adjectives in Newar. (*Himalayan Languages and Linguistics*, Brill, 2011)
- The Progressive / Resultative Polysemy in Japanese and Two Tibeto-Burman Languages, Newar and Meche. (*The Handbook of Japanese Contrastive Linguistics*, Mouton de Gryeter, 2018)

佐藤恵（さとう・めぐみ）
獨協大学外国語学部ドイツ語学科専任講師
主な論文
- »Wegen dem Clavier«. Die Beethovens und der Rektionswandel der Präpositionen *wegen*, *statt* und *während* im Zeitraum 1520–1870. (*Muttersprache. Vierteljahresschrift für deutsche Sprache* 125, Gesellschaft für deutsche Sprache, 2015)
- Soziopragmatische Überlegungen zur Kasusrektion bei wegen in inszeniert mündlichen Texten des 18. und 19. Jahrhunderts. (*Sprachwissenschaft* 41, WINTER, 2016)

深津周太（ふかつ・しゅうた）
静岡大学教育学部講師
主な論文
- 「「ちょっと」類連体表現の歴史――二つの型による機能分担の形成過程」（『日本語の研究』12（2）、日本語学会、2016）
- 「動詞「申す」から感動詞「モウシ」へ」（『国語国文』82（4）、中央図書出版社、2013）

川瀬卓（かわせ・すぐる）
弘前大学人文社会科学部講師
主な論文
- 「副詞「どうぞ」の史的変遷――副詞からみた配慮表現の歴史、行為指示表現の歴史」（『日本語の研究』11（2）、日本語学会、2015）
- 「副詞「どうやら」の史的変遷」（『語文研究』124、九州大学国語国文学会、2017）

森勇太(もり・ゆうた)
関西大学文学部准教授
主な著書・論文
- 『発話行為から見た日本語授受表現の歴史的研究』(ひつじ書房、2016)
- 「行為指示表現としての否定疑問形の歴史――上方・関西と江戸・東京の対照から」(『日本語文法史研究2』、ひつじ書房、2014)

新里瑠美子(しんざと・るみこ)
ジョージア工科大学現代語学部日本語学科教授
主な著書・論文
- Rumiko Shinzato & Leon A. Serafim. *Synchrony and Diachrony of Okinawan Kakari Musubi in Comparative Perspective with Premodern Japanese*. [共著] (Global Oriental / Brill, 2013)
- Layered Structure, Positional Shifts, and Grammaticalization. (*The Cambridge Handbook of Japanese Linguistics*, Cambridge University Press, 2018)

スーザン・フィッツモーリス(Susan Fitzmaurice)
Professor, University of Sheffield
主な編書
- Susan Fitzmaurice & Donka Minkova (eds.) *Studies in the History of the English Language IV: Empirical and Analytical Advances in the Study of English Language Change*. [共編] (Mouton de Gruyter, 2008)
- Susan Fitzmaurice & Irma Taavitsainen (eds.) *Methods in Historical Pragmatics*. [共編] (Mouton de Gruyter, 2007)

訳者　中安美奈子(なかやす・みなこ)
浜松医科大学医学部医学科総合人間科学講座教授
主な著書・論文
- *The Pragmatics of Modals in Shakespeare*. (Polish Studies in English Language and Literature 30, Peter Lang, 2009)
- Spatio-temporal Systems in Chaucer. (*Sociocultural Dimensions of Lexis and Text in the History of English*, John Benjamins, forthcoming in 2018)

歴史語用論の方法
Methods in Historical Pragmatics

Edited by
Hiroyuki Takada
Noriko Onodera
Hirofumi Aoki

発行	2018年5月17日 初版1刷
定価	3600円+税
編者	©高田博行・小野寺典子・青木博史
発行者	松本功
ブックデザイン	白井敬尚
本文組版	江川拓未（白井敬尚形成事務所）
印刷・製本所	株式会社 シナノ
発行所	株式会社 ひつじ書房
	〒112-0011 東京都文京区千石2-1-2 大和ビル2階
	Tel: 03-5319-4916　Fax: 03-5319-4917
	郵便振替 00120-8-142852
	toiawase@hituzi.co.jp　http://www.hituzi.co.jp/

ISBN 978-4-89476-885-7

造本には充分注意しておりますが、落丁・乱丁などが
ございましたら、小社かお買上げ書店にておとりかえいたします。
ご意見、ご感想など、小社までお寄せ下されば幸いです。

刊行のご案内　歴史語用論の世界──文法化・待遇表現・発話行為
　　　　　　　金水敏・高田博行・椎名美智 編
　　　　　　　定価 3,600円＋税
　　　　　　　執筆者：小野寺典子、福元広二、森山由紀子、椎名美智、高田博行、諸星美智直、片見彰夫、中安美奈子、芹澤円、森勇太、高木和子

　　　　　　　　時代や文化の異なる社会で、人は場面に応じて言葉をどう使い分けてきたのか？　その言葉の使用法は時代と共にどう変わってきたのか？　この問いに答えるべく本書では、文法化と待遇表現について論じたあと、人を取り調べる、人を説得する、人に伝えるという観点から英語史・日本語史・ドイツ語史におけるトピックを掘り起こし、新たな研究へと誘う。